《21世纪交通文化建设研究与实践》系列丛书

道路运输文化

任明英 主 编

胡 斌 孔卫国 执行主编

王 心 孙 光 赵中利 副主编

人民交通出版社
China Communications Press

图书在版编目（CIP）数据

道路运输文化 / 任明英主编. --北京：人民交通出版社，2008.11

ISBN 978-7-114-07478-3

Ⅰ. 道… Ⅱ. 任… Ⅲ. 公路运输－文化－研究 Ⅳ. U4

中国版本图书馆 CIP 数据核字（2008）第 176701 号

《21 世纪交通文化建设研究与实践》系列丛书

书　　名：道路运输文化
著 作 者：任明英
责任编辑：张征宇　乔文平
出版发行：人民交通出版社
地　　址：（100011）北京市朝阳区安定门外外馆斜街 3 号
网　　址：http://www.ccpress.com.cn
销售电话：（010）59757969，59757973
总 经 销：人民交通出版社发行部
经　　销：各地新华书店
印　　刷：北京市密东印刷有限公司
开　　本：720×960　1/16
印　　张：16.75
字　　数：271 千
版　　次：2008 年 10 月第 1 版
印　　次：2011 年 11 月第 2 次印刷
书　　号：ISBN 978－7－114－07478－3
印　　数：6001－8000 册
定　　价：39.00 元
（有印刷、装订质量问题的图书由本社负责调换）

《道路运输文化》编写委员会

总 序

国民之魂，文以化之；国家之神，文以铸之。“加强文化建设，明显提高全民族文明素质”，是党的十七大提出的实现全面建设小康社会奋斗目标的新要求。胡锦涛总书记在党的十七大报告中明确指出：“当今时代，文化越来越成为民族凝聚力和创造力的重要源泉、越来越成为综合国力竞争的重要因素，丰富精神文化生活越来越成为我国人民的热切愿望。要坚持社会主义先进文化前进方向，兴起社会主义文化建设新高潮，激发全民族文化创造活力，提高国家文化软实力，使人民基本文化权益得到更好保障，使社会文化生活更加丰富多彩，使人民精神风貌更加昂扬向上。”这不仅深刻阐明了兴起社会主义文化建设新高潮的重大现实意义和深远历史意义，更为新时期加强文化建设指明了方向和路径。

交通文化是社会主义先进文化的重要组成部分，是交通行业的灵魂，是实现交通又好又快发展的重要精神支柱。交通运输是支撑经济良性发展、促进社会全面进步的基础性、先导性产业和服务性行业，服务是其本质属性。基于这一认识，我们提出了“交通发展要服务国民经济和社会发展全局、服务社会主义新农村建设、服务人民群众安全便捷出行”，提出了“发展现代交通业，建设一个更安全、更通畅、更便捷、更经济、更可靠、更和谐的现代公路水路交通系统”。从文化的角度看，这也正是我们基于交通运输的本质属性和交通行业的神圣使命所作出的价值选择，是交通文化的核心内涵，是引导交通事业科学发展的价值导向，也是贯彻落实党的十七大关于加强社会主义文化建设的具体体现。

交通部党组高度重视文化建设工作。2006年全国交通工作会议明确提出：“努力建设具有鲜明行业特点和时代特征的交通文化，用文化和精神的力量凝聚全行业，使交通行业更加充满活力，不断开创交通事业发展的新局面。”2006年6月26日召开的全国交通行业精神文明建设工作会议更加明确地提出：“加强交通文化建设，努力增强行业软实力”，力争文化建设在今后五年内取得明显进展。随后，部印发了《交通文化建设实施纲要》，对交通文化建设的指导思想、目标任务、工作原则和工作措施作出了具体安排和部署。这是交通部颁布的第一个有关交通文化建设的重要文件，它强调新时期交通文化建设要深入贯彻科学发展观和构建社会主义和谐社会的要求，建设具有鲜明时代特点和交通行业特色的精神文化、制度文化和物质文化；要以实践社会主义荣辱观为主线，以弘扬爱国主义为核心的民族精神和以改革创新为核心的时代精神为重点，大力加强精神文化建设；要在实践中加强探索和研究，系统总结交通文化建设的丰硕成果，确立符合先进文化前进方向和交通事业发展要求的交通行业的核心价值体系；要实施“五个一工程”，即形成一批交通文化研究成果，提炼一种交通精神，征集确定一个交通行业徽标，创作一批交通文艺作品，完善一批交通博物馆，将全行业文化建设提高到一个新水平，全面增强交通文化的吸引力和感召力，不断增强交通行业的凝聚力，提升交通行业的影响力，提高交通发展的软实力，为交通事业又好又快发展营造良好的文化环境。

为全面深入推进交通文化建设工作，2006年11月部务会议研究决定成立了交通文化建设研究工作指导委员会，按照行业文化、系统文化、专业文化、组织文化四个层次，分别成立了交通行业文化建设研究总课题组和公路文化、道路运输文化、交通规费征稽文化、港口文化、海事文化、救捞文化、船检文化、航海文化、廉政文化、公路执法文化、长江航运文化、交通公安文化、路文化、桥文化、车文化、站文化、船文化、航标文化、航道文化、交通行政机关文化、交通企业文化和交通事业单位文化等22个子课题组，由行业内有一定研究基础、有积极性、有较好的支撑条件、具有代表性的部门或单位牵头，并邀请文化学、管理学、社会学等方面的专家学者共同参与,按照力求出精品的要求，系统地开展了交通文化研究工作。经过广大研究人员一年多的辛勤劳动和艰苦努力，研究工作进展顺利，取得了一批可喜的研究成果。出版这套多卷本的《21世纪交通文化建设研究与实践》系列丛书，是交通文化建设研究成果的重要组成部分。丛书从多个层面、多个领域系统地总结了交通文化源远流长的发展历史、积淀丰厚的特色文化、形式多样的实践活动、绚丽多彩的建设成果。“系统文化”侧重于交通行业不同系统的特色文化研究，重点提炼和阐述了各系统具有系统特色的价值理念；“专业文化”侧重于不同专业领域的特色文化研究，重点是收集、挖掘和整理了交通行业物质文化成果；“组织文化”侧重于交通行业不同组织的特色文化研究，重点梳理、凝炼和展示了各类交通组织的特色价值理念、行为规范和形象标识。整个研究工作坚持以社会主义核心价值体系为指导，将“铺路石”、“航标灯”等交通行业传统精神与包起帆、许振超、陈刚毅等先进典型所展现的时代精神有机结合，在建设交通行业核心价值理念体系方面做了积极探索。

交通文化建设是一项长期性、系统性、复杂性的工作，既要整体部署，又要稳步推进。近年来，尤其是实施《交通文化建设实施纲要》以来，全行业日益重视交通文化建设，注重丰富交通发展的文化内涵，取得了一些有行业特点和时代特征的文化成果，涌现了青岛港、天津港等一批优秀企业文化建设单位和青岛交运集团“情满旅途”、南京长途汽车站“爱心始发站”等一批知名服务品牌，形成了南京交通局“交通文化通论”等一批理论研究成果。《21世纪交通文化建设研究与实践》系列丛书的出版发行，对于全国交通行业深入贯彻落实党的十七大精神，兴起交通文化建设新高潮，进一步提高交通行业凝聚力和战斗力，推动交通事业又好又快发展，切实做好“三个服务”，必将起到重要的推动作用。

交通部部长 李盛霖

二〇〇七年十二月十三日

导 论

交通为人员流动和物资流通提供基础条件，为人和物的空间位移提供运输服务，是支撑经济良性发展、促进社会全面进步的基础性产业和服务性行业。交通是一个古老而年轻的行业，自农业社会到工业社会以至信息社会，交通就一直伴随着人类文明的发展而演进，并构成人类文明的重要组成部分。中国是一个具有悠久历史的文明古国，在延绵数千年的文明进程中，曾造就了其他文明古国概莫能及的相对发达的交通体系；新中国成立后，中国交通事业进入一个崭新的发展阶段，经过近60年的建设尤其改革开放近30年的建设，交通发展在数量规模、质量水平和结构层次等方面都发生了翻天覆地的变化，取得了举世瞩目的成就，已跻身世界交通大国之列，正朝着世界交通强国迈进。中国交通发展的历史伟绩和现代成就为中华文明和世界文明做出了重大贡献，与此同时，在这个历经风雨的漫长岁月中，勤劳智慧的中华民族创造了与历史俱进、与时代同步的丰富多样、绚丽多彩的交通文化，为中华文化和世界文化的不断发展增添了更加丰富的内涵和更为亮丽的色彩。

一、交通文化的概念

理解交通文化的概念需先考查文化的概念。关于“文化”一词，长期以来，国内外一直没有形成统一的定义。但是，人们对文化内涵的解释还是存在共识，一般认为：文化是人类在社会历史发展过程中不断创造的各种精神财富、制度体系和物质财富的总和，其核心内容是人类创造各种精神财富、制度体系和物质财富所秉持的或反映出的价值理念。这是人们对社会主文化内涵所作的解释。基于这一认识，人们于是对隶属于社会主文化的各种亚文化的概念也做出了界定，如组织文化、系统文化和行业文化等。

交通文化也是隶属于社会主文化的一种亚文化，交通文化建设的理论渊源是文化人类学。对于交通文化的概念，可以根据社会主文化概念的核心内容和基本要素作出界定：交通文化是交通行业在长期的交通建设、运输和管理实践中逐步形成并不断发展的为广大交通员工所普遍认同并付诸实践的具有鲜明行业特点和时代特征的价值理念，是交通行业各种精神文化、制度文化和物质文化的总和，是交通发展的重要成果，是交通文明的重要结晶。其中，精神文化是交通行业的核心文化，是交通行业纲领性的核心思想，是指导交通发展的核心价值；制度文化是交通行业的浅层文化，是交通行业制定并执行办事规程、道德规范和行为准则所秉承的价值理念；物质文化是交通行业的表层文化，是交通行业生产物质实体、展现外在形象所秉承的价值理念。对于这一概念，可从以下角度进一步理解其内涵：

交通文化的核心内容是价值理念。价值理念属于意识形态或思想认识范畴，体现为交通行业对交通发展所秉持的态度、所采取的方式和所表现的行为，为交通发展所倡导的精神、所制定的规范和所树立的形象，这些态度、方式和行为都自觉或不自觉地反映了交通行业所秉承的价值理念，从而形成了交通文化。

交通文化的本质要求是强调实践。交通文化是交通行业普遍认同并付诸实践的价值理念，其突出强调价值理念的实践性，强调所倡导的价值理念要得到普遍认同和真正落实，要使之内化于心、固化于制、外化于形，从而在交通建设、运输和管理实践中发挥出实际的作用，为交通发展提供精神动力、制度保障和物质基础。

交通文化的层次定位是行业文化。从价值理念的从属主体来看，有国家的、民族的、组织的和个人的价值理念等，交通文化则属于整个交通行业的价值理念。因此，交通文化是对整个交通行业各部门、各单位价值理念的提炼与整合，代表了交通行业从业人员的主流思想，代表了整个行业广泛认同和普遍接受的价值理念。

交通文化的鲜明个性是交通特色。交通文化是交通行业的特色文化。各个行业的特色文化在其形成和发展过程中，虽然受到整个国家、民族的价值理念的影响，但各个行业生产特征、服务要求和管理模式存在很大差异，其价值取向也必然存在较大差异。交通作为经济社会发展的基础性产业和服务性行业，其所秉承的价值理念自然也有别于其他行业，从而有其自身鲜明的个性特色。

二、交通文化的特点

不同行业有其各自的结构形态和嬗变沿革，以及不同的静态表征和动态特征，因而体现出与之相对应的文化体系特点。从这方面考察，交通文化具有多样性、层次性、传承性、时代性等突出特点。

交通文化的多样性。交通行业由多个系统、多种专业、多种组织构成。从职能范围看，交通行业主要有公路建设与管理、道路运输、规费征稽、港口、航运、海事、救捞、船检、公安等系统；从专业性质看，交通行业主要有公路、桥梁、车辆、站场、船舶、航标、航道等专业领域；从组织性质看，交通行业主要有行政机关、执法单位、交通企业和事业单位等组织。不同的系统、专业、组织都有其自身的生产特征、服务要求和管理模式，因而具有不尽相同的价值理念，从而形成了文化的多样性。交通文化的多样性，要求交通文化建设要充分考虑不同文化价值理念的个性与共性，整个行业的文化建设在价值理念的提炼和价值体系的整合上要兼收并蓄、博采众长，从而形成能为整个行业广泛认同并普遍接受的价值理念。

交通文化的层次性。按照交通行业的职能、专业和组织等分类，可将交通文化细分为交通系统文化、交通专业文化和交通组织文化，各组成部分按照某种秩序有机结合，呈现出一定的层次性。其中，行业文化是一个面，系统文化是一条线，组织文化是一个点，专业文化则可看作对系统文化的细分，因为公路、桥梁、车辆、站场、船舶、航标和航道等是隶属于各交通系统的物质实体。整个交通文化体系因此呈现出一种“点-线-面”式的层次特征。各层次文化所秉承的价值理念具有内在的联系，一般来说，上层文化价值理念是对下层文化价值理念的归纳，上层文化更为抽象，下层文化更为具体。交通文化的层次性，要求提炼、整合交通行业的价值理念要自下而上、由点到面，逐层归纳，从而形成具有深厚基础的价值理念。

交通文化的传承性。交通文化形成于交通发展的实践，并随着交通的发展而发展。交通发展过程就是交通文化形成的过程，交通发展的历史沿革就是交通文化的传承沿革。交通发展在不同时期面临着不同的发展任务和发展条件，因而有着不同的价值理念和文化内涵。传承是发展的基础。交通文化的传承性，要求用历史唯物主义和辩证唯物主义的观点和方法去认识交通文化，从源远流长、积淀丰厚的发展历史中发掘、提炼交通文化的价值理念元素，充分吸收传统文化的合理成分，进而将交通行业优良的传统文化发扬光大。

交通文化的时代性。中国乃至世界交通发展都已进入新的阶段，快速推进中的中国交通现代化要求坚持科学的价值理念，发展先进的交通文化，以此促进交通事业又好又快发展。因此，建设交通文化，必须坚持先进文化前进方向，在传承交通传统文化的基础上，充分融入现代意识，不断丰富和发展其科学内涵，确立具有时代特征的价值理念，发展具有现代意识的物质文化、制度文化和精神文化体系。

三、交通文化的功能

交通文化的作用集中体现在“内聚人心、外塑形象”两个方面，具有凝聚、导向、激励、约束、外塑和辐射等基本功能。认识这些基本功能，是认识交通文化的建设目的与建设意义的基础。

交通文化的凝聚功能。交通文化所倡导的价值理念一旦为整体行业认同并接受，就成了千百万从业人员共同的理想与追求，进而以其强大的粘合力，从各个方面将整个行业及其成员聚合起来，形成巨大的向心力和凝聚力，形成强烈的集体意识团队精神，为实现共同的理想与追求而齐心协力、共同奋斗。

交通文化的导向功能。交通文化所倡导的价值理念是整个行业的共同理想和共同追求的集中反映，代表了千百万交通人的主流思想和主流意识。这种共同的理想和追求，通过教育和灌输，会引导行业的个体与群体在思想、观念上做出调整，使其与整个行业所确立的价值取向保持一致，从而起到一种导向作用。

交通文化的激励功能。交通文化建设的核心要旨是以人为本、以文化人，强调确立共同的理想、营造和谐的氛围。这些都有利于增强各部门、各单位干部职工的使命感和责任感，激发干部职工的积极性和创造性，使广大干部职工乐于参与交通建设，乐于发挥聪明才智，为实现共同理想、实现自身价值而做出努力。

交通文化的约束功能。交通文化一旦形成，就建立了自身系统的价值理念，就为行业整体及其成员明确了价值取向，同时也确立了道德规范和行为准则，从而对行业整体及其成员起到一种约束作用。但是，这种约束具有自觉性，是一种软约束，这种软约束产生于整个行业的文化氛围，使各个成员产生共鸣，继而达到自我控制。

交通文化的外塑功能。交通行业特色文化所倡导并实践的价值理念是交通行业的旗帜，旗帜就是形象，这种形象包括理念形象、行为形象和视觉形象。这些形象是社会公众了解和评价交通行业的标志和表征。因此，交通文化具有外塑形象的重要功能。

交通文化的辐射功能。交通文化的辐射功能主要体现在所倡导并实践的价值理念通过外化而为广大社会公众所了解、所感受，会影响整个社会价值理念的形成与发展，从而使交通文化成为社会主文化的生长点和贡献源，为社会主义文化大发展、大繁荣做出贡献。

四、交通文化的载体

凡文化均有其价值理念的承载体或附着体。人类通过劳动创造文化。人类的劳动作用于自然形成物质文化，作用于社会形成制度文化，作用于人类自身形成精神文化。交通文化的载体主要包括主体载体、组织载体、制度载体和物质载体等。从根本上说，建设交通文化就是建设和优化这些载体。

主体载体。交通行业从业人员是交通行业的主体，自然也是交通文化的主体。交通行业从业人员既是交通行业价值理念的倡导者和实践者，也是交通行业价值理念的承载者和传播者。交通文化说到底是交通人的文化，是交通人的思想意识和价值取向。建设交通文化，要注重人的决定性因素，突出人的主体性地位，一是注重发掘广大从业人员的价值理念元素，确立具有深厚群众基础的价值理念体系；二是注重依靠广大从业人员建设交通文化，践行价值理念；三是注重通过文化建设来提升广大从业人员的综合素养，运用文化的力量来增强从业人员的凝聚力和向心力，激发交通从业人员的积极性和创造性。

组织载体。交通行业的行政机关、事业单位和交通企业等各种组织，既是交通行业的基本单元，也是交通文化建设的基本单元。这些组织作为交通文化的载体，与文化的内在联系主要体现在以下几个方面：一是组织内涵反映组织文化的性质。组织内部共同的目标追求、一致的价值取向、和谐的分工合作都是文化使然，其既是文化作用的结果，也是文化自身的表征。二是组织结构体现组织文化的个性。组织结构决定了组织内部的职责关系，其选择和形成受到组织文化的影响，并反作用于组织文化，从而使得不同的组织结构体现出不同的文化个性。三是组织功能体现组织文化的要求。组织的功能主要体现在整合人力资源、规范人的行为、满足人的需要，从而履行组织使命，实现组织目标，这些功能和作用与组织文化的功能和作用是一致的，正好体现了组织文化建设的目的和要求。建设交通文化，要求将组织建设作为重点内容，着力提升组织管理理念，改进组织管理方式，按照科学管理、规范管理的要求，优化组织的内部结构与协作关系。

制度载体。制度是要求组织成员共同遵守的办事规程、道德规范和行为准则。组织制度和组织文化之间关系十分密切。一方面，组织文化是组织制度制定与执行的重要决定因素，影响着组织制度的形成及其功效的发挥。组织制度是组织文化的产物，组织制度所具有的规范约束和激励作用等本身就体现了组织文化建设的直接目的和内在要求。这样，组织制度就成为了组织文化的重要载体，组织制定并执行各种办事规程、道德规范和行为准则都反映了组织文化所倡导的价值理念。另一方面，组织制度对组织文化的形成和发展也具有重要影响，有什么样的组织制度也必然会使组织成员表现出相应的处事态度和行为方式，从而营造相应的组织氛围、孕育相应的组织文化。建设交通文化，要求将制度建设作为重点内容，按照以人为本、科学管理的要求，以实现员工价值、规范员工行为为价值取向，着力健全组织内部的管理制度，推进制度创新与制度变革。

物质载体。物质载体是反映交通文化特色内容的重要载体和交通文化先进程度的重要标志。交通文化的物质载体主要包括以下几类：一是交通行业的生产资料，包括基础设施、运输装备及其支持保障系统，如公路、桥梁、车站、港口、航道、航标、车辆和船舶，办公场所、生产车间和服务场所等，这是交通生产力的物质基础，其外形特征、结构特点、技术价值、美学价值、历史价值、民族特色、地域特征、人文内涵及其社会经济意义等，是交通文明的重要标志，也是交通文化的重要特色所在。二是交通行业的形象标识，如各系统、部门和组织的徽标、着装和歌曲等，这也是交通文化的可感知性象征物，充分体现了交通文化的个性和风格。三是交通行业各种组织保障员工基本权益、提升员工综合素养的各种实体手段，如保健、卫生和安全等设施，技术培训、职业教育和文化教育等文化设施，这些也都充分体现了交通文化的个性和风格。建设交通文化，要求将物质载体建设作为重点内容，既要着力保证物质实体的经济社会意义，也要着意丰富物质实体的技术价值、美学价值、历史价值、民族特色、地域特征和人文内涵，着力提升交通行业的外在形象。

五、交通行业的价值体系

交通文化建设坚持社会主义先进文化前进方向，用马克思主义中国化最新成果武装和教育广大干部职工，用中国特色社会主义共同理想凝聚力量，用以爱国主义为核心的民族精神和以改革创新为核心的时代精神鼓舞斗志，用社会主义荣辱观引领风尚。经过长期的探索与实践，交通行业逐步形成了具有鲜明行业特色和时代特征的交通精神文化、制度文化和物质文化，形成了实践证明对于引导交通事业快速发展、科学发展、和谐发展具有重要指导作用的价值体系。

（一）行业使命：发展现代交通，做好“三个服务”

发展现代交通，促进民富国强，是国家和人民赋予交通行业的神圣使命。交通是支撑经济良性发展、促进社会全面进步的基础性产业和服务性行业，是促进经济增长、优化产业布局、改善人民生活、保障国家安全、维护社会稳定的基础条件和重要依托。交通发展的主要任务是发展现代交通业、实现交通现代化，根本目的是促进人民富裕、实现国家强盛。在目前及今后相当长时期内，交通行业围绕履行这一使命，必须把握世界交通发展的总体趋势和我国交通发展的阶段特征，着力调整交通结构、转变发展方式、推进自主创新、完善行业管理，加快推进交通由传统产业向现代服务业转型，努力提高做好“三个服务”（服务国民经济和社会发展全局，服务社会主义新农村建设，服务人民群众安全便捷出行）的能力和水平。

（二）共同愿景：建设一个更安全、更通畅、更便捷、更经济、更可靠、更和谐的现代化公路水路交通运输系统，实现人便于行、货畅其流，让人们享受高品质的运输服务，让经济社会发展更加充满活力，让交通与自然、交通与社会更加和谐。

交通行业致力于建设一个更安全、更通畅、更便捷、更经济、更可靠、更和谐的现代化公路水路交通运输系统，体现了交通行业基于自身使命而对未来交通发展愿望与发展前景的美好憧憬，对未来交通发展目标与发展效果的理想追求，是交通行业重要的价值取向。为实现这一愿景，一代代交通人前赴后继，作出了艰苦卓绝的不懈努力，取得了举世瞩目的巨大成就，交通事业各个方面不断地实现了历史性突破和跨越式发展。目前，公路主骨架、水运主通道、港站主枢纽和支持保障系统建设全面推进，高速公路、特大桥梁、长大隧道和专业码头建设快速发展，万车竞发、百舸争流的繁荣景象已经初步形成，货畅其流、人便于行的良好效果已经日益显现，现代化公路水路交通运输系统已经初具规模，更加宏伟的发展目标正在又好又快地大力推进之中，交通发展的美好愿景必将成为现实。

（三）交通精神：艰苦奋斗、勇于创新，不畏风险、默默奉献

交通精神是民族精神和时代精神在交通实践中的生动体现，是对交通行业先进典型精神内核的高度概括，是交通行业广大从业人员共同创造的精神财富，是交通行业履行自身使命、实现共同愿景的强大动力，代表了交通行业广大从业人员的思想意志和精神风貌。交通精神的核心要素是“艰苦奋斗、勇于创新，不畏风险、默默奉献”。

艰苦奋斗是交通行业的优良传统。立足我国建设任务繁重、经济基础薄弱的基本国情，交通行业各条战线广大员工，本着高度的使命感和责任感，始终保持勤俭节约、艰苦朴素、拼搏进取、努力奋斗的优良传统，大力推进我国的现代化交通建设，确保交通发展的质量、效益和效率，创造了无数可圈可点的光辉业绩，涌现了以“一代人要有一代人的作为、一代人要有一代人的贡献、一代人要有一代人的牺牲”的“青岛港精神”，“胸怀祖国、热爱边疆的爱国精神，刻苦钻研、勤奋好学的进取精神，不懈探索、敢于突破的创新精神，恪尽职守、忘我工作的敬业精神，淡泊名利、清正廉洁的自律精神，生命不息、奋斗不止的拼搏精神”这一“刚毅精神”，以及“勇闯新路、改革进取的精神，干字当头、艰苦奋斗的精神，遵纪守法、诚实劳动的精神，领导干部以身作则、吃苦在前、享受在后的精神”这一“华铜海精神”等为代表的彰显艰苦奋斗精神的先进典型。

勇于创新是交通行业的时代追求。锐意进取、勇于创新，是交通行业在长期的改革与发展实践中不断适应新的形势变化和发展要求，有效解决突出矛盾和问题，不断取得重大进展与突破的成功经验。长期以来，交通行业抓住机遇、与时俱进，

注重理念创新、科技创新、体制机制创新和政策创新，为实现交通事业又好又快发展提供不竭动力，涌现了以“报效祖国，服务人民的主人翁精神，立足本职、追求卓越的敬业精神，求真务实、勇攀高峰的科学精神，锲而不舍、勇于拼搏的进取精神，团结协作、淡泊名利的团队精神”这一“起帆精神”，“爱岗敬业、无私奉献的主人翁精神，艰苦奋斗、努力开拓的拼搏精神，与时俱进、争创一流的创新精神，团结协作、互相关爱的团队精神”这一“振超精神”，“恪尽职守、忘我工作的敬业精神，立足岗位、刻苦自励的拼搏精神，敢为人先、勇攀高峰的创新精神，凝心聚力、团结协作的团队精神”这一“孔祥瑞精神”，以及“凝心聚力的和谐意识，拼搏奉献的创业精神，敢为人先的创新精神，追求卓越的创优精神”这一“润阳大桥精神”等为代表的凸显勇于创新精神的先进典型。

不畏风险是交通行业的突出意志。交通建设逢山开路、遇水架桥，车辆行驶于陡峭险峻的群山之间，船舶航行于风急浪高的水面之上，无不存在一定风险，正所谓“行船走马三分险”。长期以来，中国航海者面对风浪惊涛的海洋环境和突如其来的各种困难，总是勇往直前、镇静应对、精诚协作，圆满完成国家和人民交付的各项运输任务，彰显了“乘风破浪、不畏艰险、同舟共济”的“航海精神”。尤其，在发生海上安全事故的情形下，我国海上搜救队伍更是凭藉精湛的技能和过人的胆略，不顾个人安危，及时赶赴现场，全力施行搜救，确保人民生命与财产安全，凸显了“把生的希望送给别人、把死的危险留给自己”的“救捞精神”，是交通行业坚强意志力和大无畏精神的突出体现。

默默奉献是交通行业的真情付出。我国公路水路交通建设、运输和管理大多是在气候恶劣、地形复杂、人烟稀少的特殊条件下展开的，广大交通建设、运输和管理人员，无数的铺路工、养路工和航标工，寒来暑往、经年累月，不顾风吹雨打、不计名利得失，在平凡的岗位上、在艰苦的条件下，恪尽职守、真诚奉献，用宝贵的青春和人生，铺就了无数大道、送去了万家温暖、确保了万家平安，留下了无数可歌可泣的感人事迹，涌现了以“为人民服务到白头”的“小扁担精神”，“爱岗敬业、默默奉献”的“铺路石精神”，“燃烧自己、照亮别人、奉献社会”的“航标灯精神”，“尚法弘德，为民负责，执法为民，服务社会”的“海事精神”，以及“尽职在岗、奉献在船”的“孙彪精神”等为代表的凸显默默奉献精神的先进典型。

（四）职业道德：爱岗敬业、诚实守信、服务群众、奉献社会

交通行业开展职业道德建设，坚持用社会主义荣辱观引领风尚，按照《公民道德建设实施纲要》的要求，大力倡导并努力践行以“爱岗敬业、诚实守信、服务群

众、奉献社会”为主要内容的职业道德，为交通事业又好又快发展提供有力的制度保障。

爱岗敬业是职业道德的基础。爱岗敬业要求从业人员干一行、爱一行、精一行。交通行业为全社会提供交通基础设施和客货运输服务，交通工程建设关乎百年发展大计，客货运输服务涉及广大公众利益，从业人员首先要热爱本职工作、履行岗位职责，要结合岗位需要、立足岗位工作，加强业务学习、注重实践锻炼，不断提高个人综合素质，在工作中恪尽职守、精益求精，为保证工程建设和运输服务质量作出自己应有的贡献。

诚实守信是职业道德的精髓。诚实守信要求从业人员做到诚实、诚恳、讲信义、守信用。交通行业倡导并实践诚实守信的职业道德，要着眼于切实解决交通、运输和管理中群众反映强烈、社会危害严重的突出问题，健全诚信机制，开展诚信教育，强化诚信意识，进一步推进“共铸诚信交通”实践活动，做负责任的行业、负责任的部门、负责任的岗位，努力提高整个行业的公信力和信誉度。

服务群众是职业道德的更高要求。交通行业本身是服务性行业，服务是交通的本质属性，做好服务是交通发展的突出主题。交通行业各部门、各单位广大员工要着力增强服务意识，努力提高做好服务的能力和水平。要继续开展文明行业、文明单位、示范窗口建设活动，大力推行热情服务、周到服务、规范服务，为人民群众提供更加安全、便捷、高效的优质服务。

奉献社会是职业道德的最高境界。交通作为经济社会发展的基础性产业和服务性行业，与社会生产和社会生活的各个方面息息相关，广大从业人员要将奉献社会作为职业道德建设的出发点和归宿，立足各自的本职工作，以宽广的胸襟和坦荡的胸怀，以自己的才华和汗水真情地反哺于人民、回馈于社会，在奉献中实现自我、发展自我。

六、交通文化建设的现实意义

大力推进交通文化建设，是交通行业深入贯彻落实科学发展观，促进交通事业全面发展的重要方面。党的十七大报告指出：深入贯彻落实科学发展观，要按照中国特色社会主义事业总体布局，全面推进经济建设、政治建设、文化建设、社会建设，促进现代化建设各个环节、各个方面相协调；推动社会主义文化大发展大繁荣，要坚持社会主义先进文化前进方向，兴起社会主义文化建设新高潮，提高国家文化软实力。大力推进交通文化建设，就是要确立符合先进文化前进方向和交通事业发展要求，具有鲜明行业特点和时代特征的价值体系，并付诸交通发展实践，提升交通文化软实力，为实现交通又好又快发展提供精神动力、制度保障和物质基础。

建设交通文化有利于确立共同理想，树立共同目标，进一步增强发展现代交通的使命感和责任感。理想就是信念，理想就是旗帜。交通文化建设大力倡导并努力践行建设一个更安全、更通畅、更便捷、更经济、更可靠、更和谐的现代化公路水路交通运输系统，致力促进人民富裕、实现国家强盛，这些核心价值一旦为交通行业各部门、各单位干部职工所接受，就成了广大交通员工共同的理想和信念，成了统一干部职工思想认识的旗帜和标杆，进而增强广大交通员工的使命感和责任感，引领广大交通员工为发展现代交通、促进民富国强而自强不息、奋斗不止。

建设交通文化有利于继承优良传统，弘扬时代精神，进一步提高做好“三个服务”的能力和水平。交通精神是交通行业的灵魂。交通文化建设大力倡导并努力践行以“艰苦奋斗、默默奉献、不畏风险、勇于创新”为核心要素的交通精神，是交通行业继承优良传统、体现时代要求，努力做好“三个服务”的精神追求和强大动力。建设交通文化，弘扬交通精神，就是要宣传先进典型，弘扬浩然正气，以此激发广大交通员工的积极性和创造性，使之成为不断提高做好“三个服务”的能力和水平的强大动力。

建设交通文化有利于凝聚行业力量，提升行业形象，进一步增强构建和谐交通的凝聚力和影响力。交通文化建设按照以人为本的核心要旨，在精神文化、制度文化和物质文化等各个层面，大力倡导并努力践行交通发展的事业追求和社会责任，努力实现好、维护好、发展好用户利益、公众利益、员工利益。这些价值取向，既是一种宣示，更是一种承诺，其所体现的人本主义和人文关怀，有利于改善交通行业的内在氛围、提升交通行业的外在形象，改善行业内外的关系，提高交通行业的凝聚力和影响力，从而提升交通发展的软实力，促进交通事业又好又快发展。

（执笔人：王先进　李春　樊东方　邱曼丽　刘利　张榕榕）

前　言

秉承着中华民族5000年悠久历史和灿烂文明，伴随着共和国坚实奋进的步伐，中国道路运输事业经历了从小到大、由弱变强、不断进取、长足发展的成长历程，进入了崭新的历史发展时期，创造了璀璨的道路运输文化。

道路运输文化是社会主义和谐文化建设的有机组成部分，是道路运输行业长期实践过程中所形成的道路运输精神文化、制度文化和物质文化的总和，是道路运输行业价值理念的高度升华，是道路运输事业发展的丰硕成果，是行业文明程度的重要标志。胡锦涛同志在十七大报告中指出：“当今时代，文化越来越成为民族凝聚力和创造力的重要源泉、越来越成为综合国力竞争的重要因素。”在文化建设蓬勃发展、日益发挥更大作用的今天，用文化的力量，提升行业核心竞争力，塑造行业崭新形象，是全面贯彻落实科学发展观的重要举措，也是实现交通事业又好又快发展的必然要求，《道路运输文化》一书便是在这种时代背景要求下应运而生的研究成果！

《道路运输文化》一书的核心是一个“运”字。在中国，道路运输文化吮吸的是中华民族的乳汁，肌体中流淌的是一脉相承的血液，因而，必然会融入中国文化的历史长河。作为独特的一面，是在道路运输中形成的一种“过程”文化。这种文化，表现为物质文化、制度文化和精神文化三个层次：物质上的表现是一种人和物的空间位移；制度上的表现是不断创新的运输管理理念；精神上的表现是不断升华的服务理念。千百年来，道路运输文化合着社会前进的节拍，形成了自己独特的“运律”。因此，本书牢牢抓住道路运输“运”文化的特质，从“运义”、“运史”、“运思”、“运魂”、“运建”五个方面入手，深入阐释道路运输行业以“运”为核心的价值理念体系。

“运义篇”是全书基础理论的介绍部分。本篇以鸟瞰的方式在阐释基础理论的过程中穿插许多真实生动的图片，淡化理论研究，突出知识普及，力求使读者在较短时间内对整个行业和行业文化在概念和特征上有一个基本而真切的认识！“运史篇”是全书历史发展的梳理部分。本篇站在时代的高度，以一种发展的目光回眸历史，对整个道路运输文化史脉进行了全面梳理。“运思篇”

是全文的理论分析部分。本篇在分析道路运输发展的外在推动力和内在原动力的基础上，对道路运输文化发展的优势和劣势进行了系统分析，同时对道路运输文化建设的需求及发展趋势进行了分析。“运魂篇”是全书价值理念的展现提炼部分。本篇分别从个人、行业、社会三个层次出发，通过真实感人的案例和深入精炼的点评，阐释出“情”作为道路运输行业的纽带对整个交通运输行业的核心价值体系所起的践行作用。同时，本篇还采取深入总结、高度提炼的方式，通过前面篇章的知识理论阐释与历史发展梳理，全面分析道路运输行业的历史传统与发展现状，兼顾文化的普遍特征与行业特色，系统构建了道路运输行业的核心价值。“运建篇”是全书文化建设的实务部分。本篇通过阐述对行业文化建设者的培养、行业文化核心工程的建设内容、流程、案例及系统展示、行业特色文化建设、具体业务文化建设等，为道路运输文化的建设、保障和评价提出了一整套切实可行的方案，从而使道路运输文化建设理论与建设实践紧密结合！

本书采取篇章的整体框架模式和具有可读性的撰写体例。在撰写原则上力求体现“四个结合”，即知识性与趣味性结合、理论性与实践性结合、宣教性与感染性结合、文字和图片结合。通过以上撰写体例与原则，更深层次地挖掘提炼了行业价值体系，并以实现对内凝聚职工、对外塑造形象为目的，努力提高道路运输行业软实力。

当然，由于道路运输文化研究尚属交叉学科的探索领域，加之编者学识范围及时间所限，书中难免有许多不足与争议之处，在此推出此书，意在为道路运输文化建设研究抛砖引玉，祈请广大读者多加批评指正！

目 录

总 序
导 论
前 言

第一篇 运义篇——道路运输文化简述

3 / 第一章 道路运输概况

3 / 一、道路运输的涵义与特征
8 / 二、道路运输的业务分类
10 / 三、道路运输的地位、作用和发展趋势

18 / 第二章 道路运输文化概述

18 / 一、道路运输文化含义

22 / 二、道路运输文化特征
23 / 三、道路运输文化功能
25 / 四、道路运输文化建设的意义

第二篇 运史篇——道路运输文化发展简史

29 / 第三章 绚烂多彩的古代运输文化

29 / 一、古代运输文化的出现
29 / 二、古代运输路上的文化
35 / 三、车舆文化
39 / 四、古代运输管理文化
42 / 五、古代运输文化主题

44 / 第四章 划时代的近代运输文化

44 / 一、道路运输的新时代
50 / 二、彰显民族精神的抗战运输
53 / 三、车轮滚滚推出新中国的诞生
55 / 四、近代运输文化主题

56 / 第五章 与时俱进的新时期运输文化

56 / 一、茁壮成长的道路运输
61 / 二、优秀文化谱新篇
68 / 三、新时期运输文化主题

第三篇　运思篇——道路运输文化建设思考

73　/ 第六章　外在推动力

73　/ 一、积极向上的外部因素
78　/ 二、机遇和挑战

84　/ 第七章　内在原动力

84　/ 一、内部因素
86　/ 二、优势和劣势

90　/ 第八章　文化建设的需求

90　/ 一、需求预测
93　/ 二、发展趋势

第四篇　运魂篇——道路运输行业价值理念

101　/ 第九章　道路运输的情感服务

101　/ 一、“情”暖天下
106　/ 二、“情”牵你我

125　/ 第十章　道路运输行业的价值体系

125　/ 一、运之以情，惠及万家——精神文化
127　/ 二、运之以信，和谐有序——制度文化

129 / 三、运之以达，便利四方——物质文化

132 / 第十一章　道路运输行业核心的价值展示

132 / 一、行业使命典型表述展示
134 / 二、行业愿景典型表述展示
136 / 三、行业精神典型表述展示
138 / 四、职业道德典型表述展示

140 / 第十二章　道路运输行业的核心价值

140 / 一、行业使命
141 / 二、共同愿景
142 / 三、行业精神
144 / 四、职业道德

第五篇　运建篇——道路运输文化建设

149 / 第十三章　行业文化的建设者

149 / 一、文化建设的组织者
153 / 二、文化建设的实践者
156 / 三、行业楷模

160 / 第十四章　行业文化核心工程

160 / 一、理念识别系统
166 / 二、行为识别系统
169 / 三、视觉识别系统

176 / 四、建设典型——以运政文化为引领建设和谐运管

179 / 第十五章 行业特色文化建设

179 / 一、服务文化建设
183 / 二、管理文化建设
185 / 三、安全文化建设
188 / 四、窗口文化建设
192 / 五、品牌文化建设

198 / 第十六章 道路运输业务文化建设

198 / 一、客运文化建设
201 / 二、货运文化建设
203 / 三、站(场)服务文化建设
206 / 四、机动车维修服务文化建设
207 / 五、机动车驾驶员培训文化建设

210 / 第十七章 行业文化建设方案

210 / 一、文化建设操作程序
211 / 二、道路运输文化建设实施
222 / 三、行业文化建设的保障体系
225 / 四、道路运输企业文化建设

230 / 第十八章 行业文化建设评价

230 / 一、评价原理
231 / 二、评价体系

后　记
参考文献

第一篇　运义篇

——道路运输文化简述

"坐地日行八万里，巡天遥看一千河"。

周穆王"八骏日行三万里"。远古神行的传说，反映了人们模糊的出行概念，寄托着人们对于快捷出行的殷殷期盼和向往。张骞出使西域开启丝绸之路，诸葛亮造木牛流马运送军粮，田横修栈道运送五百壮士，这些史海钩沉勾勒出清晰的运输框架，积淀了人们对于畅通运输的孜孜探索和追求。千百年来，历史上能日行千里的神人神术虽不存在，但能承载千秋、运达天下的现代道路运输正在使人类的便捷出行和畅通运输的愿望变成现实。

当我们迈着现代文明的步伐踏上新征程之时，驻足回顾道路运输行业的发展进程，不能不使我们感到兴奋和自豪。作为国民经济的基础性产业、服务性行业，道路运输改变着这个世界，改变着这个时代，改变着人类的生活方式。

极目四望，道路运输网络四通八达、纵横交错，连接着城市和城乡之间广袤无垠的大地。现代城市道路网和高速公路网，宽畅平直、空中地上、立体交叉，多车道封闭；警示标牌清新赏目，信号灯、照明灯高悬路侧；绿带环绕，植被点装；时而飞架天堑，时而潜入山腰江底。每当夜幕降下，城市银海翻腾，大地火龙涌动。奔流不息的旅客运输，安全、可靠、方便、时效、舒适、经济。在遍布城市、城乡数以百万公里计的公路线上，运输职工情满社会，同旅客同呼吸共命运，不停地用真情为旅客提供着无微不至的优质服务；客车站候车厅宽敞，旅客熙攘有序，站务员着装佩牌，礼貌大方；货物运输川流不息，实现了门到门服务；货运站排排仓库，各种搬运机具穿梭其间，行业职工坚守在车间、工房、场区等众多的岗位上，装卸搬运货物，文明操作，接待货主，亲如一家，到处呈现无怨无悔的奉献精神；汽车检测维修站全天候工作，夜间灯火通明，工作人员熟练地检测维修车辆、设备，精益求精。通过这些，道路运输行业有机地联系了社会生产、分配、交换与消费等各个环节，成为保证社会经济活动得以正常进行和发展的前提和基础。

文化作为人类特有的生活方式和行为模式而存在和表现出来，它是通过物化、社会组织化和精神面貌民族化等形态所负载的人类价值体系。党的十七大报告中指出，当今时代，文化越来越成为民族凝聚力和创造力的重要源泉、越来越成为综合国力竞争的重要因素。道路运输文化作为行业长期实践过程中所形成的精神文化、制度文化和物质文化的总和，是行业价值理念的高度升华，是道路运输事业发展的丰硕成果，是行业文明程度的重要标志。

在文化建设蓬勃发展、日益发挥更大作用的今天，研究道路运输文化，推动道路运输发展，践行"三个服务"要求，构建和谐文明社会，是时代对道路运输行业提出的更高要求！

第一章 道路运输概况

一提起运输，眼前浮现的是经纬交织的道路，人头攒动的车站，奔驰穿梭的车辆，呼啸而过的飞机，汽笛声声的轮船……这就是我国综合交通运输体系的直观画面。其中与我们生活最直接、联系最广泛的首推道路运输，它是综合交通运输体系中最重要的组成部分，是当今世界上各种运输方式中最广泛、最活跃、最富有潜力的运输方式。

一、道路运输的涵义与特征

（一）涵义

道路运输就是在道路上通过机动车、非机动车把旅客和货物从甲地运送到乙地的过程。它实现的是人和物的位移，通俗地讲就是接送旅客、运载货物，同时与这个过程息息相关的站(场)、车辆维修、车辆检测、搬运装卸、仓储配载和人员培训等也属于道路运输业范畴。根据《中华人民共和国道路运输条例》的界定，道路运输是指在公共道路上使用汽车或其他运输车辆从事旅客或货物运输及其相关的业务活动的总称。

图1-1 高速公路旅客运输

道路运输按不同的分类方法，主要可以分为以下四种：第一，按运输对象划分，分为道路旅客运输和道路货物运输，这也是道路运输的两大基本职能；第二，按是否以盈利为目的，划分为营业性道路运输和非营业性道路运输；第三，以运输空间范围划分，有省际、市际、县际道路运输和农村道路运输以及国际道路运输等；第四，按运输工具来分，分为机动车道路运输和非机动车道路运输。机动车包括汽车、农用车、拖拉机、摩托车等；非机动车是指

图1-2 货物运输直达海角天涯（来源：http://www.uutuu.com）

以人力、畜力驱动的运输工具，如自行车、手推车、三轮车、地排车、黄包车等。

（二）属性

当今社会已经进入了一个相互服务、相互受益、资源共享、互利双赢的时代；进入了一个创新服务、享受服务、快乐服务的时代；进入了一个服务升级、全面打造服务品牌的时代。道路运输属于服务行业，在这个服务经济时代，道路运输要想发挥更大的作用，必须提升自己的服务水平，全力打造自己的服务品牌。

服务是道路运输的本质属性。马克思在《资本论》中对交通运输的作用，做过经典的论述："商品在空间上的流通，即实际的移动，就是商品的运输。"这种位置的变化就是向乘客和货主提供的"服务"。交通运输是支撑经济良性发展、促进社会全面进步的基础产业之一，发挥着支撑经济发展、引导生产力布局、沟通城乡、保障国家安全和社会稳定的基础性作用，公路、港口、航道等公共设施，为人和物空间位置移动奠定了物质基础，为商品流通和人员流动提供了基本条件。交通运输提供的生产性服务，面向国民经济的所有生产部门，服务过程贯穿于社会生产、流通的各个方面，交通运输是与国民经济其他生产部门关联度最高的行业之一；交通运输提供的消费性服务，与人民群众的生活息息相关，是惠及千家万户的普遍性服务，服务对象涵盖了所有社会群体和个体。十届全国人大四次会议批准的《国民经济和社会发展第十一个五年规划纲要》，明确把交通运输定位为服务业，并作为服务业中优先发展的领域，这对发展交通运输工作，有着重大的现实意义和长远的战略意义。由此可见，服务贯穿于交通运输的各个环节，服务是交通运输的本质属性。

道路运输作为交通运输的重要组成部分之一，服务也是其本质属性。道

图1-3 服务是道路运输的本质属性

路运输发展为了人民，道路运输发展依靠人民，道路运输发展成果由人民共享，这是道路运输坚持为人民服务的根本宗旨，是实现好、维护好、发展好最广大人民根本利益的本质所在。把道路运输定位为服务业，对道路运输的发展具有深远的影响。首先，发展服务业是我国当前和今后较长时间经济发展的重要增长点。国际经验表明，服务业加速发展期一般都发生在一个国家由中低收入水平向中高收入水平转变的时期。我国经济发展目前正处于这样的历史阶段。道路运输作为服务业，意味着道路运输是我国经济发展的战略重点之一。其次，发展服务业不仅能扩大就业，而且能满足人民群众的消费性需求。随着人民群众生活水平的不断提高，参与道路运输活动愈加频繁，道路运输服务内容、服务方式、服务质量也发生了新的变化。把道路运输定位为服务业，意味着全面建设小康社会和构建和谐社会对道路运输提出了新的要求。第三，发展服务业是提高整体国民经济效益的重要途径之一。道路运输是传统服务业。运用现代经营方式，依托信息技术，提高道路运输的机动性、便捷性，降低运输成本，就能促进整体国民经济效益的提高。把道路运输定位为服务业，意味着道路运输要由传统服务行业向现代服务行业转变。

“三个服务”是道路运输服务属性的具体体现。在深化认识道路运输本质属性的基础上，我们必须站在世界交通发展趋势、发展规律的角度审视中国道路运输发展水平，站在我国国民经济发展全局的角度审视道路运输适应能力，站在人民群众对道路运输需求的角度审视道路运输服务水平，站在行业以外的角度审视道路运输存在的问题，进一步强化服务意识，提高服务能力，改进服务水平，努力做好“三个服务”：

服务国民经济和社会发展全局。这是道路运输工作的总任务。做好这个服务，就要按照中央的决策部署，根据经济社会发展和改革开放的要求，统筹规划，科学安排，强化管理，抓好道路运输基础设施建设，加强能源、重点物资、农副产品、外贸货物的运输保障，做好抢险救灾的应急运输，实现覆盖范围更广、服务水平更高的货畅其流、人便于行，把运输保障和运输服务落在实处。

服务社会主义新农村建设。这是道路运输工作的重中之重，在道路运输发展全局中具有至关重要的作用，是积极发挥全面建设小康社会先行作用的关键所在，是实现道路运输现代化的关键所在，是构建和谐交通的关键所在。发展农村客货运输是道路运输服务社会主义新农村建设的最直接、最有效的举措。

服务人民群众安全便捷出行。这是道路运输工作的根本要求。社会公众从最基本的出行要求到安全便捷的更高需求，是经济发展和社会文明进步的重要标志。道路运输必须坚持以人为本，把安全放在突出位置，不断增加有效供给能力，提高服务效率、质量和水平，完善和创新便民服务措施，提高信息服务水平，确保人民的安全便捷出行。

图1-4　道路运输服务社会主义新农村建设

图1-5　奔驰在乡间公路上的客车

（三）特征

道路运输在综合运输体系中发挥着重要作用，与其他运输方式相比，其特点主要体现在以下几个方面：

1. 机动灵活，适应性强

道路运输机动性和灵活性体现在以下几个方面：在服务时间上，道路运输可以随时调度、随时提供服务，各种作业都具有时间上的机动性和灵活性；在运输空间上，道路运输可以提供远距离服务，也可提供近距离服务；在运输规模上，既可以满足大批量、紧急运输需要，又可以满足零散、小批量的运输；在运输条件上，道路运输不需要沿着特殊的轨道行进，比较机动。在现代交通运输中，被运送对象自启运（出发）至终达目的地全过程中，道路运输方式可实现门到门服务，其他运输方式一般难以独立完成全程运输过程。随着汽车性能的提高、道路交通条件的改善及先进管理技

图1-6　快速货运到门口

术的应用，道路运输的这种适应性强的特性必将得到越来越充分的发挥。

2. 覆盖面广，通达度深

道路运输与铁路运输相比，有

图1-7 长途客车到山村

着明显的优势。铁路网络是大框架结构，“网眼”很大。公路网络凭借“干支相连”的特点，层层成网，形成广阔的运输空间。道路运输能满足全国城乡经济与社会发展的各种需要，是一种最广泛的运输方式。汽车体积较小，除了可沿密度大、分布面广的路网运行外，可以深入城市里巷、街道码头提供服务，也可以深入到偏远山区、农村，既可以担当运输主力，也可以为铁路等其他运输方式进行集疏运输，满足各种需要。在很多地形复杂、人口分散、经济落后、其他运输方式不能到达的地方，道路运输是唯一的运输方式。从北方莽莽林海到南方丛丛雨林，从西塞边陲到东南沿海，无论是“大漠孤烟直，长河落日圆”的戈壁荒漠，还是“天苍苍,野茫茫,风吹草低见牛羊”的广阔草原，道路运输都是一道流动的风景。

3. 装备多样，服务齐全

道路运输不仅有常规的客货车辆，也有厢式货车、冷藏车、拖挂车、集装箱车辆、多轴重型车辆和危险化学品车辆等多种专用运输车辆，提供特殊性运输服务，以满足不同运输目的的需求。运输装备的多样满足了道路运输组织形式的因时因地制宜的变化，既可进行单车作业，也可组织规模运输；既适合于中短途运输，也能在一定程度上满足长距离的客货运输需求。甩挂运输更为现代物流业的发展提供了高效的运输组织形式。同时其他运输方式都需要道路运输提供集疏运服务。组织方式的多样造就了道路运输服务产品的齐全，既提供城际间的客货运输服务，也能提供为农村经济发展、群众出行的客货运服务；既能提供运输量大、乘客集中的客货运输站场的集疏运服务，也能提供田间地头、厂矿企业、居民集居区的零散运输服务；既能提供平时的一般运输服务，也能在遭受自然灾害突发事件时提供应急运输保障。同时，包车运输、零担运

图1-8 集约化的货物运输

输等还为运输需求者提供随到随走的个性化、人性化服务。

4. 就业容量大，社会联系紧

道路运输投资少、见效快，可以当年投资、当年运营，当年受益，属于一种劳动密集型行业。相对于其他运输方式来说，道路运输自身所需要的人力较多。由于道路运输快速发展，道路运输行业需要更多的从业人员。道路运输在全社会范围内与群众生产生活有紧密的联系。道路货物运输运送各种生产资料和生活必需品等，涉及到企业的生产和群众日常生活的各个方面。道路客运历来是群众出行普遍选择的主要方式，道路运输通过满足群众出行需要提供各种运输服务而与群众生活联系密切。此外，随着我国居民汽车拥有量的增加，车辆维修业成为群众生活的一个不可或缺的组成部分，道路交通安全也是群众关注的一个重要问题。这些都表明，道路运输与人民的生活密切相关，是社会关注度最高的行业之一。

当然，与其他运输方式相比，道路运输由于受其自身特点的限制，也存在一些不足之处，如单车运量小、运距短、成本高、环境污染和能源消耗大等。随着我国道路运输事业的发展，道路运输的这些不足之处将会逐步得到克服。

二、道路运输的业务分类

（一）旅客运输

旅客运输是指以旅客为运输对象，以汽车为主要运输工具实现有目的的旅客空间位移的运输活动。它以满足人们出行需求为目的。道路客运按营运方式

图1-9　班车客运

分类，通常可以分为道路班车客运、旅游客运、包车客运和出租汽车客运四种类型。

班车客运是指城市之间、城镇之间、乡镇之间定期开行的客运方式，它具有定班、定时、定线、定站的特点，是道路客运的主要方式。人们通常所说的道路客运，多指班车客运；旅游客运是以运送旅游者游览观光为目的，其运行线路有一端位于名胜古迹、风景区等旅游景点的一种旅客运输方式；包车客运是将客车包租给用户安排使用，按行驶里程或包用时间计费的一种营运方式；出租汽车客运是指以轿车和小型汽车为主，根据客户要求的时间、地点行驶，上下等待，按里程或时间计费的一种营运方式。

（二）货物运输

货物运输是指以货物为运送对象的道路运输。道路货运的经营业务通常可以分为普通货物运输、零担货物运输、大件货物运输、集装箱货物运输、冷藏货物运输、危险品货物运输和搬家运输七种类型。

道路货物运输的方式很多，按运输区域的不同，分为市内运输、区间运输、跨区间运输、省际运输和国际运输；按运输类别的不同，分为零担货物运输、整车货物运输、专用车辆运输和集装箱汽车运输等；按运距分为长、短途运输；按运输目的和服务对象的不同，分为营业性运输和非营业性运输；按货物对运输和保管技术措施要求不同，分为普通货物运输和特种货物运输。

图1-10　中远物流顺利完成惠州石化关键设备滚卸及道路运输任务（1284吨）

图1-11　特种货物运输

图1-12　济南长途汽车站

（三）站(场)经营

道路运输站(场)是为车辆进出、停靠、旅客上下、货物装卸、储存、保管等提供服务的设施和场所。站(场)经营是指为社会提供有偿的站(场)服务的活动。

道路运输站(场)主要包括汽车客运站、汽车货运站、客运停车场、货运停车场和货物装卸场以及货物储存、保管场所。汽车货运站又分汽车货运站(场)、汽车零担货运站、集装箱公路中转站等。

（四）机动车维修经营

机动车维修经营是指经营以维持和恢复机动车技术状况和正常功能，延长机动车使用寿命为作业任务所进行的维护和修理。机动车维修分为机动车维护、机动车修理等。

（五）机动车驾驶员培训

机动车驾驶员培训是指为使机动车驾驶人员熟练掌握驾驶机动车所需要的有关知识和技能，按照国家有关规定进行的专门培训。机动车驾驶培训包括汽车、拖拉机以及其他机动车的驾驶培训。

图1-13　机动车维修

除上述业务外，道路运输其他相关业务还包括货物仓储、货物装卸、客货运代理、运输车辆租赁等。

图1-14　汽车驾驶员培训(来源：http://www.hq-junchang.com)

三、道路运输的地位、作用和发展趋势

我国综合交通运输体系包括铁路、道路、水路、航空和管道等五种运输方式，其中道路运输是人们最早采用且应用最普遍的运输方式。随着道路运输工具的发展、道路基础设施不断改善和运输需求结构的变化，道路运输已经成为综合运输体系中的主要运输方式之一，并在五种交通运输方式中占据着主要地位，发挥着重要作用。

（一）地位

道路运输作为综合运输体系的基础，促进了不同运输方式在服务范围和领域上的分工协作，同时也是其他运输方式得以充分发挥优势的重要支撑条件。随着社会的发展，对客运和货运的个性化、方便灵活、快速直达、适应性强提出了更高的要求。在经济分散化、产品多样化和商品交换规模空前扩大的形势下，铁路、水运等适宜大批量、长距离运输的方式日益依赖于公路集散运输的支持，航空运输则更需要以公路作为地面运输支持。因此，道路运输构成了整个综合运输体系的基础。

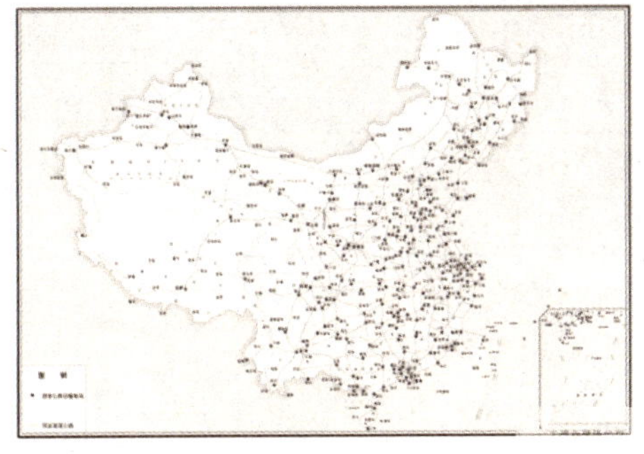
图1-15 四通八达的道路运输网络

我国道路运输业自新中国成立以来，已迅速成长为对国民经济和社会发展具有重要基础性作用的运输方式。它影响着社会生产、流通、分配、消费的各个环节,它能够优化社会经济结构、促进社会经济发展；它与国民经济相关产业发展和人民生活水平提高具有广泛、密切的联系，道路运输是运输体系中服务范围最广、承担运量最大、发展速度最快的运输方式，在社会生活中占有极为重要的地位。

从1996年开始，道路运输完成的运量已占五种运输方式总运量的第一位，已经成为增长最快的运输方式。图1-16和图1-17反映了近4年来道路运输在综合运输体系中所占的地位。

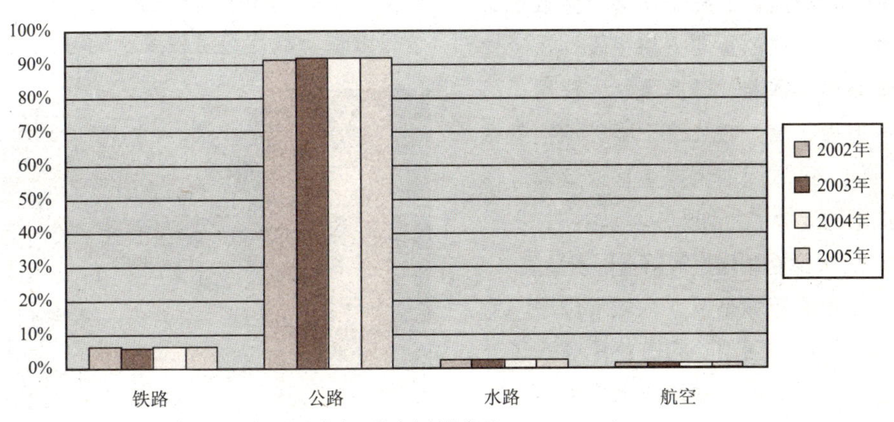

图1-16 2002~2005年全国四种运输方式客运量的比例构成图

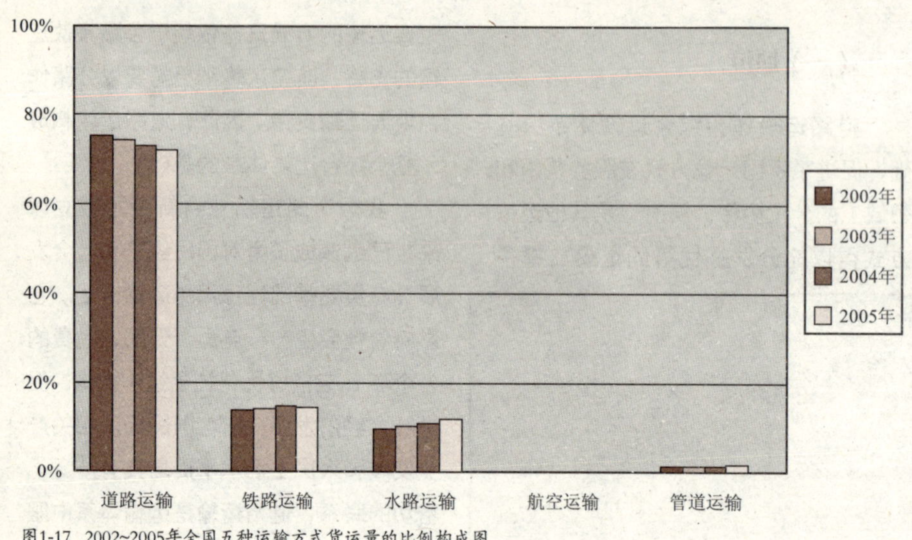

图1-17 2002~2005年全国五种运输方式货运量的比例构成图

（二）作用

道路运输在综合运输体系中发挥“微血管”和“大动脉”的双重作用。道路网建设的不断完善，已使道路运输成为各种运输方式中等级结构最为复杂的运输系统。一方面，公路通达人类居住的各个角落，并且是其他运输方式的重要支持手段，在运输体系中发挥着“微血管”的作用；另一方面，高等级公路干线又承担着城市间、区域间的大规模直达运输，形成新的运输“大动脉”。

1. 道路运输是经济发展的基础

道路运输是以“地域性位移”为标志的经济活动。它有机地联系了社会生产、分配、交换与消费等各个环节，是沟通城乡、联系产销的纽带，是保证社会经济活动得以正常进行和发展的前提和条件。通过道路运输，能够有效地跨地区调配经济资源，最大限度地发挥资源效益，能够更好地因地制宜，发展各地的产业，促进跨地区的劳动分工；能够及时调节各地的商品供给和需求，平抑各地物价的过分波动，稳定经济秩序；能够极大

图1-18 三峡输电工程巨型设备运输

地丰富各地群众的物质生活，提高人民生活质量，从而推动社会经济的快速发展。

拉动相关产业发展。道路运输将带动机械电子、石油化工、汽车工业和建筑业等相关产业的发展，为它们的发展提供运输服务保障和广大的市场空间。同时道路运输还将带动商业、服务业、保险、旅游等第三产业的发展，促进我国各相关产业的协调发展。

活跃城乡商品流通。道路运输贯穿于社会再生产的全过程，为生产、分配、交换、消费服务。道路运输以其自身的优势，为工业、农业、商业以及国民经济的各个部门不断运送着原材料、半成品及成品，使物流、人流和信息流在各部门中有序地流动，有力地保证了工农业生产的正常运行和市场经济的稳定，起到了活跃城乡间社会生产、流通、消费的纽带作用。

推动区域经济均衡发展。我国经济落后地区的共性之一，就是因交通不便导致缺乏与外部经济的联系，使这些地区的资源和产品无法与外界形成正常的交换和交流。道路运输因为具有机动灵活、通达度深、覆盖面广等特点对推动落后地区经济发展、弥合地区间社会经济发展的不平衡性发挥着极为重要的作用。

图1-19 城乡客运

2. 道路运输是社会和谐的保障

道路运输作为国民经济的基础性、先导性、服务性产业，在构建和谐社会中发挥着重大作用。

一是承运应急物资，保证社会稳定。道路运输具有运输组织多样化、运输装备品种多、运输服务产品齐全等特点，所以道路运输能够承担并高

图1-20 山东省济宁市人民政府防汛救灾车

图1-21 抗雪救灾中路政车引导车辆编队通行

图1-22 风雪旅途传递温暖

图1-23 救灾物资运输

时效性地完成大量重点物资、紧急调运物资、救灾物资、国防物资的运输任务，在支援国家重点经济建设、增强抵御与救治自然灾害能力、保证国家稳定、加强国防、巩固国家的政治统一等方面发挥着极为重要的作用。

当前，全国建立了拥有近4万辆应急运力的道路运输应急保障体系，在流行疾病和自然灾害等应急事件发生时，可用于紧急救助活动和救灾物资的调拨，能够有力地保障国民经济的平稳运行和正常的社会秩序。

二是加速劳动力转移、扩大社会就业。经济增长方式的转变，城市化、现代化进程的加快，传统农业劳作方式的改变，致使近年来我国大量农业人口迅速向其他产业转移，出现了大量农村剩余劳动力，进城务工人员激增，农业人口跨地域、大范围的迁徙成为社会的普遍现象。道路运输为农村剩余劳动力的转移提供了极为便利的条件，使其大规模、大范围的流动成为可能。道路运输业属劳动密集型行业，就业门槛相对较低，并具有投资少、见效快等特点，可以吸纳大量劳动力。据测算，道路运输行业的增加值占国民生产总值的比重每增加1个百分点，为社会提供就业岗位会增加10%。2006年道路运输全行业实现增加值4363.7亿元，对GDP的直接贡献率达到了2.1%。随着现代物流业的迅猛发展，新一轮运输场站建设高潮的出现，将带来旺盛的就业需求。

3. 道路运输是社会主义新农村建设的先行者

按照建设社会主义新农村的战略部署，道路运输行业把解决农村地区“出行难”、“运货难”问题作为一项重点工作，组织实施了农村客运网络化示范工程，加快推进了城乡客运一体化进程。2003年至2006年三年间，交通部安排专项资金13.2亿元用于农村客运站点建设，全国共投入资金63亿元，建设农村等级客运站9040个、停靠站点14.7万个。农村客运车辆达到34.4万辆，客运班线达到7.4万条，全国行政村客车通达率达到83.2%。全长达4.3

图1-24 农资运输

万公里的“五纵二横”绿色通道网络已经形成，提高了鲜活农产品的运输效率，降低了运输成本。广大农民群众的出行条件和农村地区的物资运输条件得到明显改善，为社会主义新农村建设作出了突出贡献。

（三）发展趋势

随着现代运输理念和现代运输科技的不断发展，21世纪的道路运输行业发展充分体现了以下三个特点。

1. 高速化运输

当前，我国产业结构正在发生重大调整，国民经济将发展重点从第二产业向第三产业转移，人民生活水平大幅提高，客货运输量增长率减缓，高值工业品和消费品运量增幅将高于煤、矿石、钢铁等大宗货物的产量增幅，旅客出行的运输消费水平提高，必然对道路运输提出高速、安全、舒适、方便的要求，以高速公路为主干，以运输枢纽中心和综合物流体系为纽带的快速运输将

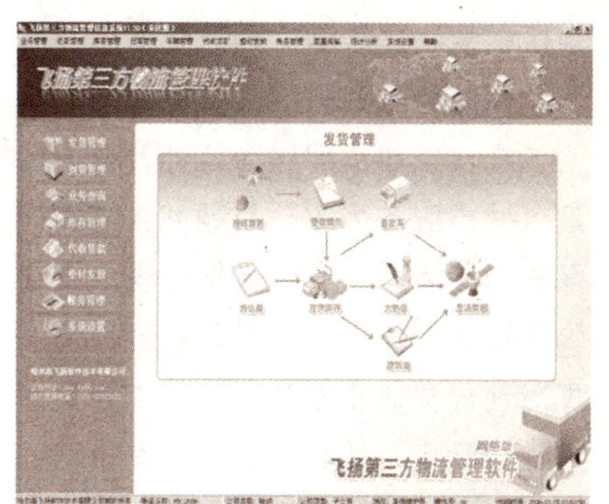

图1-25 第三方物流（来源：http://www.fy56.com）

图1-26 安徽迅捷物流

成为交通运输市场需求的主要内容。为此，要加快建设横贯全国的高速公路、快速通道和覆盖各地区的主干高速公路，建设现代化的运输枢纽中心，建设以第三方物流为代表的现代综合物流体系，实现道路运输的高速化。

2. 网络化运输

随着经济发展，高质量人才、土地供应、能源供给和消除垃圾等因素对企业选择地点的影响越来越多，运输费用将不再是选择地点的唯一因素。因此，地域经济中心将从特大城市向周边

地区扩散，高质量的网络化运输将成为必然趋势。道路运输要以高速公路为依托，以城市配送为延伸，努力构建以城市服务为主，兼顾城乡的快递配送网络体系，进一步提升现代交通物流综合服务质量，满足社会经济发展对现代交通物流社会化、专业化、个性化需求。随着西部大开发进程的深入，中国西部地区和其他山区对网络化运输的需求将不断增加。同时，

图1-28　六国跨境运输将实现一站式联检

图1-27　黑龙江冰上汽车跨境运输

随着我国对外经济交流的迅速增加，旅客和产品运输的深度和广度将大幅提高，跨境运输是我国与周边国家开展经济、贸易合作的重要纽带，网络化的跨境运输已经成为中国同周边国家沿边地区对外贸易和人员往来的重要运输方式之一。

3. 环保、专业化运输

在道路运输的运输结构上，我国的运输企业越来越重视发展高效低耗的运输设备，选用多轴重载、能耗低、污染小的环保型、节约型国家鼓励发展的运输设备。在经营结构上，道路运输企业正逐步扩大经营范围和延伸服务领域，向产品制造和商贸企业提供供应链服务。我国政府鼓励有实力的大型物流企业，积极组建跨区

图1-29 盛辉物流

域、跨行业大型物流集团，加快开发应用物流信息平台，推进信息化进程，实现集约化、规模化、专业化，通过提高服务水平、竞争能力来巩固市场地位。经营形式上，道路运输行业在大力发展单一产品的专业运输基础上，充分利用道路运输的区位、站点、管理和技术等优势，拓展仓储、配送等运输功能和服务范围，建立和完善便捷、准时、经济合理、用户满意的社会化、专业化、现代化的物流体系。

图1-30 双利达物流快运公司往返城市运输线路

第二章　道路运输文化概述

道路运输文化既是社会文化的一个重要组成部分，具有社会文化的一般特征，同时作为一种特定的行业文化，它又具有鲜明的行业特色。道路运输文化，存在于我们生活中的每一个角落，伴随在我们生活的每时每刻，它肩负着历史使命、承载着理想追求、潜化着习俗规范、创造着物质硕果，构成了一个形式多样、生动感人、景象万千、独具特色的文化体系。

一、道路运输文化含义

（一）含文

文化是人类在社会实践过程中认识、掌握和改造世界的一切活动及其创造、保存的物质产品、精神产品和社会制度的总和。文化的内涵即可分为三个层次：物质文化、制度文化和精神文化。物质文化，是人类的物质生产活动及其产品的总和，构成整个社会文化的基础；制度文化，是指人类在社会实践过程中所缔造的社会关系，以及用于调整这些关系的规范体系和人类在相互交往过程中约定俗成的习惯性定势所构成的行为模式；精神文化，是指人类的精神生活方式和意识形态。文化这三个层面的内涵，凝聚成一个组织、一个行业、一个民族乃至一个国家的灵魂。

道路运输文化，是指在道路运输实践活动中，逐步形成并不断积累的物质财富和精神财富的总和，它包括道路运输物质文化、制度文化和精神文化，体现了道路运输行业价值理念，是我国道路运输事业发展的重要成果，是行业文明程度的重要标志。

（二）分类

由于道路运输文化是一种复杂的行业文化，为了深刻地理解并阐述它，可以从不同角度、不同侧面、不同的研究目的和研究对象等出发，对它进行分类考察。通常有三种主要分类方法：

（1）按道路运输文化现象分类，可以划分为物质文化、制度文化和精神文化。

（2）按行业部门、单位构成分类，大致可以划分为道路运输的管理部门文化、团体文化和企业文化。

（3）按照行业特色或主题分类，可以划分为服务文化、管理文化、安全文化、窗口文化、品牌文化等。

从上述不同分类方法可以看出，道路运输文化是一个开放的、复杂的系统。而在各种分类中，道路运输的物质文化、制度文化和精神文化是最基本的三种要素。道路运输物质文化主要是指道路运输物质成果及其外在表现形式，具体表现为基础设施、运输工具、标志标识，以及行业环境、服务形象、传播网络等，它是道路运输文化的物质基础。道路运输制度文化主要是指正式的管理制度和非正式的各种制度，包括行为方式和社会规范两个方面，具体表现形式为管理制度、相关技术标准和交通法律法规、行为规范、惯例习俗等，它规范着物质文化的内容，并为精神文化建设提供制度保障，起着承上启下的作用。道路运输精神文化是道路运输行业形成的共同意识活动，是共同信守的价值理念，是道路运输文化的核心内容，具体表现为行业使命、共同愿景、行业精神等核心价值，它是道路运输文化的最集中体现。这三种文化是一个相互联系、相互依存的有机整体，它们构成了道路运输文化的三个主要子系统。

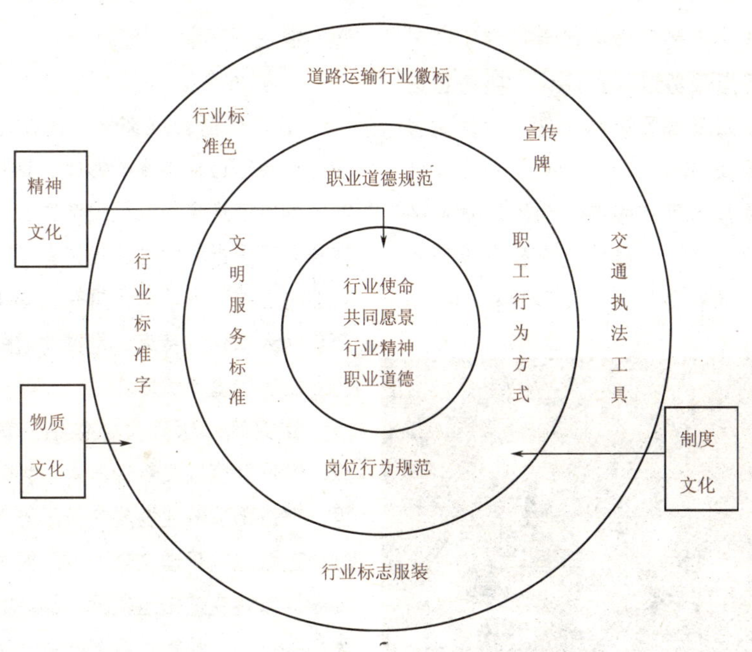

图2-1　道路运输文化结构图

（三）特色文化

在道路运输发展壮大和文化建设实践中逐步形成的独具特色的服务文化、管理文化、安全文化、窗口文化、品牌文化，如点点繁星点缀夜空，似朵朵繁花扮靓春天，为道路运输文化注入了生机，为道路运输行业增添了色彩。

1. 服务文化

道路运输服务文化是指在客运、货运及道路运输相关业务中向乘客、货主等提供服务的过程中所体现出来的服务理念、服务规范和服务行为等。道路运输服务文化主要体现在“三优三化”方面，“三优”是指优质服务、优美环境和优良秩序。“三化”是指服务过程程序化、服务管理规范化和服务质量标准化。具体内容包括服务态度、服务设施、服务环境、服务项目、服务行为、服务业务和服务技术等。具体要求就是秉承并执行“5S理念”。“5S”是指“微笑（Smile）、快速（Speed）、诚实（Sincerity）、灵活（Smart）、学习（Study）”五个词语英文首字母的缩写。“5S”理念是最具代表性的服务文化创新，具有人性化和可操作性的特点。

图2-2 热情服务

道路运输服务文化的核心是优质服务。优质服务是道路运输服务文化的亮点，它主要通过服务态度端正、服务设施完善、服务项目齐全、服务行为文明、服务收费合理、服务业务熟练等，在服务中融入真情，通过“一个由衷的微笑”、“一声亲切的问候”、“一番热情的引导”、“一句温柔的语调”，使服务对象感到温暖、愉快、满意。

2. 管理文化

道路运输管理文化是指在道路运输行业管理过程中逐渐形成的具有行业特色的价值理念与制度规范的总和，是在长期管理过程中形成的具有道路运输行业特点的管理理念，具有科学化、规范化和人本化的特点，是推动道路运输行业发展的重要保障。

道路运输管理文化包括：管理思想、管理制度以及管理技术、管理方法等。在道路运输业发展的新形势下，应加强道路运输管理文化建设，促进行业发展，以转变道路运输管理部门的职能为切入点，用政策引导全行业，用信息服务全行业，实现从传统经验管理向现

图2-3 文明执法

代文化管理的转变。通过法律的、经济的、行政的手段维护公平竞争的市场秩序，建立统一开放、竞争有序的道路运输市场，提高行业发展的质量、效率和效益，更好地满足经济社会发展对道路运输行业的现实需求。

3. 安全文化

道路运输业是面向社会的服务性行业，与人民群众的生命财产安全密切相关，道路运输安全状况如何，涉及千家万户，关系生命财产安危，影响行业形象，安全是道路运输主管部门和各运输企业的首要责任。道路运输安全文化是人们在道路运输实践活动中逐步形成的安全知识体系、安全价值观念。主要包括安全意识、安全规范、安全行为等，具体包括安全生产管理制度、安全教育、安全技术与安全监督、安全设施等。道路运输安全文化的核心是本质安全，即通过关爱人和保护人，最大限度地满足人的身心健康、生命安全。道路运输安全文化建设，就是通过开展各种安全文化活动，来提高全行业的安全文化意识，形成“关爱生命、关注安全”的文化氛围，为人民的生命财产安全保驾护航。加强道路运输行业安全文化建设，构建一种人性化的安全管理新机制，这是道路运输行业安全永恒的主题，也是道路运输文化建设的关键。

图2-4 安全设施检查

4. 窗口文化

道路运输窗口是指那些与群众直接面对面、服务性强、社会关注高、影响大的道路运输单位，如运输场站、服务大厅、客货车辆等，透过这些窗口，可以反映整个行业的精神风貌。道路运输窗口文化是指道路运输窗口单位通过动态和静态的整体形象展示所体现出来的文化。道路运输窗口文化包括两个方面：一是静态的窗口文化，包括窗口单位的系统环境，如汽车客运站的候车室、服务台、显示屏、宣传栏等；二是动态的窗口文化，包括服务用语、接待

图2-5 窗口文化

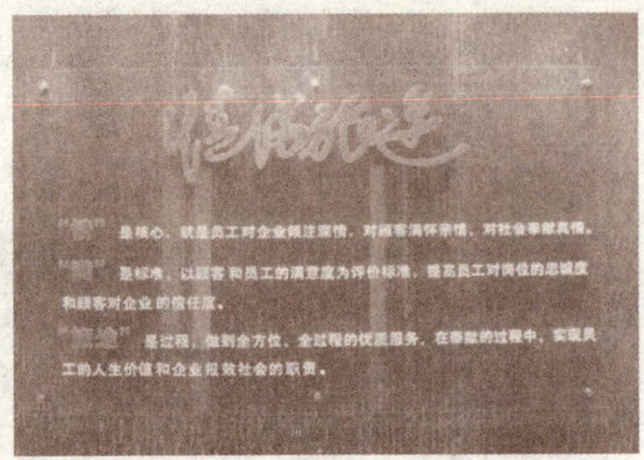

图2-6 青岛交运集团企业文化

礼仪、仪容仪表等。窗口工作人员天天同群众打交道，与群众接触最广泛、影响最直接，其服务水平和服务意识，在很大程度上代表道路运输行业的形象。加强窗口文化建设关键，在于通过强化学习意识、服务意识、协作意识等提升窗口工作人员的服务水平和服务质量，展现道路运输行业的新形象。

5. 品牌文化

行业品牌，是一个行业最大的无形资产，是行业综合素质的标志。道路运输品牌文化指通过赋予道路运输行业品牌以深刻而丰富的文化内涵，建立鲜明的品牌定位，并充分利用各种有效的内外部传播途径形成消费者对品牌在精神上的高度认同，创造品牌信誉，最终形成强烈的品牌忠诚。品牌文化主要包括外部形象表现，如品牌的标志标识、品牌名称、符号、色彩等；也包括内在价值理念，如情感内涵、审美情趣、时尚品位等。要想赢得社会公众的选择，就必须实施品牌战略、加强品牌建设、提升品牌的价值，提高行业竞争力，使行业能够在新的经济环境下持续、健康、快速地发展。

二、道路运输文化特征

道路运输文化的主要特征有四种：历史传承性、广泛传播性、层次多样性、时代创新性。

（一）历史传承性

道路运输行业是一个历史悠久的传统行业，道路运输文化也在长期的历史发展中成为一个流动和发展、继承和发扬的文化体系，具有鲜明的传承性。每个时代的道路运输文化创造，都是以前人创造的成果为基础的。道路运输文化的传承，不是毫无选择地兼收并蓄，而是像大浪淘沙那样，将行业文化遗产中过时的、糟粕的成分冲刷掉，经沉淀后留下来的多是具有价值的精华成分，如道路运输的思想理念、道路运输的本质和发展规律、道路运输工具、道路运输基础设施产生、使用和发展过程中形成的理论、概念、理念、观念和风俗习惯等精神文化产品，这些都成为今天道路运输文化建设的宝贵文化积淀和未来道路运输文化创造的基础。

（二）广泛传播性

人类社会是一个庞大的文化体系，社会文化对道路运输文化产生了深远的影响。同时，道路运输行业是一个窗口服务行业，与人民群众的生产生活息息相关。道路运输文化也以行业为载体覆盖了全社会。道路运输行业核心价值观、宗旨使命、共同愿景、行业精神等精神文化，行为规范、风俗习惯等制度文化，基础设施、运输工具、标志标识以及行业环境、服务形象、传播网络等物质文化建设，都以其特有的行业文化特征向整个社会广泛传播，对社会文明进步具有重要的影响。

（三）丰富多样性

道路运输文化作为一种行业文化，在行业的不同发展阶段、不同的地域、不同的层次都体现出各不相同的文化特色，从而形成了道路运输文化丰富多样的特点。如按照道路运输管理层级划分就有五个层次各具特点的管理文化；按照道路运输从业层面划分不同的道路运输企业都形成了各自不同的特色文化，如客运文化与货运文化等。按照道路运输的不同地域划分又有独具特色的地域文化等。这些都构成了道路运输文化的丰富多样性。

（四）时代创新性

继承是道路运输文化发展的基础，而创新是其发展的动力。道路运输文化时代创新，意味着新的行业文化特质以及文化圈的产生、增加和扩大，意味着文化模式或类型发生局部的或根本性的变革。道路运输文化的每一步发展，都会为它增添新的内容或新的元素。无论是一种新的道路运输方式，还是一种新的服务规范、新的行业精神被创造出来，都是在已有道路运输文化之上的创新，也正是这种伴随时代发展的不断创新，才促使道路运输行业整体得以发展繁荣。

三、道路运输文化功能

（一）导向功能

道路运输文化具有导向功能，是因为所包含的价值取向，影响着行业成员所追求的共同目标。一方面为行业决策者提供正确的指导思想，另一方面在行业全体成员中形成一致的、稳定的并被广泛认同的价值观，提升行业人员的素质和精神风貌，为行业成员指明前进的方向。在道路运输文化提倡的价值观的影响之下，全体行业成员会形成积极主动地为道路运输事业的发展奋力拼搏的自觉性和主动性。

（二）凝聚功能

道路运输文化，是一种凝聚全体行业成员的黏合剂，能够营造出一种具有共同价值观、共有精神、共有理想追求的氛围，使所有成员产生强烈的行业意识，将自己的思想、感情、行为融合在整个行业的发展之下，对自己所处的行业产生强烈的认同感和归属感，形成强大的凝聚力，获得整体效能的最大化。这种凝聚功能是由行业文化的教化、规范和整合作用综合产生的效果。

图2-7 班组文化凝聚员工

（三）塑造功能

道路运输文化的塑造功能不仅体现在能够对内塑造行业人员的形象，而且还体现在通过道路运输与外界接触，起到向社会展示本行业的管理风格、经营状况和精神风貌的积极作用。我国道路运输行业的发展，给社会经济生活带来的巨大变化，也必然使社会把目光凝聚在这个行业上。建设道路运输文化，就是不断地通过各种形式反映行业人员良好的精神风貌，展现道路运输行业广阔的发展前景、诚挚的服务态度，从而塑造出道路运输良好的行业形象。

图2-8 站务员形象塑造

（四）传播功能

道路运输行业的流动性特点，决定了道路运输文化的传播性功能。人们在从事道路运输的同时，也在不断地传播交流着道路运输文化成果。这些文化成果超出地域、民族、语言、国家甚至时代的界限，成为一种具有普遍性的成果，在沟通人们思想感情、融合民族文化价值、形成积极向上的社会风气等方面起着重要作用。

（五）约束功能

道路运输文化的约束功能主要体现在两个方面:一是内在的自我约束力。道路运输文化通过树立行业的核心价值理念，增强员工的归属感，激发其积极性和创造性。它通过对行业共同价值观、道德观长期不断地宣传灌输教育，潜移默化地向员工个人价值观、道德观渗透，促使员工在观念上确立一种内在的自我约束的行为标准。二是外在的强制约束力。道路运输行业规章制度是行业理念的物化形式，是行业文化的重要内容，它是通过法律法规和行业内部制定的规章制度等制度文化，形成的行业强制约束机制。

四、道路运输文化建设的意义

道路运输文化是我国道路运输事业发展的重要成果，是行业文明程度的重要标志。道路运输文化建设不仅是一个理论问题，更具有现实的实践意义。

（一）是全面贯彻落实科学发展观的重要举措

科学发展观是社会主义先进文化在长期发展过程中的经验总结与精神凝练，具有深远的理论意义与普遍的实践价值。当代道路运输文化，不仅是中国特色社会主义文化的组成部分，而且还具有自身特点。人是道路运输文化建设的中心和主旋律。道路运输文化建设过程，就是实现道路运输行业经济发展和人的全面发展有机统一的过程。研究道路运输文化建设，就是研究人的全面发展问题，有利于树立和强化以人为本理念。加强道路运输文化建设研究，可以更准确把握科学发展观的内涵和实践要求，促进道路运输行业走资源节约型、环境友好型之路。实现道路运输业由外延式的粗放型增长向内涵式的集约型增长转变、由以生产增长为导向的发展向以服务质量为导向的发展转变，促进行业又好又快发展。

（二）是实现“三个服务”的重要保障

加强道路运输文化建设，就是不断增强行业服务理念，端正服务态度，深化服务意识；规范服务过程，提升服务质量，细化质量标准；优化服务环境，改造服务设施，创新服务技术，从而为国民经济和社会发展全局、社会主义新农村建设和人民群众安全便捷出行提供优质高效的服务，并不断推进交通事业又好又快发展。

（三）是构建文明和谐行业的有力支撑

道路运输文化建设是涉及全行业的一场深刻变革，主要表现在三个方面：一是道路运输文化建设是全行业价值观、道德、思维方式等观念的优化和统一，即以卓越的核心价值观和价值观体系，把道路运输行业全体职工武装起来，通过强化团体意识，提高道路运输行业的凝聚力和战斗力，从而形成良好的行业风尚。二是道路运输文化建设是道路运输行业行为规范的优化和统一，即按照核心价值观和价值观体系的要求，通过纪律和规章制度的创新和建设，使行业全体职工的一切行为方式规范化、文明化，从而形成良好的职业道德。三是道路运输文化建设是全行业形象面貌的优化和统一，即按照形象识别体系的要求，通过细致的设计和施工，使道路运输行业的实体外在形象统一，从而形成鲜明的行业特色，更生动地体现出行业风尚和职业道德。因此，加强道路运输文化建设研究，有利于形成良好的职业道德和行业风尚，是推进和谐行业的文化支撑。

（四）是提升行业软实力和竞争力的重要途径

加强道路运输文化建设，是推动道路运输行业改革发展、提升行业管理水平的主要途径。优秀的行业文化是行业核心竞争力的重要组成部分，文化管理是管理的最高境界。从一定意义上讲，谁拥有文化的优势，谁就拥有竞争的优势、效益的优势、发展的优势。没有行业文化建设，行业就很难形成深化改革的持久动力及思想基础，也很难构成真正的核心竞争力，行业管理水平也难以得到提升。

当今时代，经济全球化、知识经济和可持续发展已经成为人类社会发展的三大主题。在这样的形势下，无论是基本的价值观念，还是具体的行为准则，行业文化将更加强调行业的可持续发展，更加强调行业与从业人员、行业与社会的全面协调与和谐共处。行业文化建设已经成为行业发展尤其是增强行业竞争力不可分割的重要因素。

面对新的形式、新的环境，道路运输行业要想获得持续生存和发展，就必须坚持以培育行业精神为重点，以人本管理为核心，以诚信经营为基石，以学习创新为动力，加强行业文化建设，使具有时代特征和本行业特色的行业文化转化为行业的凝集力和向心力。因此，道路运输文化建设，是道路运输行业深化改革、加快发展、做强、做大的迫切需要，是提高行业管理水平、增强凝聚力和打造核心竞争力的战略举措，是提升行业软实力和竞争力的重要保障。

第二篇　运史篇

——道路运输文化发展简史

“问渠哪得清如许，为有源头活水来”。

水不流则腐，物不流则固，人不流则僵。整个人类发展的进程就是一部流动的史车。同样，人类文化的繁衍也是在流动中产生、发展、传承的。

道路运输恰恰与人类文化的这种特点相吻合，也自然成为了一个使者。道路运输文化从产生神话“夸父追日”、“愚公移山”的时代起，就成为远古文化的组成部分。她在完成自己使命的同时，不仅将人类共同的文化镌刻进自己的肌体，而且将自身的文化溪流也汇入了整个文化的滚滚洪河。

纵横阡陌的交通，南来北往的车流，亘古不绝的吟唱；行踪匆匆的商贾，天南海北的货品，千年不衰的集疏。人类文化“流动”的史韵源源不绝，秉承古今。

大禹治水，辟山疏河，“周导入砥，其直如矢”，我们的祖先以其鬼斧神工开启了绚烂多彩的古代运输文化。秦代驰道，横贯帝国，汉通西域，文化远播。“无数铃声遥达蹟，应驮白练到安西”，丝绸之路作为东西方贸易和文化交往的繁忙路线，在唐朝达到了鼎盛，并留下了“凉州七里十万家”繁荣神话。“边庭流血成海水，武皇开边意未已”，苦难的徭役运输文化给我们留下一座座震惊世界的宏伟艺术瑰宝，同时也无法摆脱那沉重的历史叹息！那盘旋在崇山峻岭中明月峡古栈道横亘千年，仿佛仍在低吟着远徙文人的“蜀道难”！

20世纪初，欧美汽车开进了中国。轰鸣的马达声随着汽车的输入惊醒了这个沉睡的帝国！几千年来以人畜力为主的传统道路运输方式在车轮奔驰中逐渐隐去。近代的38年，是中国人民为追求民主独立和解放浴血奋战的年代，抗日战火硝烟中，工商车队和华侨车队源源不断，上海工人为坚守的十九路军送来给养，湖南汽车运输队北上支援长城抗战，而车轮滚滚推出的更是一个崭新的中国。

随着天安门新中国的礼炮轰鸣，道路运输文化进入了与时俱进的新时代道路运输文化时代。从坎坷难行到现代化运输网络，新中国的道路建设景象万千！从“万国”汽车到世界水平，作为道路运输工具的汽车在现代中国产生了质的飞跃！从低层次功能到较齐全的保障，中国道路运输业服务社会的功能得到了极大的健全和提高！从经验管理走向规范管理，道路运输行业立法工作建成体系并不断完善！现在，交通部提出的“三个服务”，更为新时代发展道路运输事业指明了方向！

回顾历史，我们看到，在中国，道路运输吮吸的是中华民族的乳汁，肌体中流淌的是一脉相承的血液，因而，她必然是融入中国文化史河里的一支。而这种文化千百年来的续曲，又是在她一段段的历史进程中创造和吟唱的，并逐渐形成和发展起来的具有道路运输特色的物质文化、制度文化和精神文化。

第三章 绚烂多彩的古代运输文化

翻开厚重的古代史册，一股雄浑清丽的古运文化之风徐徐扑面。尽管鲜有中国道路运输的宏篇大志跃然纸上，但若慧眼探深，你会看到一幅道路运输在古华夏大地驰骋文明的精美画卷，在它身边集合起的文化几尽涵盖了社会的各个角落。

一、古代运输文化的出现

劳动创造人，也创造人类的文化。

移动是人类生产生活最基本的需求之一。我们祖先在最原始的时候，无论人的出行还是物的位移，由于范围小、距离短、物品轻，仅靠足行、手提、肩扛即能够满足需求。但随着社会的发展，人们的生产生活圈的不断扩大，简单的运行方式已难以满足需求。像到更远的地方出游、交流、交换物品，或运送大批的、体积大而重的物品，仅靠人自身的能量已很难完成，或能够达到也效率极低。如今我们在现存的历史遗迹中，还可以看到许多体积硕大的石碑，它们是如何运送到位的，有的成了人们猜想的谜。据专家考证，它们大多数是靠滚木和人力畜力的拉拽到位的，但这需要耗费成年累月的时间。正是这种需求萌动了古人发明制造交通工具的想法。于是，先人们开始用自己的智慧制造出一代又一代的运输工具，去实现自己的夙愿。随着运输工具的不断更新，对运行的道路不断提出更高的要求，修路架桥于是逐渐成了人们的一种自觉，以至人们把这种造福自己和子孙的行为总结成一种美德——积德行善。

当古人脚下的道路从自然踩踏的小径，变换成为自觉修建的生活、生产道路时；当他们运送物资的方式由手提肩扛，变换成畜驮车载时，他们的社会生活方式从此开始了革命性的变革，一种前所未有的运输文化也就出现了。

二、古代运输路上的文化

东汉刘熙所著《释名》一书中，对“路”有这样的解释：“道，蹈也；路，露也，人所践蹈而露见也”。“路”是人走出来的。上古时期，先民们在从事采集、渔猎和原始农牧业等生产劳动过程中，足迹所至，形成的道路，即人行小路，可以说是“路”的起源。

约在公元前21世纪，大禹治水，辟山疏河，已开始人工筑路。“周导入砥，其直如矢”（《诗经·小雅》）。西周建设起来的广宽平坦的运输道路，其规划与管理，在世界道路史上亦属首创。

秦筑驰道，汉通西域，灿烂的中华文明，远播西方。隋、唐的大一统，

图3-1　秦代驰道走势示意图

给道路运输带来了大发展。隋炀帝大业六年（公元610年）在建成北起涿郡（今北京）南至余杭（今浙江杭州）大运河的同时，开通了沿运河岸长达四五千里的运输道路，加强了南北经济与文化的交流。唐代的中国是当时世界上最先进、文明的国家，以长安为中心的道路向四方辐射，运输遍达全国各地。由京师向西，经陇西逾黄河向西北，贯通河西四郡，连接西域诸国的运输大道，经过盛唐时期的进一步修筑，沿途设置驿站、军、城、关、戍，天山南北分别设置安西和北庭都护府，完善了交通设置和安全保障措施，极大地方便了中西经济文化的交流和贸易往来，这就是举世闻名的“丝绸之路”。

经过宋、辽、夏、金对峙300多年的历史，到元朝统一中国，全国道路运输又得到新的发展，拓展云南驿路、贵州山区道路和黑龙江通往奴尔干的运输道路等，方便了西南、东北少数民族聚居区的交通往来。至明、清时代，全国统一，经济发展，道路里程较前大有增长，进一步沟通了西南、东北、内蒙古等地区少数民族的联系，运输也得到了

图3-2　张骞出使西域（来源：http://www.32lu.com）

较大的发展。这些表明，经过元、明两代，清代的道路运输已发展到了古代的鼎盛时期，并孕育着近代公路的萌芽。

在一段段古代运输的道路上，到处闪烁着晶莹剔透的文化晶体。

（一）驿传——古代运输文化的“盛宴”

中国古代道路运输包括传递信息和转输物资，通称驿传。中国有组织的官办驿传始于商、周。驿传运输几乎贯穿于整个中国古代史，是中国古代最具代表性的道路运输方式。

吹开驿道上的尘封，中国古代政治、经济、外交、生活的史片，会一层一层地显示在你的面前，让你博览一个五彩斑斓的社会史展，享受一顿集尽美味的文化盛宴。

唐朝诗人杜牧在过华清宫时写下一首著名绝句：“长安回望绣成堆，山顶千门次第开。一骑红尘妃子笑，无人知是荔枝来”。写的唐玄宗令驿传为杨贵妃从千里之外急运新鲜荔枝的故事。唐玄宗的宠妃杨贵妃喜欢吃鲜荔枝，唐玄宗命令驿站为她由四川飞马转运，传送荔枝的差官日夜兼程，快速奔驰，及至长安，荔枝“色味不变”。杜牧的这首诗，既揭露了统治者骄奢淫逸的生活，也给人们留下了唐代邮驿惊人的通行速度的遐想。

如今，公路边上那些如林的旅

图3-3　一骑红尘妃子笑，无人知是荔枝来——赣州梅关古驿道遗迹（来源：http://baike.baidu.com）

店、饭馆，追溯起来，其实就是过去的驿站遗风。战国时，驿路上就设有馆舍，迎送过往的官员和接待使臣，提供车马和饮食。馆舍有三种类型，一是路途上的馆，二是都城的馆，三是养士的馆。

路途馆是设在驿道上以传达命令和传送文函的站头，也是供往来使者、聘使憩息住宿的处所，它实际上就是官办的交通旅馆。那时，鲁国的重馆、燕国的招贤馆（今北京市大兴区礼贤镇），都是有名的馆，赵国在陶丘所设的馆也很出名，并发展为后来的馆陶县。

都馆是高级招待处所，讲究豪华舒适，各诸侯国霸主都精心修盖客馆，以显示自己国力的强盛和大度。

养士馆是私人主持的馆舍，如战国四公子馆、齐国靖郭君的馆等。这种馆规模很大，可容纳千人。养士馆即贵族们网罗人才的私人客舍，所以有上中下之分，最低一级的是传舍，中等的是幸舍，高级的是代舍，又称上舍。住幸舍的有鱼吃，住代舍的出入有车乘。史籍中所载冯谖客孟尝君，便是先在传舍住了10天，才弹铗作歌迁到幸舍。

除馆舍外，还有私人在路旁开设的交通旅店，也叫逆旅、客舍，承担“私驿”、“私邮”的食宿接待。《史记·扁鹊列传》记载：著名医学家扁鹊，年轻时曾在一家私人旅馆当过“舍长”，有位名叫长桑的医生，在河北、山东行医10多年，经常投宿这家旅店。扁鹊见长桑医术高明，医德过人，特别尊敬他，招待格外热情周到，有机会就向他请教。长桑观察扁鹊为人正直，管理旅店有方，又虚心好学，于是把全部秘方传给了扁鹊。

唐代重要馆驿的建筑极其雄伟，设施完备，在唐人诗文中对此多有记述。如刘禹锡在《馆城新驿记》中描述，馆城驿（今咸阳市北）“门衔周道（门临驿道），墙荫竹桑，境胜于外也”。所有的馆驿，四周广种林木，附近风景宜人，绿树成荫。驿旁一般还有客舍、邸店。馆的设备更为豪华，即使是县城的客馆也是屋宇广大，回廊曲径，茂林修竹。

图3-4　鸡声茅店月，人迹板桥霜——张家口鸡鸣驿（来源：http://www.oyly.net）

隋唐时期，各少数民族在与隋唐政府的密切交往中吸收了先进文化，其驿传既有隋唐的影响，又有各自的民族特点。《新唐书·吐蕃传》称，吐蕃“其举兵，以七寸金箭为契。百里一驿，有急兵，驿人臆前加银鹘，甚急，鹘易多”，吐蕃驿传也是乘马，《因话录》说：“蕃法：刻木为印，每有急事，则使人驰马赴赞（普）府牙帐，日行百里，使者马上如飞，号为马使”。吐蕃通过唐蕃大道与唐朝政府保持有密切来往。如《顺宗实录》载：“贞元二十年（公元804年）吐蕃赞普死，以（张荐）为工部侍郎持节吊赠，卒于赤岭东……吐蕃传归其柩”。至于文成公主进藏的史事更是人人皆知了。

（二）“丝绸之路”——古代运输文化的集萃地

举世闻名的“丝绸之路”是公元前2世纪至14世纪间，横贯亚洲的陆路交通干线，是中国同印度、古希腊、罗马以及埃及等国进行经济、文化交流的通道。19世纪德国地理学者F.李希霍芬根据历史上这条道路运送的物品以中国的丝绸为大宗，而把这条路命名为“丝绸之路”，此后，这个名称便传遍全球。

西汉以前，中国的丝织品就经陆路销往印度、罗马等国家。汉武帝先后于建元元年（公元前139年）和元狩四年（公元前119年）令张骞出使大月氏（今阿姆河流域一带）和乌孙（今伊犁河流域）。出使乌孙时，张骞并分遣副使到大宛（今俄罗斯中亚费尔干纳盆地）、康居、月氏、大夏（今阿富汗北部）等国，汉与这些国家开始了正式的交通。霍去病曾两次大败匈奴贵族，保证了丝绸之路的畅通。东汉时班固赴西域，巩固了东汉在西域的统治，确保了丝绸之路的通行安全。

从西汉到南北朝，丝绸之路就成了东西方贸易和文化交往的繁忙路线，及至唐朝达到了鼎盛。此时，在这条道路形成了一些重要的物资转运城市，如凉州（武威）、甘州（张掖）、酒泉、敦煌都是西域商贾会聚之地。唐诗人岑参有“凉州七里十万家”的诗句，可见当时这些城市是相当繁荣的。近代出土的唐代遗存中，有乘人或背负丝绢的三彩骆驼，后者背囊前后有丝绢、小口瓶、鸡头壶、干粮袋、肉块，生动而形象地反映了贩运商人在这条路上长途跋涉贩运丝绸的艰辛而又得意的情景。通过丝绸之路，中国的四大发明（造纸、印刷术、火药、指南针）以及炼铁、凿井和种植桃、梨等技术传到西域、阿拉伯及欧洲各地。而由它传回的西方文化，也对中国的音乐、舞蹈、绘画、雕刻等产生了深远影响，更为中国传回了佛教和伊斯兰教。丝绸之路还促进了东西方在数学、天文、历法和医药学等方面的交流和东西方人民的友好往来。中国长安由此成为了当时东西方政治、经济和交通的中心，成为中国最早的国际城市。经由丝绸之路进行文化交流的历史名人很多，如东晋名僧法显、唐代名僧玄奘和西域高僧鸠摩罗什等人都是通过此路取经的。意大利人马可·波罗和安息王子安世高也是经此路来到中国的。丝绸之路已成史迹，但它在历史上的功勋是不可磨灭的。中国新疆南部建筑的公路和铁路也是沿着这条丝绸古道前进的。所以，丝绸之路不仅是一条经济通惠之路，更是一条中西文化的交流

图3-5 无数铃声遥过碛，应驮白练到安西——丝绸之路（来源：http://bz.mtv0.com）

之路。

（三）徭役——古代运输史上的“苦难文化”

赋税和徭役，是中国古代劳动人民头上的沉重大山。

车在古代虽然逐渐被普遍使用，但更多的运输还是要靠原始的畜驮人抬。

秦朝时，因战争和修建帝王陵墓或宫殿需要，年年要在民众中征用大批的徭役从事工程材料运输和军事运输，也称运役。嬴政即位初年，即开始在骊山北麓营造自己的陵墓；兼并六国后，又征发刑徒奴隶继续营建。为此，北山石料和荆蜀木材源源不断地运至关中工地，而工地还经常有几十万人在挑、拉、扛抬，从事土石方的搬运工作。秦始皇统一中国的第二年即开始修筑工程巨大的驰道。几年之后，又开始修筑长城和云阳（今陕西淳化）至九原（今包头西北）长达800余里的直道。这些工程极其雄伟，黎民百姓备受其苦。特别是直道和长城，地处北方山岳地带，堑山深谷，土石运输量之大，运输条件之难，使几十万服役者受到残酷的折磨。秦时，对匈奴作战10余年，对南越作战3年，又发兵55万人戍五岭，粮食运量极大。《史记·平津侯主父列传》记述：“秦祸北构于胡，南挂于越，宿兵无用武之地，进而不得退。行十余年，丁男披甲，丁女传输，苦不聊生，自颈于道树，死者相望。”

汉武帝时，曾3次对匈奴大规模用兵，最后一次动用骑兵24万、步兵10万。为解决军粮供应，前后移民80万至西北。公元前111年，又在西北设田官，动用60万士兵屯田。在移民和屯田未得效益之前，粮运任务繁重，运量大、运距远，而且又无水运可利用，只能车拉畜驮，古籍说山东（崤山以东）都“被其劳”。王莽也曾发兵30万，打算一举消灭匈奴，动用了“天下”男丁、甲卒和囚徒运输粮食。其他朝代大量强征徭役的现象比比皆是，像隋文帝开凿运河修建御道，宋徽宗修建皇家公园，清代修建故宫、皇帝陵墓、避暑山庄等都动用了大批的徭役。

徭役运输，可以说是中国古代道路运输的“苦难”史，同时，也是凝

图3-6　边庭流血成海水，武皇开边意未已——徭役兵车行（来源：http://www.52china.org）

聚古代劳动人民智慧的文化创造史。像在营建宫殿陵园的许多巨型木石料运输中，他们通过夏天路上铺麦秸，冬天则在地上泼水结冰，再通过人畜拖拉的方法，硬是将一块块几吨到几十吨的石料，从几十、几百里的地方运到位。清代修建东陵时，一块刻着“圣德神功”的大石碑，要从相距420里的房山大石窝里运来。运输者们将它装在“大旱船”里，船下垫上枕木，前拉后撬，费时一年，终于完成了运输。正是由于有了运输劳动者的参与，才有了一座座震惊世界的宏伟艺术瑰宝的建成，才有了众多令中国乃至整个人类为之自豪的文化遗产。

（四）“栈道”——古代运输文化的杰作

栈道，又名“阁道”、“复道”，是沿悬崖峭壁修建的一种运输道路。这种古栈道在今川、陕、甘、滇等省内山岭地区修建较多，据历史记载和有遗迹可考的有10多条，长达4400多里。栈道大部分是为战争的需要由官方组织修建的，战争中主要用于运输战争所需的粮食、辎重等物资，战争结束后，则用于在崇山峻岭中先民的出行和物资交流运输。栈道的修筑，不仅充分显示了中国先民战胜艰险的大无畏气魄和聪明智慧，而且其盘旋在崇山峻岭中蛟龙般的身躯，也给后人考证研究留下了无尽的遐想，给文人骚客留下了宝贵的文化创作资料。

图3-7 蜀道难，难于上青天——秦岭汉中境内的明月峡古栈道（来源：http://tour.yzwb.net）

三、车舆文化

中国古代神话和传说中，有黄帝造车，故号轩辕氏之说。《汉书·地理志》有这样的记载：“昔在黄帝，作舟车以济不通”。虞喜《志林》中更有黄帝与蚩尤之战，黄帝令其臣属风后，用法斗机作指南车以别方向，擒获蚩尤的神话记载。这些神话和传说告诉人们，黄帝不仅发明了车，而且造了辨明方向的车。

中国在4000多年前的夏禹时即出现车并被使用。《史记·夏本纪》载：“陆行乘车，水行乘船……”不过，原始的车轮没有轮辐，这种车轮，称之为“辁”，后来逐步安装辐条后才叫“轮”，成为车轮的雏形。

夏朝有了载运货物的牛车和载人

的马车，且在马车基础上改制的战车也出现了。商、周时代王室、贵族主要用来作战和狩猎的车，其形制已比较精巧。商、周的车系由车辕、车舆和轮、轭等部分构成，部件名目有几十种之多。1990年5月，在临淄区后李村西北发现一处春秋大型车马坑，南北长30.8米，东西宽3.5～4米，出土战车10辆，战马32匹，有的马具附有精制的海贝、铜珠等饰品。成书于春秋末年的《考工记》，总结了商、周以来制车的经验，特别指出："一器而即工焉者，车为多"，说明制车技术是比较复杂的。秦汉的各种车辆，大多为两轮车。其制造按用途而异，有的适于载人，有的适于载货，有的利于速行，有的轻便舒适，还有灵活适用的独轮车和稳定性强、载重量大的四轮车等。1980年底，中国考古工作者在陕西省临潼县秦始皇陵西侧20米的地方，挖掘出前后两组大型彩绘铜车马，大小相当于真车真马的二分之一，再现了秦代宫廷车马雍容华贵的形态。铜车马的发现，确证了秦代在车辆构造上的变化和技术成就，其车箱进深增长，舆广增宽，车辕长度增加，表现了古代制车工匠的智慧和技巧，是古代科学成就和制车技术的结晶。

隋、唐以后直至清末，运输工具的种类，以动力区分，有畜力车、人力车；从结构形式上分，有轿车、大车、

图3-8　孔子御车出游图

小车（独轮车）、西式马车（城市采用的四轮马车）、"洋车"、排子车等。并且在元明清时期，乘用车舆较之前朝有了分等定制的变化。清时陆路运输工具，仍以牛、驴、骡、马、骆驼等牲畜作驮运。直到清末，在广大城乡地区，牛马车和畜驮仍是陆路交通的主要运输工具。

同治十二年（公元1873年），在上海的法国人自日本引进了人力车（又称黄包车），逐步取代独轮车、轿子，成为城市客运的主力。英国强迫签订《南京条约》，开辟五口（广州、福州、厦门、宁波、上海）通商后，中国门户大开，火车、轮船、汽车等新式交通工具相继输入，交通运输事业开始发生变化。

中国古代的道路运输工具在世界文明史上占有领先地位。商、周车辆结构的先进，性能的优越和装饰的豪华，为古代世界所罕见。秦汉的辂车和金根车，是当时世界上少有的高级乘车。西

汉创制的独轮车，经过10个世纪，欧洲才开始采用。约在公元前4世纪，中国就创制了有效的马挽具——胸带挽具（缰绳挽具），而欧洲考古学家在公元7至10世纪古墓中才发现有胸带挽具的遗物，还是从中国通过中亚传到欧洲的。公元前4世纪至前1世纪之间，中国就有了肩套挽具，比欧洲出现这种最有效的挽具要早1000年。

古人制造的指南车、记里鼓车（一种能记行走里程的车）和霹雳车，以及南北朝时出现的磨车，都是利用齿轮原理制成的。表明早在魏晋南北朝时期，中国在机械传动方面已达到较高的水平。1947年英国科学家兰彻斯特发表了他对指南车的研究论文，指出西方各国知道差速齿轮的道理是近60年的事情，而中国人早在1000多年前就已应用了。

古车上乘载的文化，更是踪多迹广。

（一）车文字记载

古人发明车之后，逐渐出现了“车”的象形文字，象形文字又印证了古代车辆种类之多。孙海波《甲骨文编》收录的“车”字有9个；容庚《金文编》共收“车”字22个，虽字形各异，但其形制与出土殷车大体相仿。今天使用的“车”字，是古代车字演变而来的，上下两横代表车轮，中间一竖代表车轴，中间“田”字代表车厢，简明扼要，寓意深刻。《辞海》中，以“车”字作偏旁的字就有140多个，其含义大多与车有关。

（二）古车与战争

回眸中国古代，有多长的文明史，就有多长的战争史。历朝历代，到底发生了多少次战争，数也数不清。但据《春秋》记载：从公元前722年至前481年的242年中，列国军事行动多达483次。

人们发明车，本是用作生产、生活运输，但在战事连绵的古代，车从被发明出来的那天起，就不断地被披上战袍，成为战争的工具，甚至直接当作武器。撇开战争的残酷，车在古代战争中的精彩应用，也给人留下了一段段挥之不去的文化追忆。

相传夏禹之子启继承帝位后，在甘（今河南郑州附近）与扈氏发生大战，启曾出动战车。古籍又记有商汤以“良乘七十乘”战胜夏桀，建立了商朝。商周之际，战事频繁，战车应用已比较广泛，周武王曾率戎车300乘，虎贲3000人，甲士4.5万人伐纣；并曾与各方诸侯会兵车4000乘，陈师牧野（今河南淇县南）打败了纣王，建立了商朝。战车的作用，是在战斗中冲击追逐，驻屯结阵扎营，运送粮草、兵械。战车的多少代表一国兵力的强弱，所谓“千乘之国”“万乘之君”的“乘”字，就是指拥有战车的数量。那时，战车还是各诸侯国在会盟外交活动时显示政治、军事力量的一种形式。重要会盟时，各国君主或使者护送车队多达百乘，可见当时战车数量和道路通过能力已具相当规模。

三国时，蜀汉伐魏，因巴蜀道路险阻，运粮困难，诸葛亮巧思构图，交给当时军中的机械能手蒲元、廖立、杜叡、胡中等人反复试制，造成“木牛”。“木牛”是适用于山区道路的独轮车。建兴十二年（公元234年）蜀汉出兵斜谷时，又将“木牛”改制成“流马”（四轮车）。范文澜著《中国通史简编》中描述：“‘人行六尺，牛行四步’，就是人走一步，轮转四次。木牛能载一人一年的粮食，单行每天走几十里，群行走二十里，虽然很慢，推车人却不大劳苦。”这种车在诸葛亮伐魏战争中运输粮草发挥了重要作用。

图3-9　木牛流马缘何制，妙法于今竟不传——陕西汉中勉县“诸葛亮制木牛流马处”遗址

（三）古人乘车出游

车的发明，为古人的远游提供了条件。以至古人出游、出巡成为一道独特的文化风景。

公元前21世纪，秦始皇完成统一全国大业后，为了宣扬“政德武威”，巩固其统治地位，在10年内，率领文武百官，三次乘车巡察东方各郡县，最远到达山东成山角和琅琊（山东胶南），后驾崩于途。

沿路游历进行思想文化传播的，当属孔子。他为传播其儒家思想，携弟子乘车周游列国，进行讲学和文化交流，宣扬“礼”、“仁”、“中庸”、“教与学”之道，长达13年之久。

此外，中国的各族先民，在长期的道路运输活动中，还运用各自的睿智和多种多样的艺术表现形式，创造了丰富多彩的反映道路运输的语言、文字、诗词、歌赋、小说、剧本、雕刻、绘画、史书、方志等等，反映当时道路运输的盛况。例如诗词。诗词是中华文化宝库的瑰宝，也是古代道路运输文化的重要载体。唐诗、宋词、元曲中都有涉及道路运输的名篇，尤其唐诗较多。唐代著名诗人王昌龄、李白、杜甫、杜牧、李贺等均留下了一些描述战争、道路、驿传、车马等方面的名篇。李白的《蜀道难》，蜀道之难难于上青天——天梯石栈相钩连，写的是栈道运输路

图3-10 读万卷书 行万里路

线；杜甫的《兵车行》：车辚辚，马萧萧，行人弓箭各在腰，写的是军队出征和运输宏大场景等等。

四、古代运输管理文化

无规矩不成方圆。

制度是人类智慧的集成。一个好的管理制度往往流传百世，为数代借用。如驿传制度，即成为千古沿用的制度。现今的汽车站，其一站一站的传送方式，就有古驿站的遗风踪影。每个制度都是一个范本，也是一种文化现象。而这种制度文化的形成，是一代一代不断吸收以上的精髓又加以创新而传承发展的。

（一）历代管理机构

几千年来，历代封建王朝为了实现和巩固统治的需要，都比较重视发展交通，并设置专门机构，管理道路运输。

夏商时期，有关筑路的官吏为司空与共工，管理车辆与运输的为车正，管理牧马的为牧正。

周代，道路运输逐渐发展，管理机构也随之加强。天官（冢宰），综合管理交通运输，下属地官（司空）主管路政，春官（司徒）主管王室驿政，夏官（司马）主管军用车马的征调与牧养，秋官（司寇、司关）主管交通秩序和运输管理，冬官主管车辆制作。

秦代，交通运输在中央由丞相总负责，太仆主管车马驿政，地方则由郡守县令兼管。战时运输由郡尉、县尉管理。亭是基层行政组织，主要是维护当地治安，也有兼管行旅的任务。

汉代车马路政，多承秦制。西汉，中央掌于太仆，地方由郡县直接管理。东汉时略有不同，交通运输的总管属尚书台，九卿分属三公，卫尉为太尉所属，太尉府的法曹主管驿政；地方则改由州、郡、县三级管理。

魏晋南北朝时期，车马之政，仍袭汉制，掌于太仆。魏晋以来，逐步形成尚书省、门下省和中书省三省共掌中央权力，尚书省主管政务，车马驿政由法曹主管逐渐过渡由兵曹（相当于后世的兵部）或驾部郎管理。地方仍由州、郡、县三级管理。

隋唐宋时期，为适应军事需要，

车马驿事之政，改变了汉魏历代由法曹兼管的体制，中央管理机构是尚书省的兵部，主管部门是兵部尚书管辖的驾部。皇室车马驿事，仍掌于太仆寺，地方上分别由道（路）、州、县管理。

元明清时期，道路交通车马驿政仍属兵部职掌，地方管理机构日趋健全。伴随着近代陆路交通的兴起，清光绪三十三年（公元1907年），清朝政府正式设置了邮传部，设尚书，后改称邮传大臣。邮传部下设船政、路政、电政、邮政四司，统一管理陆上交通和邮政、电信。

（二）各具特色的制度文化

商代制订了有关路政的严酷法规。据《韩非子·内储说上》记载，“殷之法，弃灰于公道者，断其手”。殷商法律规定，在公共道路上丢弃杂物的人，将受到砍断手臂的惩罚。这项规定可视为制定道路法规之始。

周代初步建立了比较完整的交通管理制度，在《周礼秋官》中有具体记载。《国语·周语》说：“雨毕而除道，水涸而成梁”。夏季多雨，雨后要及时排除积水和平整路面。冬季枯水季节，要适时架设桥梁，保证道路畅通。对民间六畜车辇的管理也制定了办法。有人专门统计各户人畜车辆的数目，税官按“均人”统计数字征税和服役。

战国时，各国对运输管理采取的政策和办法不尽相同，但通过税赋管理运输的做法大致一样。《鄂君启节》中“车节”铭文，全面记载着有关楚国运输管理方面的内容，可以概括为：运载一般货物征税，凭节证（即证明文件），可以免税；运输马牛羊出入关，要向楚怀王的大府纳税，不向关塞纳税；每次可运输50车，在此限内可凭节证免税等共六项。

周代对货物运输的管理也有一定的制度。运输货物出入门、关，以“玺节”（加印证明）为凭。“司门”、“司关”专管此事。“司门”掌管城门的开闭，不让违禁品流出去；“司关”负责出境检查，贩运商贾在市场上购得货物，必须运到关上，由关上征收一定的关税，并发给“玺节”，方可通行。这种设关联市对货物运输实行有节制的管理制度和做法，对后来的货物运输管理发生了深远的影响。

汉武帝时，由于战争，加之水灾，国库空虚；然一些商贾却趁机垄断财货，操纵贫民的生计，动用数百辆车搬有运无，买贱卖贵，囤积居奇，迫使汉武帝断然采用桑弘羊的主张，采取均输、平准和盐铁专卖等一系列的经济政策。所谓“均输”就是朝廷利用郡国供赋收入作底本，来进行某些大宗商品地区的远程贩运贸易，以调剂余缺的一种经营方式。所谓“平准”，就是由官府来吞吐货物，平易物价。从商业角度来说，平准是座商性质，均输是行商性质。从运输角度来说，平准是经营短途运输，均输是经营长途运输。通过这些政策的实施，不但抑制了商贾的投机倒把活动，打击了商贾操纵市场的不法行为，出现了“前富者具衰”（《史记·平准书》）的局面，官办运输也因此得到了发展。

对于驿传运输的管理历代均有管理的办法。如唐代规定，驿马的主要用途是供国家紧急公务和军事情报的传递，事非急切，不得乘驿马。对于这种主要用于长途的非紧急情况下公文传递，或用来载送流动使臣、官吏及其家属、行李的传马，驿律规定：乘传事缓，每日不得过四驿（每驿30里）。

公元1229年，成吉思汗第三子窝阔台即大汉位，是为元太宗。他在位期间，颁布了“大札撤”（中央法令），制定条例，管理驿站。据《经世大典·站赤》记载，蒙古窝阔台汗元年（1229年）十一月十五日颁布诏令，戎饬诸牛铺马站，“若有起驿马者，验之，如无牌面文字，其始初给马之驿官徒二年杖七十。元差官断按答奚罪（死罪）。有文字牌面而不给马者，驿官亦坐罪。除颜色、丝线、酒、米、宫中缎匹系官物外，不得与驿马事件。每一百户置汉车一十具，各站俱起米仓，站户每年一牌内纳米一石，专令百户一人用车牛送。与商贾作客之人，勿骑驿马，违者断按答奚罪。如有送丝线、颜色、物料并外国使臣将礼物缎匹及有急速勾当来者，应付铺马……”不久，窝阔台又颁布训喻两条：其一，规定使臣经过驿站的供应标准；其二，严禁使臣骚扰驿站，并多次申明驰道禁令，对违禁人员一律处以重刑。

“以法治驿”是明代驿传运输管理的特点。《大明律》中《驿律》12条是明代管理驿运传递的法律依据。如其中第七条规定：“凡出使驰驿违限，常事一日笞二十，每三日加一等，罪止杖六十。军事重事加三等，因而失误军机者，斩。若各驿官故将好马藏匿，推故不即应付，以至违限者，对问明白，罪坐驿官。其遇水涨，路道阻碍径行者，不坐。”明律脱胎于唐律，但又有所不同。明律总结了唐宋以来，特别是明初加强封建专制集权统治的经验，是中国封建社会后期较为完备的驿传法典。其特点：一是以法律保证道路的畅通；二是要追究失职官吏的责任；三是依据具体情况区别对待、区别量刑；四是既追究刑事责任，又追究经济责任。经过严法治驿，保证了“驿递清乐，而里甲不忧。”

清代驿站的人力、运输工具、经费，均有一定数目，叫作“额设”，并载入《会典》，成为定例。还在管理体制和经费管理制度上进行了变革。雍正三年（公元1725年）颁布《大清律集解附例》（简称清驿律例）。《清驿律例》系“兵律”第五卷邮驿律，从条目到律文与明邮驿律基本相同，只是“条例”比明代邮驿例有所增加。《清驿律例》对驿站设置、供应、牌符、给驿、驿程时限、驿费报销以及递送公文、邀取实封公文、铺舍损坏、私驿铺兵、驿使稽程、多乘驿马、多支禀赋、文书应给驿而不给，公事应行稽程、占宿驿舍上房、乘驿马赍私物、私设民夫抬轿等等方面均作出了明确的规定，形成了比较完备的道路运输管理律条。

五、古代运输文化主题

古代，是中国道路运输发源，无论是道路的修筑、交通工具的发明、管理制度的建立，均处于创造时期，其文化主题也明显具有创造的特点。

一是古代道路运输文化“超前”创造。古代道路运输是在自给自足，以物物交换为主的小商品经济环境中发展成长的，商品交换活动范围较窄，加之运输条件的限制，商品流通的范围和速度都受到限制，所以古代的道路运输发展处于比较缓慢的状态。但道路运输文化较之载体发展来说并不落后，甚至应该说是“超前”创造。这是因为人类的许多文化思维总是超前于物质，像古人们发明车的过程，先是有这种运输的需求，然后产生出对这种运输工具的想象与构思，再将其制造出来；其后，又根据所需延伸想象，对车辆进行改造或装饰，以不断满足自己的要求。再如形成了较大规模的运输群体后，人们便开始产生了对其进行规范管理的想法，于是一系列的规章制度也就应运而生。

二是古代道路运输创造过程积淀了厚重的文化。虽然道路运输在古代发展缓慢，但从一定意义上说，也许正是这种“慢”，才使这种文化的创造过程更加细腻，文化的积淀更加厚重，更加耐人寻味。就像人们酿酒，时间越长，酒香越浓郁。从古驿道上、从丝绸之路上；从临路的城邑、馆舍遗迹中，你挖掘的越深，这种感受就会越重。正是这种厚重的文化底蕴，让无数古往今来的人们倾倒、陶醉，也使它的传承更为久远。

三是古代道路运输文化创造中，“贵族”味十足。纵观历史，尽管古代道路运输在经济发展中起到了很大作用，但在浓郁的封建色彩下，其统治阶层的烙印十分深刻，为统治者生活、为政治、战争的服务比例占了绝大多数，所以其文化的“贵族”气息非常浓厚。在史册记载中，在文人骚客的诗赋中，所反映的古代道路运输的片段，大量反映的是与战争、外交、君王修筑陵墓、宫殿有关的运输史实。

四是古代道路运输文化由各族人民集体创造。中国自古以来就是一个多民族的国家，每一民族都对祖国的文明作出了自己的贡献。各民族在自己独特的生存环境里形成不同于其他民族的经济、文化和科学方面的特点，而又互相依存和相互补充。道路运输在沟通各民族的互相往来，发展社会经济和改善人民生活，促进民族融合、国家统一方面，都起着不可低估的作用。由于人们的生产生活离不开道路运输，所以，即使在经济不很发达的古代，各族人民还是要尽力发展交通。修桥铺路一向被誉为美德，这是中华民族的优良传统。一部中国古代道路运输文化史，正是各族人民共同谱写的古代文明史的重要组成部分。

秦修驰道，汉通西域，史垂千载；隋代赵州桥，金代卢沟桥，知名海外；唐宋以来，驿运站、所遍及全国，运输工具不断更新，行旅商贾之繁盛，世所称颂。这是我国勤劳、勇敢、团结、智慧的各族人民为繁衍生息，征服自然，维护国家统一，以及适应政治、经济、军事、科学的需要，在开拓和发展道路运输方面所取得的辉煌成就，也是对我国古代灿烂文化的发展作出的重大贡献。

如今，当我们再透过历史隧道审视绚烂多彩的古运史时，道路运输文化的史光，仍旧耀眼夺目，因为，它融入的是一个民族，承载的是这个民族的魂，这个魂是永不会泯灭的。

第四章 划时代的近代运输文化

20世纪初，欧美汽车开进了中国。轰鸣的马达声将中国道路运输头顶上的千古云层劈开了一道缝隙，滚动的车轮碾开了国人头脑里厚重的茧层，中国几千年来以人畜力为主的传统道路运输方式动摇了。从汽车这个现代化的运输工具拱开国门的时刻起，就宣告了一个古老道路运输方式将被更替的信号，汽车运输这个新的道路运输时代遥遥向人们走来，道路运输文化也开始了新篇章的记载。

近代的38年，在中国历史上是一个特殊的时期。中国人民经历了从半殖民地、半封建社会向资本主义社会的转型；又经历了抗日战争、解放战争血与火的考验；还经历了资本主义社会向新民主主义社会的转变。刚露萌芽的当代道路运输业虽然还在初创阶段，却凭着其文化中凝聚的中华民族伟大的爱国主义精神，用孱弱的身躯顶起了大梁，在民族存亡的关键时期，作出了巨大贡献。

一、道路运输的新时代

（一）汽车的输入

19世纪末，欧美国家汽车运输业已经兴起，而中国的道路运输还处在落后状态，在驿道上奔忙的仍是牛马拉着的车子。20世纪初，随着帝国主义通过商品和资本对中国进行经济掠夺的进程加快，一些外商开始将汽车输入中国。光绪二十七年（公元1901年），上海街头出现了汽车的身影，由匈牙利人黎恩斯（Leinz）输入的2部汽车，开始在上海租界行驶并从事出租业务。约清光绪二十八年（公元1902年），专供慈禧太后在颐和园游览乘坐的另一辆汽车也来到了中国。到了光绪二十九年（公元1903年），上海已有汽车5辆，光绪三十一年（公元1905年）增到31辆。与此同时或稍后，汉口、青岛、天津等地也输入了汽车。到1912年全国已有汽车294辆。汽车的输入对中国道路运输影响之大之深是划时代的。

清末民初，中国民族工商业有了进一步的发展，汽车的出现引起了有识之士和工商业者的关注。清光绪

图4-1 慈禧专用的白色敞篷车（来源：http://www.zrcx.com）

三十三年（1907年），德商经营的费理查德号商行在山东青岛开办了由市区到崂山柳树台、沙子口短途汽车客运，为中国汽车运输业开端。此后，美商环球供应公司在上海经营汽车出租业务。汽车运输行业开始引起商人的注意，纷纷向国外订购汽车，在城市经营客货运输业务。从此，汽车运输作为一个新兴的行业在各地纷纷兴起。

清宣统三年（1911年），新疆羊毛公司商人沙懿德从波兰购进客车两辆，在惠远和宁远（今伊宁市）之间经营短途汽车客运。这是中国西北地区最早的营业性汽车运输。

汽车运输在城市兴起后，重点加速了物资交流，促进了生产发展，工商业各个环节的运转大大加快。在这种形势下，进一步要求汽车运输从城市向外辐射和延伸，借以沟通城际和城乡之间的工农业产品交流和人民交通往来。早期汽车运输的出现，还打开了中国一些工商界人士的眼界，朦胧认识到要实现实业救国，须从发展汽车运输、加快物资流通开始。清光绪三十三年（1907年），直隶（今河北省）就有张宗诒等向清政府申请在当时政治、经济敏感地区的蒙古，创办“中国蒙古汽车公司”，要旨是“保中土自有之主权”，“既可杜外人窥伺之谋，又可为沙碛生财之道”。

自中华民国临时政府成立起，至1927年，各种汽车发展到18677辆。从事经营汽车专业运输的，主要依靠逐渐发展起来的商营汽车运输业。据对当时全国19个省市的不完全统计，从清光绪三十四年（公元1908年）～1926年，先后成立的商营汽车运输行或公司，约300多家，拥有各种客货汽车2400余辆。

北伐战争胜利后，政府制订了鼓励民办公路运输的政策，商营汽车得到了迅速发展。1931年，商营车增到2.3万辆。此时，汽车配件、燃润料完全依赖进口的现实情景，引起有识之士及科技工作者的关注和忧虑。经过不断的奔走呼号，埋头实干，终于在1931年辽宁造出了第一辆民生牌载重汽车。同年，河南研制成功以木炭为原料的煤气发生炉汽车。前者激发了中国人民的志气；后者在抗日战争中缓解了汽油来源断绝的困难。抗战爆发前，全国民用汽车保有量达到68 917辆。

抗日战争和解放战争时期，道路运输发挥了重要作用，但也因战争遭受了重创。1945年底，全国民用汽车保有量降为34 035辆，比1937年减少了一半。1938年，全国汽车保有量为73263辆，已恢复并稍稍超过抗日战争以前的保有辆，成为民国时期的最高记录。

但这个时期由于中国是一个备受帝国主义列强欺凌掠夺的半殖民地、半封建的国家，战火连绵、工业落后，财政困窘，陆上机动运输工具发展极其缓慢，人畜力运输方式仍在道路客货运输中占重要地位。

（二）驿道改成了汽车道

在中国，汽车的出现比火车晚来了30多年。随着火车、汽车等交通工具的输入，促使各地利用驿道或官马大道改建为铁路或汽车路。现在，人们语言中，仍有称公路叫“马路”的习惯，其实就是古代“驿路”的习称。而自驿道改为汽车路后，就改叫公路。

同治十三年（公元1874年），台湾巡抚沈葆桢主持修筑了以台南为中心的中、南、北三大干线公路。光绪二十一年（公元1895年），日本占领台湾省。为适应军事调遣和经济掠夺的需要，将沈葆桢主持修筑的台湾南北道路开拓为军用道路。

光绪三十年（公元1904年），德军侵占青岛后，为上崂山疗养游览，修建了台东镇至柳树台公路，长30.3公里。

光绪三十一年（1905年）初，清政府立宪派张謇，赴日本考察回国后，为发展地方工业，主持修建了江苏南通县唐闸至天生港公路。宣统二年（公元1910年）又修建南通县城西公园至唐闸的公路。

光绪三十三年五月，欧洲发起万国汽车环行会，以18种汽车40余辆，在巴黎、北京之间进行长途比赛。将张家口至库仑，长1100公里的官马大道整修为汽车道路。

另外，光绪三十四年（公元1908）和宣统五年（公元1909年），广东省、江西省也各修了一段很短的公路。

1912年，孙中山在江阴视察江防工作时，曾作了一次《关于道路与自动车建设》的专题报告，着重指出：“要使民众认识修路的重要意义，修路是便利货物流畅、民众交往的一件大事。建设铁路投资太大，短时期内不易普及，即使有铁路，还要有江河航运和道路之配合，才能扬长避短，脉络沟通，光有铁路而无公路相衔接，经济发展仍然是迟缓的”。孙中山先生的报告，从国家的大局出发，阐明了发展道路运输的重大意见，以及道路运输在整个运输体系中的重要地位和作用。

自中华民国临时政府成立起，至民国16年止先后修筑公路共计29170公里。但大部分公路质量差、等级低、晴通雨阻。从北伐胜利到抗日战争爆发前，全国公路里程有了大量增长，促进了道路运输业的发展。1937年，全国已有公路达117296公里。

（三）现代运输管理萌芽的出现

中华民国成立后，道路运输的管理受到政府的高度重视，开始进入统一管理的轨道。南京临时政府即设立交通部。部内设承政厅及路政、邮政、电政、航政四司，司下分科，科下又分课。同年4月，南京临时政府北迁。当月8日，南京的交通部移并于北京的交通部。部内设航政司、邮政司、电政司、路政司，分别掌理水陆交通和邮电事务。北洋政府时期，各省地方政府所设的公路交通运输管理机构，不尽相同，同时随着政局的变动而变更。

北伐战争至抗日战争前期，公路建设先后由交通部、铁道部、全国经济委员会主管。1932年，全国军事委员会设立公路处，掌管全国公路建设和运输事宜。

抗日战争时期，国民政府中央公路运输主管机关时而由行政部门领导，时而归军事机关管制，变动频繁。1938年1月，政府实施战时体制，撤销全国经济委员会，铁道部并入交通部，由交通部统一综合管理全国交通运输。交通部内设公路总管理处，主管全国公路工程、运输管理及监理等事宜。1939年8月，交通部将公路运输管理处所辖的全国运输业务划出，另设运输总局管理，这是第一个独立设置的管理道路运输的机构。1940年4月，为适应抗战需要，由军事委员会成立运输统制局，统一指挥全国公路运输。滇缅公路被日军切断后，交通运输发生变化，1942年12月，政府撤销军事委员会运输统制局，全国公路修建及汽车运输划回交通部掌管。1944年又在军事委员会下设战时运输管理局，统一管理公、铁、水、空、驿运等业务。1945年1月原交通部公路总局改组为军事委员会战时运输管理局。

在这个时期，运输管理制度逐步健全。1914年，国民政府交通部公布了《京师公路道路简章》。1918年7月，交通部为着手管理开始兴办的长途汽车运输公司，在农商部原已制定的《公司注册规则》的基础上，公布了《长途汽车公司条例》和《长途汽车公司营业规则》。同年8月，又公布了《长途汽车公司发给执照规则》。这些条例规则是国民政府最早发布的有关公路运输管理规章，成为当时各地创办长途汽车公司的法律依据，对兴办长途汽车运输起到了促进作用。

1918年7月，北洋政府成立筹办西北行驶汽车事宜处（简称筹办处）。筹划开办张家口至库仑的客货汽车运输，这是中国官办长途汽车运输始端。正式通车前，就订定《张库汽车运输暂行章程》11条，《行驶汽车简章》14条，《京绥路张家口车站代售客货票办法》4条，对运物管理和行车要求，客票票价和行李计费等等，都作出了明确的规定。这个时期内，商营汽车内还出现了早期的成本核算和运价计价办法。

1932年，全国经济委员会公路处成立后，着手制订全国性的公路运输规章制度，并陆续公布实施。1933年，全国经济委员会会同江苏、浙江、安徽、南京、上海五省市研究制订《苏浙皖京沪五省市公路汽车载客通则》和《苏浙皖京沪五省市公路汽车载货通则》，于1934年6月间颁发施行。后又五次修订。这是中国早期公路汽车客货运输比较正规的规章制度。《通则》使旅客、货主同车站之间的责任、权利、义务都有章可循，成为当时道路运输业务人员必须学习熟悉的专业基础知识，特别对车站员工来说，《通则》的规定同自身日常工作密切相关，更需熟练掌握。这两个《通则》对早期各地汽车站将客货运输业务纳入正规管理，提高服务质量，防止差错，产生了重要作用。自政府颁布两个《通则》后，各专线经营公司的营业章程也随之完善起来。如无锡沪长途运输公司在车站营业方面制订的章程，就有《货运章程》、《载客章程》、《乘车规则》、《团体票简章》、《优待军警人员乘车规则》、《旅客行李运输章程》等多种。由于营业章程都是以政府公布的《通则》为依据，所以营业章程中的基本规定都是一致的。这就结束了商营汽车运输公司以往各行其是的混乱状态。

在这期间，运输企业的成本和运价管理水平也不断提高。像许多运输成本的核算的内容已包括了变动费用和固定费用两个方面。各地政府相继设立的公路管理机构，对汽车运输的营业活动开始进行监督和管理。规定汽车必须执行由政府核定的运价。

抗日战争期间，军事委员会于1939年11月公布了《战时公路军事运输条例》及《战时公路运输实施细则》对战时运输车辆的调用与管理作出了详细的规定。1942年，军事委员会又颁布了《运输统制局管制商车办法》和《汽车商业同业公会的组织规定》。1943年9月，交通部公布《公路商车联合营运处所属车辆管理办法》，对商车的管理规定了非常详细的管理办法；12月，交通部公路局又公布了《调整并加强汽车运输各业同业公会组织实施办法》及

《调整商车办法》。太平洋战争爆发后，全国物价大幅度上涨，国民政府下令管制。交通部为配合这一决策，颁布《交通部加强管制物价上涨方案实施办法》，对运价实行管制，又先后制订颁发了《全国公路各区线客、货运价表》，规定由各省遵照执行，具体订立实施办法，并向中央报备或事先报核。战时道路运输对商营汽车的管制，每变动一次管理体制或公布一种办法，管制也就愈加严格。这种情况，一直延续到抗日战争结束时为止。

由上可见，随着汽车这一现代运输方式的出现，对道路运输管理产生的影响非常重大，从管理对象、管理方式和管理手段上，较之古代道路运输的管理都有了明显的不同。特别是运输企业成本核算这一现代管理方式萌芽的出现和逐渐严细，是古代道路运输管理中没有的，这是一个划时代的进步。所以这时道路运输管理的变化，是社会的进步，它催生了一种新的道路运输管理文化。

（四）新道路运输文化的先驱

近代道路运输文化载体的变化，为培育新的道路运输文化资源提供了土壤。

创建于南京的江南汽车公司，由官僚政客和科技专家联合创办，经营范围是南京、杭州、宜兴、无锡等鱼米之乡的长途客运和南京市内客运。其经营管理可谓集这一时期大型商营汽车运输业各种经营管理方式的大成，具有一定的代表性。江南汽车公司的创始人张静江，是国民党“元老”，1931年，任国民政府建设委员会委员长。江南汽车公司经营管理代表人吴琢之，曾留法勤工俭学，毕业于里昂汽车工业学校，回国后先后当过浙江省建设厅技正兼省公路局机务处长、代理过公路局长，懂得汽车专业知识和科学管理。江南汽车公司从1931年5月创办到1937年抗战开始，6年间资本由10万元累增到100万元；车辆由开始的18辆客车增加到300多辆；营运路线从京杭（南京至杭州）江苏段发展到拥有市郊线路8条，长途线路3条；职工从100余人增加到1400余人。其成功的关键，除了它的政治背景和资金条件外，主要是吴琢之等把欧美管理近代企业的科学方法运用到公司实际中去，在“洋为中用”中创造了丰富的企业文化，成为凝聚人心的动力，产生了良好的效果。一是重视企业精神建设。江南汽车公司强调企业精神，在车辆设计上，要求式样美观，色彩鲜明，空气流通，座位舒适。市区客车每次到达起讫站点，都要把车厢内外冲洗干净，保持车辆整洁。长途客车营运路线沿途各站房前要栽花种树，美化环境，让旅客在停车小憩之际，心身感到舒畅。司机、售票员统一服装，给人以清新，整齐的感觉。长途客车在宜兴站为旅客提供午饭，公司作为制度，经常检查落实情况。公司办公室也要求窗明几净，秩序井然，办事人员不准高声讲话，严禁吸烟等。二是强调良好的服务质量。江南汽车公司经营者认为道路运输企业要体现服务精神，提高服务质量，做到安全、便利、舒适、经济、迅速，并以此作为指导公司业务的基本方针。公司的外勤人员必须具备诚恳的服务态度，要有“相当的礼貌，和蔼的态度，安详的举动，委婉的语言”，使乘客愉快满意。三是推行灵活的车辆调度和经营方式。车辆调度依据旅客流量、流向、流时随时调整，高峰时加车，高峰后减车，提高车辆运营效率，尽量减少乘客候车时间。在经营上也灵活多样，票价在低于火车三等座席的价位下浮动。在运行班次上，有直达车、区间车、团体包车等，还有直达联运、衔接联运、公铁联运等多种方式，方便旅客。四是执行严格的机务技术规定，保证车辆技术状况完好。五是采购合算的车辆和燃料，最大限度的降低成本。六是注意员工素质和实行奖惩制度。在职人员要分期分批训练，提高工作效率和服务质量。招收新员工，着重从品性、学识等考虑，择优录用，录用后还要授以业务知识1个月，实习2个月才正式上岗。江南公司职工工资分四类，平时有严格的考核奖惩制度，以缓和劳资关系，鼓励员工长期安心工作。江南汽车公司得以长足发展，除天时、地利因素外，主要是创造并实施丰富的企业文化，用企业文化凝聚人才、发挥人的智慧和力量，获得成功。到抗战前夕，江南汽车公司已成为中国知名的商业汽车运输企业。

二、彰显民族精神的抗战运输

2005年9月3日，胡锦涛同志在纪念中国人民抗日战争暨世界反法西斯战争胜利60周年大会上讲话中指出：“中国人民在抗日战争中表现出来的伟大民族精神，这就是：坚持国家和民族利益至上，誓死不当亡国奴的民族自尊品格，万众一心、共赴国难的民族团结意识，不畏强暴、敢于同敌人血战到底的民族英雄气概，百折不挠、勇于依靠自己的力量战胜侵略者的民族自强信念，开拓创新、善于在危难中开辟发展新路的民族创造精神，坚持正气、自觉为人类和平进步事业贡献力量的民族奉献精神”。在艰苦卓绝的抗日战争中，中国道路运输文化的内涵、信念和精神，淋漓尽致地体现了伟大的民族精神，是中华民族伟大民族精神的光辉篇章。

（一）公商汽车为抗战运输服务

卢沟桥事变之前，华北局势十分危急。国家兴亡，匹夫有责。全国人民抗日救亡的情绪高涨，建立抗日民族统一战线的呼声深得人心，全面抗战迫在眉睫。各省市政府，根据中华民国军事委员会和全国经济委员会的部署和要求，对所属地区的商营汽车进行调查、登记、组训、征调等动员事宜，成立汽车总队部，下设若干大队、中队和分队。全面抗战爆发后，各省市汽车总队部立即行动，把征集编队的公商车辆分别拨交后方勤务部汽车管理处，或就近拨交兵站或部队直接使用。全国道路运输工商业者和广大员工，积极参加各省市的汽车总队，编队建制，开赴抗日前线，运送弹药，后撤伤员；在日军入侵地区，赶运作战部队，抢运军品物资，流血流汗，甚至车毁人亡。1939年11月，中华民国军事委员会又颁布《战时公路军事运输条例》，规定所有中央暨各省公路局以及公私汽车运输机关，均应受运输总司令部的指挥监督，担负公路军事运输任务。整个抗日战争期间，大部分公商汽车为军事运输、政府机关迁移和难民转移服务，特别是商营汽车损毁一半以上，广大工商业者付出了沉重的代价和牺牲。

图4-2 抗战时的运输车队

（二）上海运输工人支援十九路军抗日

1932年1月28日，由日本侵略者发动的淞沪之战爆发。当时驻守在上海的第十九路军，在全国人民抗日高潮的推动下，奋起抵抗，打击了侵略者进攻气焰。国民政府对日军入侵毫无战备组织工作，在道路运输上没有应变措施，支前运输完全由商民志愿担任。

在淞沪抗战中，沪太长途汽车公司的营运路线正处于日军进攻的前沿阵地。这个公司的爱国人士和员工为了支援十九路军抗日作战，把所有的营运车辆开赴嘉定、太仓等地，紧急接运后援部队，夜以继日地为前方输送枪支弹药。祥生汽车公司总经理周祥生，除调拨公司的部分汽车供给军用外，他日夜在上海海关监督公署调度车辆，并亲自开车运送物资去前线。华商公共汽车公司的车场和营运路线都在战区，公司人员冒着战火，到车场开出客车12辆供给军用。上海市运货汽车同业公会会员也抽调货车承担部队后勤运输，许多散车户也纷纷接受药品和慰劳品的运输任务。人力车工会还组织了运输队，将各界民众捐助的物品，迅速运往前线。交通运输员工在积极参加支前运输的同时，竭力抵制直接间接为日军开车修车。2月10日，一家外商银行以每天5元的高工资，雇用几十名司机和300名装卸工运货，当工人们得知这家银行，是为日本侵略军运货时，就一致断然拒绝。2月21日，美商马迪汽车公司司机、修理工等28人，因反对资方为日军修理汽车而罢工，并愤然辞职，到十九路军后方办事处参加工作。2月26日，上海市救火会司机胡阿毛，去虹口看望亲友，途中被日军拦住抄身，搜出胡的驾驶执照，当即被扣留送往日军司令部。第二天上午，4名日军强迫胡阿毛将一辆满载军火的汽车开往杨树浦黄浦江边的公大纱厂。胡阿毛在将到目的地时，突然调转车头，加足油门向黄浦江冲去。顷刻之间，4名日军和满车军火随车沉入江底，胡阿毛也壮烈牺牲。在上海"一·二八"抗战期间，这种不避艰险、不计安危投入抗日御侮的爱国行动，有力地支援了十九路军对日本侵略军的打击，表现了交通运输员工高度的爱国主义精神和民族气节。

（三）湖南汽车运输队北上支援长城抗战

1933年1月，日本侵略军侵占山海关。2月，向热河进犯。之后，日军又继续攻击长城各口，企图一鼓而攻下华北。这时全国人民抗日情绪高涨，驻守长城一线的部队和长城内外的义勇军自动奋起抵抗。消息传到长沙，湖南省公路局员工和技术人员纷纷请求北上，参加抗日军事运输，一时提出申请的有几百人，局长允许调拨汽车10辆。第一批员工20人，选欧阳资生为队长，于3月12日离开长沙，奔赴北平，转往前线。4月初，第二批汽车10辆、员工28人又相继出发。5月间，第三批汽车14辆又奔赴北平。湖南抗日汽车运输队在支援长城抗战运输中，担负从北平运输军械弹药到喜峰口、古北口前线，又从前线运伤兵回北平的任务。车辆距前沿阵地仅数里，车队白天隐蔽，夜间行车，时常遇到敌机袭击，其中6辆汽车中弹炸毁。支援长城抗战运输两个多月，为长城抗战作出了贡献。

（四）华侨支援祖国抗战运输

全面抗战开始后，南洋华侨在华侨领袖陈嘉庚先生等发起下，成立了南洋华侨筹赈祖国难民总会（简称南侨总会）。由陈嘉庚任主席，总部设在新加坡。南侨总会展开的筹赈活动，得到侨界的热烈响应，在人力、物力上积极地支援了祖国的抗日战争。1938年10月，广州失守，粤汉铁路被切断，海运被封锁，航空运输被关闭，国际运输移至滇越、桂越、滇缅三条道路运输线，道路运输几乎承担了全部国外进口和国际捐赠抗战物资的运输任务。同月，民国政府行政院电告南侨总会，要求代募司机、修理工3000名，回国支援抗战运输。在南侨总会的积极号召下，各地华侨踊跃应募。数月之间，应募侨工达3000余人，先后分九批回国。侨工在应募回国服务中，制订了服务信约十条，以争取国家独立和民族自由为最高信念，坚信抗战必胜。纷纷表示要埋头苦干，为800万华侨争荣誉、为国家民族争生存的决心。有一修理工，在南洋10余年，每月收入新加坡币200多元，自甘牺牲，并招同伴10余人，带着全套机修工具回国服务。当时一批又一批华侨服务团、华侨工程队和航空志愿人员结伴回国抗战的壮举，激发了广大侨胞的爱国热情。每当上述人员登轮回国时，万人空巷，码头送别，悲壮之情，感人至深。1944年2月，为抢运美国租借法案中运抵仰光的大批汽车，中缅运输总局又在仰光招募旅居缅甸、印度的华侨司机729名。至此，回国服务的侨工总计4000余名。侨工回国后，经过统一集训，分别编入西南运输处的15个大队，分赴湛江、南宁、贵阳、重庆、昆明等地担负运输任务。后又组建华侨运输第一大队、第二大队，在滇缅线担负国外段的抢运任务。新修筑的滇缅路，地势险恶，从缅甸的腊戌起，要翻越两座大山，穿过三条大河，途中深山老林，野兽出没，毒蚊伤人，满载军火物资的汽车在如此山高谷深的泥泞险道上行驶，稍有不慎，就会车毁人亡。据南侨复员机工互助会名誉会长刘牡丹在《沉痛的回忆》一文中记载：侨工奔驰在各个战区，沭雨栉风，出入在敌人的枪林弹雨之下，前后牺牲者数以百计。侨工们虽然出生入死，生活艰苦，但以支援祖国抗战而自豪。在侨工队伍中曾流行着一首振奋人心的《运输救国歌》，其中有“运输能救国、安全第一条”，“听啊！哪怕到处飞机大炮，宁愿死，不屈挠”，“唤醒着同胞，团结着华侨；不怕山高，不怕路遥；收复失地，赶走强盗”等豪言壮语，表现了炎黄子孙共御外侮的赤子之心。

图4-3 华侨机工在运输途中（来源：http://news.sina.com.cn）

三、车轮滚滚推出新中国的诞生

从1927年10月毛泽东率领部队到达井冈山建立起第一个革命根据地开始到1930年，创建了大小15个革命根据地。中央苏区各级党和政府，在十分困难复杂的情况下把交通运输放在重要地位，他们动员和组织群众，使用简单的运输工具，承担了浩繁的战勤、粮食、食盐、钨砂以及其他军需民用必需品和苏区进出口物资的运输，为苏区的军事、政治、经济发挥了重要作用。1931年11月，中央工农民主政府成立后，交通运输工作在中央归内务人民委员部领导。部下设交通管理局、邮电管理局等机构。1933年2月，中央工农民主政府成立国民经济人民委员部，交通运输又划归国民经济人民委员部管理，部下设运输管理局。它的职责是“保证革命战争时期国家运输的需要，管理国家的货物运输”。1941年7月晋冀鲁豫边区公布《晋冀鲁豫边区军事支差条令》。条例规定，凡年龄在16岁以上、50岁以下的男子均有参战、支差、义运的义务。战时运送军需品、战利品，运送伤员，带路送信，破坏敌人交通线，帮助八路军修筑工事、交通线等都属支差范围。为了使边区人民合理负担战勤运输，边区政府还制定了不少办法和规定。如《陕甘宁边区战时动员壮丁、牲口条例》、《陕甘宁边区战时动员物资办法》、《陕甘宁边区战时各级动员委员会组织规程》等。这些条例充分注意照顾了农民在支前运输中的利益，进一步激发了广大人民群众之前运输的热情。

图4-4 解放战争期间的支前队伍

1945年10月，晋察冀边区政府成立交通管理局。下设铁路、公路、电讯三局。1948年9月26日，华北人民政府成立，设立交通部。部下设公路局和运输处。中原解放区、东北解放区等各解放区的公路交通运输管理机构，随着解放战争的胜利推进而先后建立。新中国成立前夕，各省人民政府下建立了交通厅（局），主管交通运输事业。

在历时3年多的解放战争中，解放区人民支前运输，贯穿解放战争始终。解放区人民把大批粮食、被服和各种军用物资源源不断运往前线；并组成运输队、担架队、医疗队随军出征，担负战时勤务，出色地完成了支前任务。据不完全统计，在辽沈、平津、淮海三大战役中，各地支前民工达154万人，担架10多万副，大车38万辆，牲口100多万头和无数的小推车，运输粮食达475万吨。三大战役后，支前大军，又继续随军渡江南下，参加了江南各大战役。在整个解放战争中，长城内外，黄淮两岸，支前大军千车竞发，万民出动。千里运输线上车轮滚滚，车鸣马嘶，运输大军绵延数十里，一望无际，军民团结战斗的宏伟场面和壮丽图景，亘古未有。在人民支援解放战争的滚滚车轮中，蒋家王朝覆灭了，新中国诞生了。

四、近代运输文化主题

近代运输文化的主题，是中华民族伟大的爱国主义民族精神的折射。

截至1949年的近代中国是汽车运输业初创、早期发展、作出重大贡献、在战争的环境中大起大落的时期。作为一种先进的运输方式，它一出现，就表现出三个鲜明的特点，一是对传统运输方式的革新，开创了道路运输新纪元。汽车用于道路运输，尽管为数不多，却是一种新的运输方式对几千年来传统方式的冲击，特别是30年代初全国经济委员会公路处的设立，为汽车运输这个新兴事物逐步正规成长创造了良好的条件。二是命途多舛，步履维艰。中国道路运输的兴起，从一开始就带有半殖民地、半封建的色彩，造成了依赖外国、各自为政、难以正常发展的后果，再加之战火连绵，使它发展极其缓慢。三是它的前途和命运紧紧与国家前途、民族命运联系在一起。新兴的汽车运输事业，不仅成为有识之士掌握使用的振兴民族经济的一种先进的手段，而且在抵抗外来侵略战争中担当起了重要角色，为抗日战争作出了重要贡献；同时又在人民追求自身解放的战争中发挥了重要作用。可以看出，这个时期的道路运输文化，是承上启下的文化，既有古运文化的延续，又有近代运输文化的新创，更是新运文化的基石。然而，其内涵反映的文化主题，则是千百年来中华民族爱国主义的精神，集中表现了中华民族为富国强民而广纳吸收的胸怀；为民族独立而奋起抵御的精神；为争取自由民主而不怕牺牲的壮怀。

第五章　与时俱进的新时期运输文化

1949年，中华人民共和国的成立，宣告了一个旧制度的终结和一个新制度的诞生。我国的道路运输事业从此进入了一个崭新的历史发展时期。沐浴着新中国的春风，传承着中华民族优秀传统的道路运输文化，也吐露新穗，拔节成长。

服务国民经济和社会的发展，服务广大人民群众的出行，服务社会主义新农村建设。如今，交通部提出的新时期交通的使命，对新中国建立后发展起来的道路运输业，是如此的熟悉，如此的真切。

一、茁壮成长的道路运输

从建国到改革开放前的29年里，道路运输经历了新中国成立以来最为曲折的一段路程——建国初期的创业、大跃进的“盲进”、文化大革命的动荡等。党的十一届三中全会的春风，吹绿了祖国大地，由此进入了建设有中国特色社会主义的新时期，道路运输业迎来大力发展的新机遇。20世纪90年代后，在我国经济社会强劲的发展形势催动下，道路运输业犹如奔月的卫星，甩开了一圈圈旧轨迹的束缚，带着灿烂的光辉，冲入了跨越式发展的新轨道。

（一）从坎坷难行到现代化运输网络

由于长期的战争和自然灾害的毁坏，国民政府遗留下的少量公路，已经是缺桥少涵，坎坷难行。新中国成立后，交通部门广大干部职工，在各级党委、政府的正确领导下，为继续支援解放战争，恢复经济，发展生产，以高昂的热情开展了大规模的公路整修，在较短的时期内，修复了战争中被破坏的公路和桥梁，并尽快地恢复交通。到1950年底，道路运输营运路线里程达到6.2万公里，其中客运班车路线3.6万公里。由于当时公路技术状况较差，营运车辆少，远远达不到经济恢复对运输的需要。又经过两年的艰苦整修和建设，到1952年底，全国道路营运路线达到11.9万公里，比1950年增加90%，达到了历史上的最高营运里程。

从那以后，我国公路建设一直持续建设发展，公路通车里程逐年提高。尤其是20世纪90年代后，在国民经济高速发展的情况下，交通部门主动将高速公路运输这一先进生产力方式放在发展首位，抢抓机遇，迅速掀起了建设高速公路的热潮。20世纪80年代末期，京津唐高速公路通车，结束了中国大陆没有高速公路的历史。随后沪嘉高速公路、沈大高速公路、济青高速公路也在80年代末至90年代初建成通车。到90年代后期，全国高速公路大规模的建设热潮在全国兴起，“十五”期间达到了鼎盛时期。“十五”期间共建成高速公路2.47万公里,是“八五”、“九五”建成高速公路总和的1.5倍，总里程达到4.1万公里，“两纵两横三个重要路段”全部建成，山东、广东两省高速公路通车里程突破了3000公里，江苏、河南、河北三省高速公路突破2000公里，有14个省区高速公路突破1000公里，先后跃上了2万公里、3万公里和4万公里三个大台阶。高速公路不仅成为经济社会的重要推进器，而且显著提高了运输能力，降低了成本，增强了运输安全性。“十五”期间公路水路客运量、旅客周转量、货运量、货物周转量年均增长4.6%、6.7%、5.8%和13.7%。公路承担了全社会新增客运量和货运量的96%和59%；在综合运输体系中,公路和水路运输客运量、旅客周转量、货运量、货物周转量分别达到93%、54%、84%和61%，公路客运量和周转量、公路货运量主要指标均占第一位。道路交通的基础性地位更加巩固，保障了经济社会的发展。“十五”期间，启动了新中国成立以来规模最大的农村道路改善工程。5年完成农村公路建设投资4178亿元，是“九五”的三倍。新改建农村沥青（水泥）路30多万公里，农村沥青（水泥）路总里程发展到63万公里，超过新中国成立后至2002年53年农村公路建设里程总和。高速公路网和农村公路网的协调发展，使全国路网结构得到了有效改善，

图5-1 济青高速公路鸟瞰（来源：http://www.eku.cc）

道路运输运力大、运速快、通达深、覆盖广、机动性强的优势得到了越来越充分的发挥，道路运输成为最贴近人民群众生活和社会经济活动的运输方式，促进了城乡经济、区域经济的交融和国内、国际贸易的发展。

（二）从“万国”汽车到世界水平

从1901年上海输入第一辆汽车算起，经过半个世纪，到1949年末，全国民用汽车仅有5.09万辆，且大多分布在东南沿海地区。广大山区、农村，运输仍主要靠人力挑、畜力拉。这与具有5000年文明史的泱泱大国确实不相称了。

1949年末到1952年的国民经济恢复时期，在接管前国民政府所属的机构、人员、车辆的基础上，中央人民政府交通部、各大行政区和省、市自治区交通部门，迅速组建了全民所有制的国营公路运输企业。为尽快恢复交通，增加运输能力，首先在全国普遍开展了整修废旧汽车的活动。当时，国营运输企业的汽车，主要有两个来源，一是在战场上缴获的汽车，由部队转给地方；二是接收的国民政府机关、单位的汽车。这些汽车大部分是美国制造的，也有日本生产的，厂牌有“万国”、“道奇”、“福特”、“雪佛兰”、“奇姆西”、日产“丰田”等121种之多，配件缺乏，完好率很低。1950年，交通部成立全国整修旧车委员会，统筹各省、市的旧车修复工作。各省、市公路运输部门，提出了“把人民的财产保存下来”的口号，紧紧依靠广大工人群众，掀起了清理旧料、利用呆料、抢修旧车、复活死车的热潮。广大工人群众，以主人翁的姿态和革命激情，克服缺材料、少技术、经验不足等种种困难，利用自己的双手和智慧，修复了一批一批的废旧汽车。从1950年到1954年共修复汽车5000多辆，为基础薄弱的国营汽车运输增添了新的运输能力。为克服帝国主义封锁造成的燃料供应困难，各地运输企业还设计、改装了以木炭、木柴、白煤为代用燃料的汽车4000多辆，到1952年底，公路运输部门营运汽车达到2.75万辆，比1949年末增长6.1%。

1953~1957年“一五”期间，为适应大规模经济建设和城乡物资交流的需要，国家出台了一系列方针政策和措施，支持国营运输企业汽车运力的发展。一是从前苏联和东欧国家进口几万辆汽车，主要厂牌有“嘎斯”、“吉尔”、“玛斯”和匈牙利产“却贝尔”等。二是在加强对私营汽车运输业组织管理的基础上，进行了社会主义改造。到1956年，全国有15964辆私营汽车实行公私合营，大部分并入国营公路运输企业，国营企业汽车增加30%以上。三

图5-2 1956年长春中国第一汽车制造厂，第一批解放牌汽车试制成功（来源：http://www.panpan.org）

是国家从1953年6月，开始建立自己的汽车工业，经过3年奋战，1956年7月15日，长春中国第一汽车制造厂制造出第一批解放牌汽车，从此结束了新中国不能生产汽车的历史。四是各地的国营公路运输企业，自行改装和试制了一批客货汽车，使汽车运输企业的技术装备得到明显改善。到1957年底，全国民用汽车保有量达到12.6万辆，其中公路运输部门营运汽车达到4.4万辆，占民用汽车保有量的34.9%。

1958年第二个五年计划和“文革”期间，全国交通部门曾掀起了两次汽车制造热潮，改造、制造出一大批各种型号的客车、货车，以满足当时道路运输的需求。到1976年，全国民用汽车保有量达到106.7万辆，其中，公路运输部门营运汽车增加到16万辆，占民用汽车保有量的15%。

1978年改革开放以来，在国家开放道路运输市场政策的引导下，个体、联户及企事业单位纷纷购买车辆参与道路运输，各种经济成分、各种组织方式的营业性汽车迅速增加。到1990年，个体（联户）运输业者拥有汽车达74.9万多辆，占到全国民用汽车总数的13.6%，为道路运输部门客货营运汽车数的2.45倍，完成的客货运输量各占全社会道路运输总量的30%左右。

从20世纪80年代，道路客货车高档化、专业化研制开发水平不断提高，90年代后，中国研制开发的道路客车已经接近世界中等发达国家水平，各种专业货车至80年代末，已有80多个规格品牌。

90年代后，为适应以高速公路为主骨架的现代化运输方式的形成，道路运输部门对运力结构不断进行调整，使之逐步向高级、专用、结构合理的方向转变，形成了基本适应各种运输要求的运力结构。截至2005年底，全国营运汽车发展到760万辆，比“九五”末增长41.8%。目前，中高档客车占全部客车的36%，专用和重型货车数量比5年前翻了一番。

（三）从低层次功能到较齐全的保障

经过几十年的发展，中国道路运输业服务社会的功能得到了极大的健全和提高。“十五”期间，全国客运站数量较前增加了42%，货运站数量较前增加了14%。通过增、改、扩建，道路客运站的站容站貌得到了很大改观，服务设施设备进一步完善，内部布局进一步合理，为旅客出行创造了良好的环境。建设了一批新型物流中心和物流园区，自动化装卸设备得到了普及，为物流产业的发展奠定了良好基础。运用现代科技技术改造传统运输产业已成为行业共识和自觉行动。卫星全球定位系统、卫星导航系统、行车记录仪、同城联网售票系统等先进设备得到了不同程度的应用，危险品检测仪、计算机售票、大屏幕电子显示系统、货运信息配载系统和汽车维修、综合性能检测系统得到普及，部分地区还建立了道路运政管理信息系统和运政服务投诉系统，管理能力得到了有效提高，在保障运输安全、提高服务水平方面发挥了重要作用。

汽车维修等运输服务业适应了汽车快速增长的需要。2000年至2004年，我国汽车保有量从1609万辆增长到2742万辆，轿车进入家庭成为社会进步和人民生活提高最显著的标志之一。与之相适应，汽车相关服务业发展迅速。在此期间，全国汽车维修业户增长了2.73万户，总数达34.94万户，年维修量突破1亿辆次。汽车维修行业连锁经营、专业维修迅猛发展，维修技术水平不断提高，适应了社会对汽车维修能力、维修质量的需求。汽车救援服务发展迅速，区域性的维修救援网络初步建立，及时为运行途中故障车辆提供帮助，社会服务能力得到提高。驾驶员培训管理体制基本理顺，驾校数量不断增长，培训监管体系基本建立，培训质量得到明显提高，驾驶员的安全意识和驾驶技能得到有效加强。

（四）由经验管理走向规范管理

道路运输行业联系面广、业务繁杂、队伍庞大。为了更好地贯彻国家制订的各项方针政策，确立道路运输行业的法律地位，为行业发展创造良好的环境和条件，加强了行业立法工作，逐步形成道路运输法规体系，达到行业管理法制化。道路运输的立法工作起步较早，十一届三中全会以来，立法速度明显加快。从1979年至1990年，国务院和交通部门发布实施的道路运输规章制度有40多部，初步形成道路运输行业管理的法制体系。1982年7月，经国务院同意，国家经委和交通部发布《关于改善和加强公路运输管理的暂行规定》，1983年7月，国家经委和交通部经国务院批准联合发出《关于改进公路运输管理的通知》，成为公路运输管理的基本规章。经过20多年的实践和反复论证修改，2004年，国务院颁布了《道路运输条例》，这是第一部行业法规，标志着道路运输从此步入依法治运的轨道。到

2006年底，《道路运输条例》的7个配套规章相继发布实施。各级交通主管部门高度重视道路运输法制建设工作，全国已有27个省（自治区、直辖市）出台了地方性道路运输条例。以国家《道路运输条例》为龙头，以部颁配套规章为基础，以地方性法规、规章为补充的道路运输管理法规体系基本形成。道路运输法规、制度的建立和执行，对促进道路运输管理部门转变职能，规范管理行为，维护运输市场秩序，增强企业活力发挥了重要作用。

道路运输不断壮大中，为道路运输文化建设提供了广阔空间。

道路运输秉承优秀的载体，实现着服务文化理念的不断创新，谱写出一曲曲新时代的乐章。

二、优秀文化谱新篇

早在延安时期，为纪念中央警卫团战士张思德同志，毛泽东同志发表了著名文章《为人民服务》。为人民服务从此成为党始终坚持的根本宗旨。在新中国成立后至今的半个多世纪里，道路运输秉承根本宗旨，形成了以服务经济、服务社会、服务人民为己任，与时俱进、开拓创新的道路运输优秀文化。

（一）危难关头显身手

1950年6月，美国发动了侵朝战争，并将战火燃烧到鸭绿江边。为保家卫国，广大汽车运输职工踊跃申请参加抗美援朝支前运输。交通部派出了以中国汽车运输总公司副总经理张振宇带领的抗美援朝运输大队，迅速奔赴朝鲜战场，与中国人民志愿军战地运输部队一道，组成了打不断、炸不烂的钢铁运输线，为夺取抗美援朝的胜利立下了丰功伟绩。苏南汽车运输公司镇江分公司、苏北运输公司南通分公司和民营南京江南汽车公司派出59名驾驶员和修理工赴朝参战，担任军事物资运输任务。他们在冰天雪地和敌人狂轰滥炸的困难条件下，坚持“白天修车、夜间行车”，机智地用手电筒、野火堆和敌机周旋，一次又一次地胜利完成了运输任务。在整个抗美援朝中，许多运输职工负伤或壮烈牺牲，用鲜血和生命谱写了一曲曲保家卫国的赞歌，进一步弘扬和光大了道路运输行业精神。

在3年自然灾害和经济建设遇到暂时困难时期，苏联当局又断绝了石油供应，全国出现了油料供应紧张局面，严重影响了工农业生产。1959年5月，国务院组织成立了新疆维吾尔自治区交通厅石油运输公司，并在全国20个省、自治区、直辖市抽调驾驶员，开始运输克拉玛依油田的石油。新疆石油公司坐落在乌鲁木齐市郊九家湾，这里原是一片不毛之地。筹建初期，全体职工生活在帐篷、地窝之中，保修车辆露天

图5-3 抗美援朝志愿军后方运输部队

作业，生活用水全靠从外面拉。驾驶员行车在外，更是历尽艰辛。他们任凭风吹、日晒、雨淋，昼夜奔驰在漫长的运输线上。从1956年6月到1960年底，共运输石油186 616吨，胜利地完成了任务。

1976年7月28日，河北省唐山、丰南一带发生了7.8强烈地震，顷刻之间，一座百万人口的唐山市几乎夷为平地。地震发生后，交通部迅速派出工作组参与抗震救灾工作。河北省交通运输系统全面动员起来，迅速投入抗震救灾战斗。地震发生当天就成立了抢修、抢运两个办公室，负责抢修公路，抢运物资。河北省战备汽车团和石家庄、邯郸、邢台、承德、张家口、廊坊、保定地区汽车运输部门派出汽车800多辆，参加救灾运输。辽宁省营口、抚顺地区运输部门派出汽车300多辆，在地震当天就把饮水、食品送到唐山，并迅速投入救灾运输。交通部公路工程一局三处、交通部汽车运输总公司、北京市交通局、天津市交通局和市政工程局也派出汽车进行支援。在余震不断的日日夜夜里，广大汽车运输职工置个人安危于不顾，不叫苦，不怕累，一心扑在救灾运输线上。从7月28日到12月底，共运送粮食、食品、药品、建筑材料等各种物资801万吨，货物周转量达21亿吨公里，胜利完成了救灾运输任务。在紧急运输救灾物资的同时，国务院决定把唐山伤员向全国11个省、市转移，几乎所有的货运汽车在回程运输中都积极抢运伤员。对于数以万计的重伤员来说，时间就是生命。为了抢救这些父老兄弟姐妹，驾驶员们不顾疲劳，夜以继日，争分夺秒。运输途中尽量做到起步、行车、停车三稳，想方设法减轻伤员的痛苦。他们既当驾驶员，又当护理员，为伤员包扎伤口，甚至接递大小便。在食品、饮水供应极端困难的条件下，他们宁可自己少吃少喝，把自己带的干粮和饮水让给车上的伤员。在抗震救灾运输中，涌现出一大批先进集体和模范人

图5-4 救灾运输车队正全速前进奔赴唐山地震灾区

图5-5　消毒车为唐山地震灾区消毒

物。1976年9月1日，中央召开唐山抗震救灾先进集体和先进个人代表大会，道路运输部门有24名先进集体和个人代表出席大会，受到党中央、国务院、中央军委的表彰。

1965年组建的交通部直属运输企业，是一支“召之即来、来之能战、战之能胜”的运输队伍。在支援铁路建设、油管铺设、油田开发、港口修筑等国家重点建设中，发挥了重要作用，被誉为重点工程中的“野战军”。并且在1975年河南水灾、1976年唐山大地震、1977年内蒙雪灾的抢险救灾中发挥了突击队作用，出色地完成了各项运输任务。即使在文化大革命期间，这支运输队伍仍然是拖不垮、打不烂，斗志昂扬地转战南北，完成了一项又一项的国家重点建设运输任务。

在2003年抗击非典期间，全国道路运输管理部门认真贯彻党中央、国务院的一系列决策部署，按照“交通不断，货流不断，客流不断，病源切断”的要求，对8.64亿人次的旅客、1.32亿辆次的车辆进行了检查、登记和消毒，运送紧急物资28.4万吨。2004年防控禽流感期间，又派出工作人员参加了235个动物防疫监督检查站和消毒点的工作，并运送紧急物资2.1万吨。2004年夏，针对煤电油运紧张态势，通过加强运输组织和运力调配，30天抢运华东华南电煤275万吨，有力地保障了电力部门迎峰度夏。如

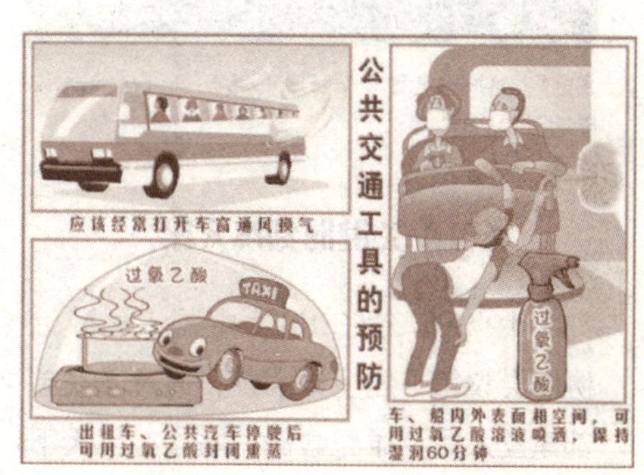

图5-6　抗“非典”之公共交通工具的预防

今，全面建立了自上而下的应急运输领导机构和通讯联络制度，初步形成了拥有38 281辆车应急运力的道路运输应急保障体系，在抢险救灾和应对各种突发事件中发挥了重要作用，有力保障了国民经济平稳运行和正常的社会生活秩序。

2008年年初，我国南方部分地区发生了多年不遇的雪灾及冰冻灾害，道路运输行业在严峻的挑战面前，广大干部职工始终坚持在抗险救灾第一线，尽全力保护人民生命财产的安全，用他们的真情与热血谱写了新时代道路运输事业的感人篇章。

图5-7　路政人员冒雪保畅通（来源：http://www.xc-online.gov.cn）

（二）关键时刻挑大梁

1949年9月30日，中国人民政治协商会议第一届全体会议，通过了在首都建立人民英雄纪念碑的决议。当天下午6时，毛泽东主席和全体政协代表在天安门广场举行了纪念碑的奠基典礼。碑石采自青岛浮山，坯石于1953年春开凿出来，重达280吨。采用短途滚拖和长途火车相结合的方法运输。短途搬运坯石的任务由青岛市搬运公司（青岛交运集团前身）起重队承担。他们运用电动绞车、千斤顶、钢管等做牵引和滚轮，不负众托地顺利完成了任务。这也是新中国成立后道路大件运输的开端。

1998年12月25日晚9时，是中国道路运输史上的一个辉煌时刻。由济南大型运输公司承运的齐鲁石化公司加工进口原油的4台特大型设备，从小清河入海口的羊口镇登陆，经过起吊、卸船、装车、运行，行程180公里，成功运抵齐鲁石化乙烯工地，创造了中国道路运输史上单件运输最重、运距最长的纪录。对于这次运输工程，包括人民日报在内的全国23家媒体作了报道，被誉为“中国第一运”。

这是一次艰难的运程，也是一次对中国道路运输的大考。4台特大型反

图5-8　人民英雄纪念碑的运输

应器，920吨1件，760吨1件，680吨的2件。四件特大型设备，制造商要求整体运输。中国道路运输能不能承运了，都心里没底；外国专家也预言中国运不了。祖国的荣誉感，对国家重点工程建设的责任感，使济南大型运输公司总经理陈言心情无法平静。他组织力量经过反复考察，作出了科学可行的标书并组团中标。山东省人民政府对这次大件运输高度重视。时任副省长的韩寓群亲自参加了运输协议签字仪式。省政府专门成立了大件运输协调领导小组，形成了统一协调的指挥体系。四件设备中最大的达920吨，装车后最大外形尺寸长42.05米。宽7.5米，高6.04米，车货总重达1086吨。通行这么大的车辆，沿途有23座桥梁（其中大桥4座），138处涵洞需整修加固；有270多处高压线、电线杆等高空障碍物须排除；横穿济青高速公路的益羊路须下挖0.7米；穿过胶济铁路桥处的一个预制件厂要拆除；一个铁路道口要加宽等等，这不是一个部门、一个单位、一朝一夕的工作量。仅加固青州一座阳河大桥，45米深的钢筋水泥灌柱桩增加了8根，灌注水泥用了360吨，桩与桩之间的支撑钢梁，用型钢170吨。济南大型运输公司投资2200万元，从法国尼古拉公司购进可承载1300吨，自行式可拼装模块式全液压可控转向平板车，属当今世界上先进的运输设备。1998年11月30日，山东省交通厅邀请全国50多位公路工程、道路运输、起重装卸等方面的专家，分路桥、起重、运输三个组对大件运输方案及可行性报告，进行了认真评估论证。在试运了680吨的1件后，1998年12月23日，起运典礼在羊口镇隆重举行。交通部发出了贺电。11时6分起运开始。大型车队由36部专用车组成，920吨、760吨、680吨的大件装在三辆平板车上，像三座小山，其他车辆尾随而行，绵延数公里，浩浩荡荡，蔚为壮观。沿途群众无不惊讶赞叹。车队经过3天运行，于12月25日晚9时安全抵达齐鲁石化。夜晚的乙烯工地顿时沸腾起来。在后来交通部公路管理司的审核确认书称：济南大型汽车运输总公司具体承运的加氢裂化反应器R—410单件货物重量920吨，从山东羊口镇专用港池至齐鲁石化工地，运距108公里，创造了我国公路运输单件最重，运距最长、技术最先进的全国纪录。

（三）农村发展立功勋

每天早上客车从县城开往农村，而不少农民却徒步进城；下午班车从农村开回县城，又有一些农民从城里走路返乡。是我们早晚以城市为基点的客运班次，违背了农村旅客流量、流时的规律——汽车运输企业悟出了道理。于是他们果断的改变了沿袭多年的陈规，将客运班车夜宿农村，早上从农村发车，下午再从城里开回农村。这种“早进城、晚归乡”的班车立即迎来了农民一片欢迎声。这是20世纪60年代汽车运输部门，为农村服务的一个小事例。50～60年代，道路运输部门深入农村，组建民间运输合作社，建立运输管理站，帮助和指导民间运输的发展。在客运方面开辟了大批以县城为中心的农村班车线路，增开夜宿农村班车，方便农民早出晚归。有的省市开通能够捎带农业生产工具和农副产品的班车，大大方便了广大农民购买生产资料和销售农村产品。在货运方面，道路运输部门派出大量人员，深入农村社队、田间地头，调查农业生产情况、农民生产生活所需以及农业生产对节气时令的特殊要求，调整和编制支农运输计划，按照时令要求，及时把农村需要的生产、生活资料运进去，把各种农副产品拉出来，同时交通部还规定，对支农物资运输价格调低30%，为农村和农业提供优惠运输服务。一系列支农措施的落实，有力地支援了农村建设和农业生产，农业物资的货运量占到当时全国运量的50%左右，对国民经济的调整和提高，发挥了积极的推动作用。

70年代，在农业学大寨的热潮中，各地道路运输部门再次掀起大力支援农业的高潮。1974年3月到1975年10月，运输化肥原料，河北省石家庄地区运输公司在俗称“天无三日晴、地无三里平”的贵州山区倒运磷肥矿石到火车站卸货，再由铁路转运到石家庄，在一年半时间内完成4.5万吨的磷矿石运输，为石家庄地区从1974～1976年连续3年夺取农业大丰收作出了贡献。1977年，交通部召开全国客运支农经验交流会后，各地交通部门把建设以省会（自治区首府）、专区（州）所在地和县城为中心的三级客运网，作为发展客运事业的一项长远措施，并把重点放在开发以县城为中心、干支相连、站点密布、班次交错、沟通城乡的农村客运网络上，让客运班车能够开到边远山寨、乡镇和边防哨所。

改革开放以后，随着农村改革的启动和农村经济的活跃，各地道路运输部门掀起了第二次发展农村客运的新高潮，响亮地提出了“乡乡通客车”的奋斗目标。部分省市的道路运输部门采取优惠政策，引导车头向下，增加农村客运班车，大力发展农村到县城的客运服务网络。1988年以来，烟台市交通局与市计委、市税务局联合发出《关于鼓励发展山区农村客运的意见》，对边远山区农村客运经营者在客运税费征收和燃料供应上实行优惠政策，营业税、所得税和养路费各减免50%，运输管理费全免，每年供应2.4吨平价汽油。优惠政策实施后，大大调动了经营农村客运线路的积极性。到1990年，烟台市开辟了

120多条农村客运班线，开行了430多个农村客运班次，580多个村庄通了客车，农民“乘车难”的问题有了很大改变。经过10多年的不懈努力，到1990年，全国夜宿农村的班车占总客运运力的25%以上，全国开通的5.2万多条客运班车线路中，农村班车线路占62.1%，全国开通的21万个客运班次中，农村班次占44.8%，87.3%的乡镇开通了客运班车，其中有些省市已达95%以上，初步形成了以县城为中心向乡镇辐射的客运网络，农村乘车难的问题基本得到解决。

1980年至1982年，甘肃省会宁县发生了持续两年的特大旱灾。兰州市汽车运输公司第三车队在抗旱救灾工作中担当了供水运输任务。驾驶员们不顾隆冬酷暑，日夜行驶在路况极差的山区道路上，平均运距约100公里。这次抗旱运水持续时间长，规模大，公路沿线车水马龙，对缺水牲畜、飞禽形成条件反射。每当水车来到，牲畜号叫奔跑，麻雀蜂拥而至。渴极思饮，急不可待，在民间一时传为佳话。两年来，他们重车行驶81.25万公里，供水80.88万立方米，基本上保证了灾区人民、牲畜和农业生产需要。

历史跨入21世纪，交通部高瞻远瞩，及时地提出了支持社会主义新农村建设的工作方针。全国各省市道路运输部门，结合各自实际，认真贯彻实施，掀起了“村村通客车”的新高潮。“十五”期间，新建农村等级客运站3232个，停靠点10.2万个，新增农村客车1.23万辆，乡镇客车通达率达98%，建制村通客车率达81%。成为社会主义新农村建设的一大亮点。农民群众高兴地称之为：“路通、车通、民心通”。山东沂蒙革命老区抓住党和国家实施“村村通”工程的机遇,自2003年起连续奋战两年，到目前全市共修建通村硬化路12078.3公里，全市96.6%和99.6%的行政村通了硬化路和客运班车。

图5-9 “村村通”工程

（四）文明建设结硕果

道路运输发展的同时,精神文明建设也取得了重要进展。交通部在20世纪80年代初，提出要认真推广客运全面质量管理经验，不断提高客运工作的可靠性、安全性、经济性、舒适性，尽量让旅客走得早、走得好；大力提倡“学雷锋见行动、送往迎来扶老携幼”

的新风气；经常开展“假如我是一个旅客”的讨论，促进了客运服务质量的提高。1981年，道路运输部门广泛开展了“五讲、四美、三热爱”活动，努力把车站办成传播社会主义精神文明的窗口。1982年5月，交通部在江西南昌召开了全国公路客运部门文明礼貌活动交流会，向全国道路运输部门职工发出了《关于深入持久地开展五讲四美活动，争做传播社会主义精神文明前哨的倡议书》，并讨论通过了《公路客运职工守则》、《公路客运汽车驾驶员守则》、《公路汽车客运站（乘）务员守则》及《先进客运汽车站（队）标准》、《先进客车驾驶员标准》、《先进客运站（乘）务员标准》。在广泛征求意见修改后，交通部于1983年1月28日颁布执行，使客运管理逐步纳入制度化、正规化轨道，客运管理水平和服务质量得到不断改进和提高。1984年，交通部提出把创建文明车站作为道路运输部门开展“五讲、四美、三热爱”活动的基本形式和内容，并使其向更高阶段发展。1984年8月，交通部在黑龙江肇州县召开全国公路客运部门建设文明车站经验交流会。肇州汽车站等55个成绩显著的单位被命名为部级文明汽车站（队），同时还表彰了潘丽娟等91名先进站务员、乘务员和驾驶员。1990年，河北石家庄汽车站等128个单位被命名为部级文明车站；河南省开封市汽车运输公司四队等24个单位被命名为部级文明车队，陈志华等116人被命名为部级先进工作者。道路运输部门搞好优质服务、创建文明车队活动进入了一个新的阶段。

自1997年开始，交通部在全国启动的创建文明行业工作取得了重大成果，道路运输部门积极响应，深入开展创建活动，培育出一大批县市级、省级、部级文明单位和个人。目前，全国多数道路运输行业已建成部级文明行业，发挥了示范带动作用。

三、新时期运输文化主题

新时期运输文化反映的主题是服务。

在摆脱了封建、半封建、半殖民地社会的桎梏后，中国步入了建设社会主义社会的新阶段。为实践证明的马克思列宁主义、毛泽东思想深入人心，成为人们行动的指南。一种坚定的社会信念在人们思想中逐渐形成——人人是国家的主人，所做的一切都是为社会主义建设、为人民服务。这种信念的坚定与长期的坚守，也就逐步汇成为中国社会的主流文化。这种主流文化的作用相当强大，在近半个世纪的中国特色的社会主义建设中，发挥了难以估量的巨大作用。作为国民经济发展和社会发展“排头兵”的道路运输业，更是这种文化氛围中的突出者，在新中国成立后的整个发展历程中，无不显示着这种主流文化的色彩；同时，在各个历史阶段，又以不同的形式，与时俱进地表现着这种服务文化主题。

一是从新中国成立到改革开放前。这个时期道路运输文化体现的是一统的“革命”文化观，像爱国主义、国家主人翁、革命英雄主义、革命乐观主义等。正是在这种文化观形成的大无畏的、勇于战胜一切困难的信念支撑下，无论在恢复交通运输、抗美援朝中，还是在抢运国家建设重点物资中，或抢险救灾的关键时刻，亦或在自己各个服务窗口前，道路运输职工们显示出的都是一个时代英雄的形象，一个国家主人翁身姿。即使在大跃进年代、“文革”期间，这种顽强的信念也一直不减。

二是从改革开放至20世纪90年代。邓小平同志在继承发展马克思列宁主义、毛泽东思想的基础上提出的，建设有中国特色社会主义的理论，成为新时期的主流观念。改革开放，窗门大开。东西方的文化观念发生着激烈的碰撞；传统的观念与改革的观念激烈的碰撞；各种利益之间激烈的碰撞。在近乎无情的市场竞争考验面前，一种主动服务意识逐步树立，新型服务文化由此兴起。道路运输管理部门从1979年开始进行管理体制、开放运输市场的改革，逐渐形成了各部门、各行业、各地区一起干，和国营、集体、个体一起上的道路运输新格局，加强了政府部门对道路运输市场进行的主动调控服务。在道路运输运力迅猛发展的时候，各级道路运输管理部门加强了道路运输市场的治理整顿，建立了交通部、省、市、自治区交通厅（局）、地（市）交通局、县交通局、乡运输管理站的5级管理体制，逐步建立起一系列的法规、制度以加强行业管理，形成了对市场的监管服务。道路运输企业则以提高经济效益为中心，转换经营机制，推行各种承包经营责任制，发展多种形式的横向联合和第三产业，扩大集装箱运输和道路大件运输业务，加强客运服务硬件、软件的建设等，以加快适应市场服务体系的建立。

三是90年代至今时期。随着国家政治经济体制改革的不断深入，改革开放步伐的不断加快，国民经济和社会进入了跳跃式发展阶段。经济社会的快速发展和人民群众出行需求的不断提高，道路运输的服务使命越显重要。不辱使命，就必须创造更好的服务。抓品牌建设是实现服务上等级、上水平的关键。从20世纪90年代开始，道路运输以“三个代表”为指针，以创建文明行业为契机，大力实施品牌工程，在管理部门、运输企业、服务窗口树起了一块块闪亮的品牌，赢得了社会的普遍赞誉。品牌观念已成为道路运输文化的特色内涵，创造了内外和谐发展的不竭动力。

50多年励精图治，已使中国的道路运输事业，从一株破土而出的幼苗，长成了参天大树，成为社会经济发展的栋梁，奠定社会发展的基础。虽然在它的发展中，经历了风雨雷电，饱尝了艰难困苦，但它凭着优秀文化力支撑起的坚定的信念和毅力，将这一切都碾在了滚滚向前的车轮底下。

第三篇　运思篇

——道路运输文化建设思考

“路漫漫其修远兮，吾将上下而求索”。

道路运输文化建设也是一个不断思索的过程，是思索改变了道路运输文化的自身，是思索推动了道路运输文化的前进，丰富的道路运输文化无不是在思索中诞生。当我们试图将思维的触角抵达道路运输文化的生存状态，精神追求等领域时，思索就会丰富起来。不思索，将无法推进道路运输文化前进的车轮，无法结出丰厚的文化果实。

道路运输行业是一个开放的系统，它不能离开社会环境而生存。道路运输文化也不能脱离环境而构造，外部的多种因素构成了道路运输文化的重要推动力量：飞速发展的社会经济构成了道路运输文化的基础，不断完善的法制为道路运输文化提供了坚实的保障，深厚的传统文化是道路运输文化不竭的源泉，日新月异的科技进步是道路运输文化的创新动力，形式各异的地域文化更是道路运输文化呈现出的不同侧面！

道路运输行业时时刻刻都在同外部环境进行着物质、能量、信息的交换活动，需要从外部环境输入资金、技术、信息等资源，通过行业机体内部的优化组合和循环转化，再输出反馈给社会环境。它被环境所塑造，同时又反过来影响着环境。道路运输文化内部的原动力包括：高水平的队伍素质是道路运输行业最宝贵的资源，道路运输行业只有拥有一支高素质的职工队伍，才能立于不败之地；力求达到文化管理的水平是道路运输行业的内部保障，随着文化建设的不断发展，文化与管理的关系越来越不可分离，以文化管理道路运输行业将是时代发展的要求；现代化的技术设备是道路运输行业发展的硬件和物质基础，道路运输行业的技术装备是行业先进生产力的重要组成部分，只有通过不断的技术改造，实现高科技、新装备与道路运输文化的融合互动，才能使道路运输文化飞速发展。

当我们立足于道路运输文化的内外部环境进行深入思考时，我们更明确地认识了道路运输文化建设所面临的机遇与挑战、优势与劣势。从而能够站在时代、人民和行业的角度去分析道路运输文化发展、消费与战略的需求。从中，我们也清晰地看到了道路运输文化民族性、国际性、人本性、独特性与可持续性的特点，在“耕耘——凝练形成阶段、播种——普及推广阶段、收获——繁荣小康阶段”三步走的具体步骤中展望道路运输文化发展的伟大蓝图。也正是在这一刻，理性思想的光辉完成了它感性的转化，成为了我们前方一面永远迎风飘扬的旗帜！

第六章 外在推动力

道路运输文化建设的外部推动力包括经济、法制、科技、传统、自然等方面，这些因素对道路运输文化建设有着重要影响。

一、积极向上的外部因素

（一）经济——道路运输文化的基础

文化，属于上层建筑，其基础当然是经济；虽然文化有时会超前于经济发展，但经济却最终决定着其发展的速度和质量。像改革开放前，道路运输服务也在发展，但受其载体条件的限制，很难跃上一个高层次，文化建设也只能在一个较低水平上运转。而改革开放后，随着经济实力增强，各种服务设施档次不断提高，服务质量也不断提高，文化建设也显示出速度的提升和较高的运行质量。所以经济对其文化发展的影响是决定性的。

（1）市场经济推进道路运输文化。市场经济的本质是竞争，竞争是市场经济的原动力。道路运输要想在竞争中立于不败之地，建立一个适应市场竞争的文化肌体非常重要。综观当今世界，竞争文化如雨后春笋般繁茂，道路运输文化建设也必然会受其力而前进。

（2）经济方式丰富道路运输文化。经济方式日趋多样化，是当今社会发展的潮流。这种趋势，促使道路运输也要以多样化相适应，表现为经营方式多样、组织形式多样、技术装备多样和输出产品多样等。由此，道路运输文化也必会显出丰富的内涵和不断扩展的外延。经济方式多样化呼唤出的道路运输文化，又将为社会创造和提供更加丰富多彩的道路运输服务，满足人们日益增长的交通出行需求。

（3）资源配置优化道路运输文化。一个真正有效率的市场经济需要资源的优化配置，资源的优化配置需要一个与之相适应的文化基础。道路运输的主要作用是使社会经济发展所需的资源配置和流动成为可能，将人流、物流、信息流有机地衔接，不断扩大资源配置和产品流通的范围。道路运输是高度市场化的行业，能够有效实现运输资源的优化配置。其文化的发展能进一步在资源配置方面发挥无形的协调助推作用，从而使资源配置发挥更大的效能，产生更广泛的经济作用和深远的社会影响。

（4）新型经济创新道路运输文化。新型经济就是以高科技、信息、网络、知识为其重要构成部分和主要增长动力的经济。其发展必将对道路运输产生深远的影响，更会对道路运输职工的价值观、思想观念、行为方式等产生冲击，丰富道路运输文化的内涵，增加道路运输文化的内容。如网络经济对道路运输组织形式产生了一定的影响，由于互联网的使用降低了创业的资本门槛，一两个员工和几台电脑，就能够创办小型物流咨询服务企业。

图6-1　全国《道路运输从业人员管理规定》宣讲会议现场（来源：http://www.jtzyzg.org.cn）

图6-2　积极开展法制宣传活动

（二）法制——道路运输文化的保证

从文化建设上说，法制既是文化建设中的制度文化，又是其他文化建设的保证。如果没有它，就不会有一个良好的秩序，也就很难有一个健全的文化形成氛围。在当今社会中，法制文化建设在整个文化建设中的地位相当突出。新中国成立以来，道路运输行业一直致力于法律法规体系的建立和完善，力图使道路运输管理从以行政手段为主逐步转向以法律手段为主，并辅之以行政、经济、教育等手段的综合运用，确保在科学管理的基础上“有法可依、有法必依、执法必严、违法必究”，通过学法、知法、宣法、守法来共同营造一个文明有序的道路运输环境。他们不断地通过各种途径加强职业道德建设，建立健全规章制度，积极探索道路运输管理体制改革，理顺关系，初步建立和完善适应市场经济要求的行业管理体制，为法制文化建设搭建了一个良好的平台。随着法制文化的逐步建设，不仅形成了特有的行业管理文化，而且有力保证了整个行业文化建设的健康发展。

（三）传统——道路运输文化的源泉

道路运输文化是置于中华民族文化传统这个大背景下，植根于中华民族传统文化这块广袤肥沃的土壤之中，在中华民族文化乳汁的滋润下，不断发生嬗变和升华，并茁壮成长起来的。中国优秀的传统文化思想不断渗透到道路运输文化建设中，在我们道路运输文化建设中被充分地发扬光大，吸收创新。如青岛交运集团“情满旅途”、南京中央门汽车站“爱心始发站”都是儒家思想在实践中的生动体现。

（1）集体主义的导向作用。集体主义是中华民族文化的一个基本特点。中国古代传统文化中的整体观念，把全局利益看得高于局部利益，把整体利益看得高于个体利益，凸显了中华民族以小我成全大我，以牺牲个人利益和局部利益去维护整体利益的独特品格，形成了以国家、民族利益为上的思想风貌。这种整体为上的集体主义道德，积极影响着道路运输文化的形成、共同的价值观念和价值取向的树立。对于道路运输行业来说，当绝大多数成员的价值观积极向上时，就能够使职工把维护行业利益，促进行业发展当作有意义的工作，从而激发出劳动热情和工作主动性。在道路运输文化建设过程中，我们提出的“团结就是力量”、“行业兴我荣，行业衰我耻”等口号，实质上就是集体主义道德理念在道路运输文化中的延伸和体现。

（2）和谐准则的升华作用。传统文化特别讲究人与人之间的和谐。以“和”为中心的人际关系准则，对于凝聚人心、集中力量、维护统一有着积极作用。而注重人际之间情感的交流和情感型的管理，也是道路运输文化的追求目标。中华传统文化中影响较大的儒、道家思想，在其理论和运作方法上都不主张走极端，庄子的“守中”，儒家的“中庸之道”，都体现持中正、不过激、留余地、善自足的处世方法。遵循这一原则，在行业上下营造团结和谐的文化环境，从关心人、理解人、尊重人出发，为职工排忧解难，让全体员工参与管理，无疑会极大地激发职工的能动性和创造性。

（3）社会责任感的保障作用。我国民族文化传统中主张“先天下之忧而忧，后天下之乐而乐”，强调个人对社会的责任感，这有助于促进道路运输行业认识和承担社会责任，培养全体员工关心社会的伟大胸怀，在社会的认同下促进行业发展和彰显形象，并为推动全社会的繁荣竭尽全力。传统的儒家伦理思想，主张修身为本，以维护社会集体利益为上。即使在当前激烈的竞争环境中，这种传统伦理美德仍可以在道路运输生产、经营中显现出无私奉献精神，

图6-3　南京某驾校与教练员签订《清廉执教责任书》（来源：http://www.nctc.cn）

摒弃唯利是图，鼓励生财有道，培育“爱岗敬业、诚实守信、服务群众、奉献社会”的职业道德，使道路运输业成为一个诚信守法的行业，成为一个让人民群众放心的行业。

（四）科技——道路运输文化的动力

科技进步是行业发展的羽翼和助推器。道路运输行业是科技成果率先应用的领域。近年来，道路运输行业在发展科学技术方面投入了越来越多的人力和财力，提出了实施“科教兴运”的战略，运用现代科技技术改造传统运输产业已成为行业共识和自觉行动。卫星全球定位系统、卫星导航系统、行车记录仪、同城联网售票系统等先进设备得到了不同程度的应用，危险品检测仪、计算机售票、大屏幕电子显示系统、货运信息配载系统和汽车维修、综合性能检测系统得到普及，部分地区还建立了道路运政管理信息系统和运政服务投诉系统，管理能力得到了有效提高，在保障运输安全、提高服务水平方面发挥了重要作用。运用科技工具，能带给人类福祉。例如，互联网的诞生和发展，直接催生了智能道路运输这一崭新的运输形态。智能道路运输系统的应用对解决我国道路运输领域所面临的运输效率较低，交通堵塞和大气污染加剧等问题，适应新形势的要求，提高道路运输基础设施建设水平，促进道路运输产业和相关产业的发展具有重要意义，它为人们思想观念的丰富和发展提供了新的广阔天地。

当前，科技进步为道路运输文化的发展和传播提供了更多更方便的载体和渠道，互联网、现代化传媒、信息高速

图6-4　卫星全球定位系统（来源：http://www.zszx.info）

图6-5 道路运输远程监控系统（来源：http://www.xabypass.com）

图6-6 沟通海陆的货物运输

公路，为道路运输文化的传播、交流和融合，提供了前所未有的便利条件。科技进步带来的科学精神和科学文化丰富了道路运输文化建设的内容，同时为道路运输文化内容和形式的创新提供了新的动力和技术基础。

（五）地域——道路运输文化的特色

俗话说，一方水土养一方人。地域环境决定着一个地区人们的生存质量和心理状态。当地域文化经过挖掘、整合、归纳、成型，被群众所认可进而深入人心之后，它就会成为一种“粘合剂”，就会形成一种强大的精神力量。不同的地域文化塑造不同品位的人，而不同品位的人也会创造出有差异的生产力要素，进而影响到经济发展、社会兴衰。地域文化对道路运输文化的影响主要有三个方面：

（1）地域文化形成了道路运输文化的个性。气候条件、地形地貌等地理环境对人心态、习俗有较大影响，也造成了我国道路运输文化的差异。东部地区的道路运输文化适当超前于中西部地区；北方凸显粗犷豪放特点，南方具备婉约秀丽特质。沿海地区与海、水乡与水、山区与山、草原地区与草原密不可分、息息相关。如客运出租车的车身颜色、门徽就明显地渗透着一个地区的文化气息。山东省潍坊市的客运出租车车身颜色为上天蓝下银灰，寓意为蓝天白云，门徽为蝴蝶风筝图案，营造了世界风筝之都独特的文化氛围。东营市客运出租车的车身颜色以黄色为主色调，突出了黄河入海口的独特文化魅力。

（2）地域文化造就了道路运输文化的多样。若以区域文化详细划分中国文化的话，可以划分出很多，主要类型有燕赵文化、三秦文化、三晋文化、吴越文化、齐鲁文化、关东文化、荆楚文化、草原文化、岭南文化、青藏文化、巴蜀文化、滇云文化、西域文化、台湾文化等，自然我国的道路运输文化也

图6-7 山东省潍坊市的客运出租车

不可避免地打上区域文化的烙印。山东省的道路运输文化就与儒家文化密不可分，内蒙古的道路运输文化就与草原文化息息相关，云贵地区的道路运输文化则与少数民族文化浑然天成。就是同一文化类型地区，道路运输文化也千姿百态，如山东省，泰安市的道路运输文化以泰山文化为根基，济宁市的道路运输文化以孔孟思想为基石，潍坊市的道路运输文化透露着民俗文化的气息，青岛、烟台、威海、日照展现着海洋的色彩，东营、滨州、聊城渗透着黄河的颜色，菏泽则体现了水浒文化的韵味。从而形成了百花齐放、百舸争流、蓬勃竞发的我国道路运输文化。

(3) 地域文化塑造不同道路运输文化的品牌。特定区域的人群有明确的区域意识，并与其他区域的人群形成竞争关系。在这种情况下产生的区域文化最具历史的深度、广度和高度。道路运输行业打造的众多知名品牌，都是植根于当地区域文化的土壤，总结、提炼出来的。青岛交运的“情满旅途”就是扎根于齐鲁广袤大地、浸淫儒家仁爱思想、秉承岛城开放性格而提出的；菏泽汽车总站的“小红帽”在品牌设计上突出了牡丹图案，“唯有牡丹真国色，花开时节动京城”，“小红帽”犹如一株国色天香的牡丹，以其独特韵致吸引了来往“花城”众多旅客的青睐；南京“爱心始发站”，“爱”是基于责任的无私奉献，“心”代表着拥有高尚品德的本心，则彰显了六朝古都积淀的博爱、仁慈文化底蕴，张扬了“施者比受者更有福气”的人文情怀，成为博爱都市的一张爱心名片。

二、机遇和挑战

当前，道路运输文化建设面临着千载难逢的发展机遇，也有许多挑战，机遇和挑战并存，必须抓住机遇，迎接挑战，使道路运输文化成为引领行业发展的旗帜。

（一）机遇

(1) 有应运而兴的发展平台。当前，我国正处于全面建设小康社会、构建社会主义和谐社会的关键时期。这一时期，集中体现着社会主义初级阶段的基本国情。国民经济快速发展，社会结构深刻变动，经济体制深刻变革，利益格局深刻调整，思想观念深刻变化，新情况、新问题、新矛盾不断涌现。处在这个时期的道路运输业，必将迎来新的黄金发展时期，必将得到科学、和谐、率先发展，道路运输文化建设要与之相适应、相协调。全面科学发展的道路运输行业，为道路运输文化建设搭建了广阔的平台，道路运输文化建设必将应运而兴。

（2）有蓄势待发的发展契机。人们经常用“硬实力”和“软实力”来形容一个国家在经济、军事与文化、外交方面的实力。任何一个国家，如果只有经济上和军事上的强盛，而文化方面的影响力不够，就算不上世界强国。正是基于对世界发展大势和我国实际的正确判断，党的十五大强调社会主义现代化应该有繁荣的经济，也应该有繁荣的文化。党的十六大强调，必须大力发展社会主义文化，建设社会主义精神文明，不断增强中国特色社会主义文化的吸引力和感召力。十六大后，党中央提出科学发展观和构建社会主义和谐社会等一系列重大战略思想，确立了经济建设、政治建设、文化建设、社会建设“四位一体”的总体布局。在第八次文代会、第七次作代会开幕式上，胡锦涛总书记指出：“中华民族的伟大复兴必将伴随着中华文化的伟大复兴”。这一论断使中华文化与中华民族复兴大业息息相连、休戚与共，既是一个科学的预见，更是推动文化建设的豪迈誓言。2007年6月16日，中共中央政治局召开主题为“研究加强公共文化服务体系建设”的高规格会议。政治局召开专题会议研究文化建设，这是前所未有的。随后胡锦涛总书记在“6.25”重要讲话中明确指出：“加强社会主义文化建设是不断满足人民群众日益增长的精神文化需求的需要，必须更加自觉，更加主动地推动文化大发展大繁荣。”从而进一步明确了新形势下党和国家在文化领域的发展战略。胡锦涛总书记在党的十七大报告中，更加明确地指出：“当今时代，文化越来越成为民族的凝聚力和创造力的重要源泉，越来越成为综合国力竞争的重要因素，丰富精神文化生活越来越成为我国人民的热切愿望”。并再次强调：“中华民族伟大复兴必然伴随着中华文化繁荣兴盛”。同时，十七大决定设立国家荣誉制度，表彰有杰出贡献的文化工作者。可以说十七大把文化的地位提高到了前所未有的高度，文化建设已成为国家发展大战略。所有这些，都充分表现了我们党对文化建设的高度重视和自觉。思想认识的提高决定了行动的落实到位，从2002年起，国家全面实施“全国文化信息资源共享工程”，由1个国家中心、32个省级分中心和3000个基层中心5万个服务终端构成的工作网络初步形成并发挥了积极的作用，辐射人群上千万。精神文明建设"五个一工程"评选活动自1992年起每年进行一次，对各地、各单位精神文明产品生产的发展与提高，产生了积极的促进作用，优秀作品百花齐放，精品佳作大量涌现，祖国文化春色满园。电视连续剧《文化站长》更是作为向十七大献礼剧目，在中央电视台第一套节目黄金时间播出。回首新时期29年，人们能够清晰地看到，党和国家为实现公民基本文化权益所做出的巨大努力：广播电视村村通、全国文化信息资源共享、乡镇综合文化站和基层文化阵地建设、农村电影放映工程、农家书屋建设……改革开放让中国文化释放出巨大活力，"走出去"战略推动中华文化在国际舞台上精彩亮相。伴随着社会发展的脚步，中国人民的文化生活条件得到了前所未有的改善和提高，文化选择日益多样、精神产品不断丰富、消费水平稳步提高。毛泽东在延安文艺座谈会上所期望的文化大普及，在改革开放的大环境下正一步步得以实现。伟大的时代孕育伟大的业绩，作为文化建设的重要组成部分，道路运输文化建设面临着前所未有的良好机遇。

（3）有顺水行舟的发展助力。当今年世界文化发展的趋势，主要表现在三个方面：一是文化发展得到空前重视。其结果是文化消费急剧增长，文化在拉动和推动经济增长中的作用越来越大，由此促进了文化产业在世界范围内的迅速发展。联合国教科文组织从20世纪80年代开始，组织实施了一项"世界文化发展十年"（1988～1997）活动，其目的是在经济和技术发展中将文化和人的价值恢复到中心位置。我们要推动科学发展，就应当在生产物质产品、发展科学技术以及其他发展举措中更多地体现以人为本的观念和文化的内涵。二是文化发展战略全球铺开。和平时期重要的是文化和人才的竞争。一些西方强国凭借其强大的经济科技实力，向全世界推销自己的文化产品。很多国家提出了"文化立国"的口号，文化产业已经成为国民经济的支柱产业。在世界范围内，文化竞争日益加剧，面对世界激烈的文化竞争和文化贸易的严重"逆差"，我国只有加快发展文化事业，不断增强文化的整体实力和竞争力，才能争取主动，赢得竞争的有利地位。三是文化保护和文化创新得到国际关注。60多年来，联合国教科文组织制定了一系列与文化相关的国际条约，这些国际条约对于规范国际间的文化交往和文化权利，维护世界文化生态和公平竞争，促进世界各国的文化遗产保护和文化创新，具有积极的作用。改革开放以来，随着我国国际地位的提高，我国积极参与联合国及其教科文组织的相关活动和事务，增强了我国在国际文化交往中的话语权，在世界上树立了我国负责任的大国形象，为维护本国和世界的文化权利、促进世界文化发展作出了应有的贡献。

当前我国加快了优秀传统文化的继承、弘扬与创新。实现中华文化的伟大复兴，毫无疑问要继承弘扬中华民族的优秀传统文化。在半个多世纪创造的巨大文化成就的基础上，党的十六大提出“民族精神是一个民族赖以生存和发展的精神支撑。一个民族没有振奋的精神和高尚品格，不可能自立于世界民族之林”，明确要求把弘扬和培育民族精神作为文化建设的极为重要的任务。这是一个关系到中华民族未来的重大战略思想和部署。泥古不变没有前途，食洋不化没有出息。实现中华文化的伟大复兴，最根本的是要使全社会的文化创造活动力充分释放，文化成果不断涌现，创造属于我们这个时代的文化成果。在时代潮流的推动下，道路运输文化建设如顺水行舟，必将直挂云帆济沧海。

（二）挑战

（1）形势的挑战。道路运输行业面临的新形势对道路运输文化建设提出了新的更高的要求：一是国民经济快速发展，要求进一步提高运输保障能力；二是全面建设小康社会，要求提升服务品质；三是构建社会主义和谐社会，要求更加注重安全运行和诚信守法经营；四是建设资源节约型、环境友好型社会，要求转变发展模式；五是建设社会主义新农村，要求更加注重发展农村交通运输；六是建立公共服务型政府，要求提高公共服务能力。道路运输文化建设应围绕落实六个要求做文章、下功夫，更好地服从并服务于道路运输行业的发展。

（2）观念的挑战。旧体制的影响。在新旧体制的转换过程中，旧体制所形成的资源配置、机构设置、办事习惯较长时期内很难马上改变。如：重传统、轻变革；重形式、轻实效；重权力、轻服务等问题还普遍存在。人们的思想观念还会带有旧体制所遗留的痕迹。

传统管理方式的影响。虽然道路运输管理正在逐步从传统管理向现代管理发生着转变，但是传统管理的影响依然比较大，主要表现在：管理的规章制度还不够健全，管理的方法还不够科学，管理的效率还比较低，管理当中的人治现象还比较严重，员工的敬业精神和执行力还不够好，这些都影响到现代管理观念的形成。

传统不良文化的影响。我国有着几千年的传统文化历史，既有它博大精深的一面，也有消极的一面。传统文化中的“官本位”思想、专制思想、封建宗法思想等并未销声匿迹，家长制作风所导致的民主气氛不浓，员工的主动参与性较弱，这些都影响到人们的工作观念，束缚员工的主动性、创造性，都会对道路运输文化建设产生负面影响。

市场经济负面因素的影响。如市场经济的等价性容易侵蚀党和国家的政治生活，市场经济的求利性容易诱使一些人产生金钱万能的心理，市场经济的竞争性容易引发意志薄弱者的违法违纪行为等，这些都将引发人们价值观念的矛盾和冲突。

西方不良文化因素的影响。随着改革开放的不断深入，中西方文化交流越来越频繁，西方文化渗透越来越多，西方国家利用其占优势的经济科技力量和现代化的传播手段，大肆推行文化扩张主义，其思想观念、生活方式和价值观迅速蔓延。随着电影、音像制品、出版物、艺术品、演出、旅游市场的逐步开放，国外文化思潮、各类文化产品的大量进入，势必会造成“鱼龙混杂、泥沙俱下”的局面，西方资产阶级腐朽意识形态和精神垃圾，如金钱至上的拜金主义、唯利是图的个人主义、吃喝玩乐的享乐主义等生活方式也会乘虚而入，对人们的思想观念造成巨大的冲击。

（3）转型的挑战。随着道路运输市场化进程的加快，一方面市场机制的运用达到一定程度，但不够成熟，市场监管主体运用市场手段调控市场的能力不强，水平不高，市场运行规则和公平竞争机制不完善；另一方面，市场“这只无形的手”在发挥重要作用，而政府“这只有形的手”在引导市场、依法治理市场等方面，作用发挥不充分，

“多、小、散、乱”无序竞争的局面没有根本改变。全国道路运输工作会议突出了“充分发挥道路运输业的比较优势，努力做好‘三个服务’”的主题，鲜明地提出了“路运并举，和谐发展”的方针，准确定位了道路运输属于公共交通的范畴。在新的历史时期，道路运输工作必须以科学发展观为指导，围绕“三个服务”和提高“五个能力”的要求，推进道路运输业实现运输安全高效、服务文明诚信、节能减排主导、技术装备先进、市场规范有序、站运协调发展，促进道路运输业向现代服务业转型。加快发展服务业，实现道路运输成功转型，绝非一日之功，也不能一蹴而就，在此过程中道路运输文化建设也要转变观念，逐步适应。

（4）竞争的挑战。我们正处在一个竞争的时代，文化的繁荣和发展也离不开竞争，有竞争才会“百花齐放、百家争鸣”。20世纪80年代以来，我国开始进入综合交通运输协调发展时代，既要充分发挥每一种运输方式自身的优势，又要进行合理分工协作，提高交通资源的使用效率，建立充分有效的综合交通运输体系，满足社会日益增长的多样化、个性化运输需要。这样必然带来交通运输各行业文化的大发展。像铁路、民航等行业都形成了具有自身特色的行业文化。放眼全社会，电信、电力、公安、工商、税务等部门，在文化建设研究和凝练方面起步早、动作大、投入多、成果丰，具有较广泛的社会影响力和知名度。这些在为道路运输文化建设发展带来借鉴的同时，也带来了压力。

第七章 内在原动力

道路运输文化建设的内在影响因素是多方面的，主要有队伍素质、管理水平、技术装备等。

一、内部因素

（一）队伍素质

文化的主体是人，人的素质决定着文化建设的成效。现代社会是知识经济的社会，竞争无处不在，最重要的是技术的竞争、人才的竞争。道路运输行业的发展取决于对智力资源的占有，人才是行业所有财富中最宝贵、最有决定意义的资源，是智力资源的载体，是行业的命脉。道路运输行业拥有一支高素质的职工队伍，就能立于不败之地。文化是在人们改造自我和世界的过程中产生、发展、成熟的，它反过来创造了具有文化性质的物质世界。通俗一点讲，就是有什么文化的人，就能制造出什么样的物质来。在道路运输发展中，新式运输工具不断出现，新工艺、新材料的不断发现，行业的信息化程度也越来越高，而这些都是人生产创造的，掌握现代信息技术也是能动的人。在知识经济条件下，人才的拥有甚至比资金的拥有、市场的占有更为重要。人才是未来经济竞争的制高点，是新一轮文化竞争的焦点。人是道路运输文化建设的主体，也是道路运输文化建设的载体。人的积极性、主观能动性和创造性的充分发挥，人的素质的全面发展，既是道路运输文化建设要达到的重要目的，也是基础和前提。所以，道路运输文化建设不仅要开展文化活动、建设文化设施，更应致力于提高广大从业人员这支大队伍的整体素质。从业人员是道路运输文化建设的主力军和凝聚者，把他们当作文化人来塑造、来尊重，就是我们平时

图7-1　整装待发的运管队伍

说的“人文关怀”、“以人为本”。只有更加注意人文关怀，关注人生，尊重民意，建立尊重人的管理机制，加大人才的培养使用与管理，才能形成具有崇高的人生价值、劳动价值文化观的队伍，推动道路运输事业不断发展。管理者是搞好道路运输文化建设的关键，处于主导地位，起着重要的作用。

（二）管理水平

“衣、食、住、行”是人类生存繁衍与社会发展的四大基本需求。与其他运输方式相比，在解决“行”的问题上，道路运输扮演角色的作用更具基础性。道路运输是综合运输的骨干力量，其供给能力和服务水平，成为社会各界和人民群众检验交通工作的重要尺度。这就需要道路运输坚持以科学发展观为指导，适应社会主义市场经济发展的要求，转变道路运输发展方式，提高道路运输管理水平。而就当前和今后的发展看，以文化管理国家、管理事业将会是一种更奏效的模式，人们甚至将文化与管理的关系比作鱼水关系。像如今知识经济时代里，脑力劳动是社会劳动的主要形式。脑力劳动的特点是在看不见也摸不着的无形状态下进行的，其效率的高低完全取决于员工的自觉和责任感。随着文化建设的不断发展，文化管理将成为知识经济时代的一种主要管理方式。运用文化来推动行业管理水平的提升，是当前道路运输行业迫切需要解决的课题。

（三）技术装备

“工欲善其事，必先利其器”。现代化的技术装备，是先进生产力的重要组成部分，是道路运输物质文化建设的重要载体。随着工业化、城镇化、市场化、国际化进程的加快，消费结构和产业结构不断升级，要求道路运输技术装备水平不断提高。随着科学技术的发展和运输装备的改进，各种特种车辆、专用车辆、现代化装卸机构和检测保修设备应运而生，使运输方式逐渐增多，运输规模从小到大，运输工具从落后到先进，运输效率从低到高，充分满足了社会各阶层对运输质量的需求。通过提高运输装备水平，普及先进技术和设备，加快信息化建设，提高市场监管能力，优化服务水平，保障运输安全，增强运输能力，提高运输效率，推动了运输产业升级。新技术的应用会带动运输车辆的性能大幅提升，就会大大缩短运行周期，在形成“一小时经济圈”的同时搭建了“一小时文化圈”，道路运输文化传播就会变得更加快捷。多媒体技术在客运班车上的应用，使车厢文化变得绚丽多彩、活泼生动。因此，逐步把道路运输文化建设的重点转移到技术装备改造上来，大力发展以数字化技术为代表的多媒体技术，实现高科技、新装

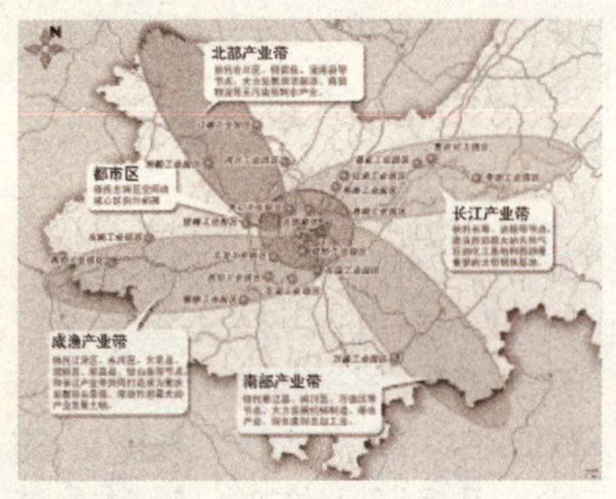

图7-2 重庆市“一小时经济圈”

备与道路运输文化的融合互动，形成高新技术与道路运输文化的关联效应成为必然和必需，这样才能促进道路运输文化加速发展。

二、优势和劣势

在道路运输文化建设活动中，道路运输行业的内部环境既有推动其发展的有利因素，也有制约其发展的不利因素，这些因素构成了道路运输文化建设的优势和劣势。

（一）优势

1. 鲜明的比较优势

在综合运输体系中，道路运输速度快捷、机动灵活、通达度高、覆盖面广、多样齐全的优势是其他运输方式难以比拟的。新时期发展道路运输，就是要立足于发挥自身优势，选择适合道路运输自身经济技术特点的发展领域，加大政策支持力度，创造发展条件，推进道路运输与其他综合运输方式的良性互动，实现道路运输业的又好又快发展。正处于全面建设小康社会和工业化、城镇化、市场化、国际化加速发展时期的中国，为道路运输业的发展提供了广阔的舞台；肩负历史重任的道路运输行业，正以时不我待的勇气和胆略，乘势而上。道路运输在加快公共文化服务体系建设方面，发挥着传播、辐射、导向、激励作用。

2. 厚重的文化底蕴

道路运输文化渊远流长，它成长于有着几千年文明史的文化沃土。从古老的道路运输发源开始，人类的各种先进文化几乎都渗透在它的肌体中，使之筑成为人类的一座文化城堡，雕刻、绘画、技艺；诗赋、文学、哲学；人文、地理、民族……人类智慧的文化结晶在这里熠熠生辉。如今，道路运输文化发展的土壤更为肥沃，不仅有古代的还有现代的，不仅有本土的还有外来的。历史性、世界性的文化大融合，使道路运输的文化异彩纷呈，它在行业的每一个角落中渗透，在每一个职工举手投足之中深入。这种被赋予了新内涵的道路运输文化，是古与今的完美结合，是历史与现实的完美叠加，其必将在文化建设上迈出更大步伐。

3. 宽广的行业战线

经过改革开放以来20多年的发展，我国道路运输业在运输能力、安全保障、市场秩序和运行监管等方面取得的成绩有目共睹，在综合运输体系的客货运输量中一直保持着主导地位。道路运输行业市场规模庞大、经营主体多样、市场体系完备。一辆辆驰骋在通衢大道、穿梭在繁华街道、奔波在乡间小路、蜿蜒在崎岖山路的运输车辆，都是道路运输文化建设的阵地；一条条辐射全国、连接城乡、衔接东西、对接南北的运输班线，都是道路运输文化建设的载体；一座座人头攒动、川流不息、南来北往、商贾云集的运输场站，都是道路运输文化建设的舞台；一个个管理科学、经营有道、极具张力、富有活力的运输企业，都是道路运输文化建设的家园。在道路运输行业这片广阔肥沃的土地上，道路运输文化宛若待放花蕊，扎根沃土、恩承雨露。待到花开时，在社会主义文化大花园里，“竞夸天下无双艳，独立人间第一香”，道路运输文化一枝独秀，独领风骚。

（二）劣势

1. 行业集中度低导致文化建设不统一、不平衡

行业集中度也叫市场集中度，是指市场上的某种行业内少数企业的生产量、销售量、资产总额等方面对某一行业的支配程度，它一般是用这几家企业的某一指标占该行业总量的百分比来表示。以此指标来衡量，道路运输的行业集中度非常低。由于从事道路运输经营所需资金少、收益见效快，所以自20世纪80年代道路运输市场放开以后，社会投资兴办道路运输业的有90%以上为个人，尤其是在农村，几乎100%是农民个体。道路运输企业几经解体和下放，目前大部分都已在“抓大放小”过程中改制重组。加之道路运输行业固有的流动分散、点多线长面广的特点，形成了道路运输经营业户多，企业规模小，行业集中度低的现状。2006年，全国营运客车达到162万辆，营运货车达到648万辆，汽车维修业户达到34.4万户。据不完全统计，道路客货运输全行业平均每户不到3人、不到2辆车，集中度之低略见一斑。这种现状对文化建设产生的直接后果就是：一是文化建设难以摆到应有位置。由于运输经营组织化、集约化水平低，经营规模小，实力不强，势必会在激烈的市场竞争中疲于应付、处处被动。“皮将不存，毛将焉附”，这样不仅影响了行业又好又快发展，而且会使道路运输文化建设受到严重制约。二是文化建设缺乏控制力。在市场经济条件下，道路运输文化建设必然要融入市场，受商品规律、价值规律、市场规律的影响，但不能完全听任市场来决定其生死存亡，行业管理部门必须要通过法律、行政、经济手段来实施宏观管理和干预。面对一个经营主体以百万计、经营人员以千万计、经营类别纷繁复杂的庞大行业，有效的实施文化建设管理和指导，其难度不言而喻、可想而知。缺乏统一管理，分类指导又力不从心，会导致道路运输文化建设控制力下降，影响其整体实力和竞争力。

2. 行业深层次矛盾导致文化建设不协调、不适应

文化是政治经济在观念形态上的反映，同时又为政治经济服务。对于道路运输行业和行业文化而言，行业发展和行业文化相互交融、相互渗透、唇齿相依。改革开放以来，我国道路运输事业发展很快，实现了从计划安排向市场运作、从能力短缺向基本适应的重大转变。但是，我国道路运输经济成分多样，利益关系复杂，涉及部门较多、触及矛盾较深、管理难度较大，这些问题对文化建设的阻滞将长期存在。一是运输发展政策与发挥道路运输比较优势的需要不协调，不利于形成便捷高效、分工协作、安全畅通的综合运输体系，一定程度上阻碍了道路运输行业又好又快发展，从而也阻碍了道路运输文化建设的推进；二是运输服务水平与多样化、多层次的运输需求不协调，安全生产隐患依然存在，影响了和谐行业构建，从而也影响了道路运输文化建设的质量；三是运输能源消耗与建设资源节约型、环境友好型社会的要求不协调，运输装备水平不高的矛盾尚未得到有效解决，制约了道路运输行业的可持续发展，从而也制约了道路运输文化建设的提升；四是运输市场秩序与社会主义市场经济体制的要求不协调，统一开放、公平竞争、规范有序的道路运输市场有待进一步完善，延缓了道路运输行业的法制化进程，从而也延缓了道路运输文化建设的步伐；五是运输场站与现代物流和社会公众出行的需要不协调，国家公路运输枢纽和农村客运场站建设有待加快推进,弱化了道路运输的供给能力,从而也弱化了道路运输文化建设的成效;六是道路运输管理机构建设与建立公共服务型政府的要求不协调，运政执法人员素质不高、队伍膨胀问题亟待解决，不利于道路运输行业做好“三个服务”，从而也不利于道路运输文化建设的实践。

3. 管理方式滞后导致文化建设不深入、不主动

道路运输既处在发展的黄金机遇期又处在改革的矛盾凸显期，对文化建设来说必定是有更新更高的要求。如：文化多样性的认识能力，社会问题的分析能力，利益矛盾的化解能力，文化建设活动的组织能力，文化建设的协调能力等等。西方的管理走过了经验管理、科学管理，已经进入到现代管理阶段，即文化管理阶段。而我国的管理水平参差不齐，近90%的处在经验管理阶段，和我国的社会主义初级阶段生产力状况相适应，呈现出多样性和不平衡性，奋起直追需要跨越西方管理100多年的历史。道路运输也不例外，道路运输组织管理结构是一种管理权力高度集中的金字塔形的传统的组织管理结构，是一种由上而下的管理模式，由于种种原因，群众很难积极地、全身心地参与到文化活动之中，因此加强道路运输文化建设必须从提高管理水平和提升自身能力入手。

第八章　文化建设的需求

一、需求预测

针对潜在的文化需求，予以分析、开发，定向制造的文化产品和创新的文化服务，就是文化经济，是现代经济的一个新门类。创造需求，驱动隐性、潜在的文化需求，在这个文化力张扬的时代显得尤为重要。在这一点，道路运输文化建设责无旁贷。

（一）时代的呼唤——文化发展的需求

当代社会，社会财富越来越向拥有文化优势的国家和地区聚集。国家与国家之间、地区与地区之间竞争，在某种程度上即是文化的竞争。文化正越来越成为民族凝聚力和创造力的重要源泉和综合国力竞争的重要因素。丰富精神文化生活也越来越成为我国人民的热切愿望。

文化是民族的血脉和灵魂，是国家发展、民族振兴的重要支撑。一个民族的文化，凝聚着这个民族对世界和生命的历史认知和现实感受，积淀着这个民族最深层的精神追求和行为准则。几千年来，中华民族历经磨难而绵延不绝，一个重要原因就是有着深厚的文化传统和强烈的文化认同。一个民族的觉醒首先是文化的觉醒，一个国家的强盛离不开文化的支撑。文化深深熔铸在民族的血脉之中，始终是民族生存发展和国家繁荣振兴取之不尽、用之不竭的力量源泉。

文化是国家核心竞争力的重要因素，在综合国力竞争中发挥着不可替代的作用。随着世界多极化、经济全球化的深入发展和科学技术的日新月异，文化与经济、政治相互交融的程度不断加深，与科学技术的结合更加紧密，经济的文化含量日益提高，文化的经济功能越来越强，文化已经成为国家核心竞争力的重要因素。谁占据了文化发展的制高点，谁拥有了强大的文化软实力，谁就能够在激烈的国际竞争中赢得主动。我国作为发展中的社会主义国家，要在新的国际竞争中立于不败之地，维护国家发展利益和文化安全，必须高扬自己的文化理想，尽快形成与我国经济社会发展和国际地位相适应的文化优势。

文化是全面建设小康社会的重要目标，已经成为衡量社会文明程度和人民生活质量的显著标志。文化的进步反映着社会的文明进步，文化的发展推动着人的全面发展。我们所要实现的现代化是经济、政治、文化、社会全面发展的现代化，全面建设小康社会既需要殷实富足的物质生活，也需要丰富健康的文化生活。现在，人们精神文化需求日趋旺盛，全社会求知求乐求美的愿望更加强烈。与之相比，我国文化发展的总体水平还不高，同经济社会发展不相适应，同全面建设小康社会的要求不相适应，同人民群众日益增长的精神文化需求不相适应。这就迫切要求我们把发展社会生产力同提高全民族文明素质结合起来，进一步加大文化建设力度，加快文化发展步伐，更好地满足人们的精神需求、丰富人们的精神世界、增强人们的精神力量，促进人的全面发展。

文化建设是落实科学发展观的重要环节。科学发展观的提出，对文化建设带来了新机遇。坚持以人为本，树立全面、协调、可持续的科学发展观，促进经济社会和人的全面发展，是党的十六届三中全会提出一个重要原则，是我党执政理念的一次新的飞跃。科学发展观强调的是经济、社会和文化的全面、协调、可持续发展。党的十七大要求："必须坚持全面协调可持续发展。要按照中国特色社会主义事业总体布局，全面推进经济建设、政治建设、文化建设、社会建设，促进现代化建设各个环节、各个方面相协调，促进生产关系与生产力、上层建筑与经济基础相协调"。贯彻和落实科学的发展观，必然要求我们将文化建设放在更加突出的位置，进一步加快文化发展，实现平衡协调发展。这为文化建设带来了新的机遇，但同时也对文化建设提出了更高的要求。

文化建设是建设和谐社会的重要内容。实现社会和谐，既需要雄厚的物质基础、可靠的政治保障，也需要有力的精神支撑、良好的文化条件。建设和谐社会，要靠和谐文化理念来引领，和谐文化精神来浸润,和谐文化氛围来营造,和谐文化秩序来维系。和谐文化是以和谐为价值核心，以文化为表现形式，融思想观念、理想信仰、社会风尚、行为规范、制度体制为一体的文化形态。从本质上讲，和谐文化是科学发展观的重要组成部分，是与促进人的全面发展相协调，与构建社会主义和谐社会相适应,与中国传统文化相承接，与人类优秀文明相融合的一种先进文化。和谐文化不仅包含文化精神、文化主题、文化内容的和谐，而且包含文化形态、文化领域、文化发展自身的和谐。

总之，推动社会主义文化大发展大繁荣是我国经济社会发展进入新阶段的客观要求，是提高国家文化软实力的战略举措，是满足人民群众日益增长的精神文化需求的迫切需要。道路运输行业一定要按照党的十七大提出的“更加自觉、更加主动”的要求，顺应时代和实践的发展，坚持社会主义先进文化前进方向，以更深刻的认识、更开阔的思路、更有效的政策、更得力的措施，大力加强文化建设，营造道路运输文化百花盛开、姹紫嫣红、健康向上的繁荣景象。

（二）人民的期盼——文化消费的需求

马克思在《经济学手稿》一书中说：“由于人类自然发展的规律，一旦满足了某一范围的需要，又会游离出、创造出新的需要。”根据马斯洛著名的需求层次论，满足物质上的基本需求后，人们会对精神文化生活提出新的要求。世界上一些国家的发展实践表明，人均GDP突破1000美元以后，国民的文化消费支出不仅总量稳步增长，而且文化消费占整个消费的比重也明显提高，对精神文化的需求总量会越来越大。我国正处在工业化和城市化发展期，经济发展和收入增长速度快，文化需求也在觉醒之中。不过，人民群众日益增长的精神文化需求在相当长时间里缺乏与供给方有效的互动与链接，巨大的潜在需求无法满足。将目前消费的总体水平和经济普查后调高的人均GDP相比，我国目前文化消费相对比重是下降的，总量过低的状况还比较突出，增长速度也比较慢。就文化消费的基本面而言，多年来所预测的巨大的、带有结构升级特征的增长还没有出现，文化消费热点还仅仅是局部现象。根据国际经验，一定的GDP发展水平，与一定的恩格尔系数，以及一定的文化消费支出有相关性。如果我国人均GDP达到1600美元，恩格尔系数应为33%，文化需求在个人消费中应占20%，实际需求总量应为20 100亿元。根据这一算法，2005年我国人均GDP就超过了1700美元，文化消费总量却只有4150亿元左右。换句话说，我国居民的文化需求的满足程度仅仅不到1/4。据国家统计局的资料显示，我国2007年人均GDP将接近甚至超过2000美元，我国的文化消费量存在3000亿到4000亿元的结构性缺口。如果文化消费没有实质性的启动和结构性的升级，经济发展将更不平衡，启动文化消费已经成为一项战略性任务。随着我国全面进入小康社会进程的加快，国民收入稳步提高，不少城市的恩格尔系数已经降到了40%左右，城乡居民用于娱乐、休闲等方面的文化消费越来越大，文化消费支出的比重一路上扬。文化产业在强有力需求的带动下，有望迅速成长为国民经济的支柱产业之一，成为扩大内需的新亮点。

道路运输行业作为国民经济的“先行官”，是一项基础性、先导性、服务性行业，面对日渐强劲的文化消费需求，理所当然地要成为拉动文化消费需求增长的“热点领域”。特别是自2000年我国开始实行“长假政策”以来，文化消费的强劲势头已初露端倪。长假期间，居民消费潜能得到较大释放，假日经济成为道路运输行业新的经济增长点，对行业产生了显著的拉动作用。文化消费市场潜力巨大，并日趋多元化，为道路运输文化发展提供了前所未有的机遇和良好的发展空间。

（三）行业选择——文化战略的需要

经济文化一体化作为21世纪世界经济发展的新趋势，正日益凸显文化生产力对行业发展乃至社会发展的强大推动作用。当前，道路运输行业正站在战略发展的新起点上。国务院在《加快发展服务业的若干意见》中明确提出，优先发展运输业，进一步完善交通基础设施，形成便捷、通畅、高效、安全的综合运输体系。这是今后一个时期交通运输发展的重要指导方针。全国道路运输管理工作会议确定了“十一五”期间道路运输工作的总体要求和主要任务是：以科学发展观为指导，认真落实国务院关于加快发展服务业的战略部署，充分发挥道路运输业的比较优势，努力做好“三个服务”，着力提高“五个能力”，推进道路运输业实现运输安全高效、服务文明诚信、节能减排主导、技术装备先进、市场规范有序、站运协调发展的目标，指明了行业今后的发展方向。要实现道路运输行业战略发展目标，除了要把道路运输置身于整个综合运输业体系之中，极尽比较优势，科学创新发展；更重要的是要把道路运输置身于文化大发展大繁荣的潮流之中，彰显文化力量，和谐协调发展。任何一个行业，如果只有物质产品，没有精神产品，没有自己行业的文化，没有自己行业的思想、精神、伦理和哲学，就不可能成为真正意义完整的行业，就不可能立足社会，更谈不上发展了。可以肯定地说，没有行业文化的发展繁荣，没有和谐文化的支撑，道路运输行业的战略发展目标就不可能实现。因此，要提高行业竞争力，实现战略发展目标，首先要提高行业科学技术文化水平，采取文化制胜的战略促进行业发展和目标实现。这是道路运输行业科学发展、和谐发展、率先发展的科学途径和正确选择。

二、发展趋势

历史、现实和未来是一脉相承的发展轨迹，历史延续着现实，而现实又辐射着未来。回顾道路运输发展的历程，审视道路运输文化发展的现状，可以对道路运输文化建设走向有一个清晰的理性的思考和全面的正确的认识。

（一）发展特点

根据文化发展规律和道路运输行业特点，道路运输文化发展的方向是由管理文化向文化管理转变，体现出五个特点。

1. 民族性

道路运输文化要植根于民族传统文化土壤、反映民族文化思想、体现民族文化风格、优化民族文化人格和展示民族文化精华，这是确立中华民族的国际文化地位的基本要求和使中华民族自立于世界最先进民族之林的基本方略。我们应该确立积极的民族文化观，努力发掘丰厚的民族文化底蕴，“越是民族的就越是世界的”。道路运输文化应把握好民族文化精神与外来文化的辩证互动关系，关注这个多元多极的时代，创造新的、现代的行业文化。建立充满民族自信、民族自尊的道路运输文化才是真正的文化，失去民族品位、品性的文化是没有生命活力的文化。因此，道路运输文化应坚持在民族化基础上不断创新，既与世界格局中文化意向的发展相融汇，又与民族文化审美意态不相脱离，真正显示出中国文化的民族精神和个性来，使道路运输文化成为行业发展的内在的、恒久的精神“生产力”。

2. 国际性

21世纪是全球经济文化一体化的世纪，每一个国家和民族要保持生机、活力和先进性，都必须与整个世界保持全面开放、充分交流状态，广泛、及时地学习和吸收一切优秀的文化成果，与国际文化主潮流相接轨、与国际文化新进展相协同。道路运输文化要有效地发挥引导大众追求、提升生活质量的积极作用，同样需要通过广泛及时地吸收和借鉴国外的有益文化成果来丰富自己的文化内容和创新其表现形式。在道路运输文化建设中，我们要自觉地借鉴世界各国文化中优秀的东西，为我所用，使道路运输行业适应全球化发展的需要。

3. 人本性

随着社会的发展和进步，关心人、理解人、尊重人的价值观将会得到广泛认可，党的十七大报告明确指出“要始终把实现好、维护好、发展好最广大人民的根本利益作为党和国家一切工作的出发点和落脚点，尊重人民主体地位，发挥人民首创精神，保障人民各项权益，走共同富裕道路，促进人的全面发展，做到发展为了人民、发展依靠人民、发展成果由人民共享。”道路运输业要形成团结、拼搏、奋发向上的氛围，造就优良的行业精神，必须坚持以人为本，用文化来鼓舞人、激励人、凝聚人。

4. 独特性

独特性特征是道路运输文化立足之本，没有个性就没有特色。创造富有个性的道路运输文化，应将行业文化中固有的、潜在的、积极的精神提炼出来，与时代精神相融合，逐步形成具有时代特征的行业职工的群体意识。发扬独创精神，不断创新，不断超越，体现行业个性化魅力。

5. 可持续性

伴随着我国国际化步伐的加快，国家对资源节约和环境保护的重视程度将与日俱增。要按照中国特色社会主义事业总体布局，坚持道路运输行业的文明发展道路，建设资源节约型、环境友好型道路运输系统，提倡绿色、环保的运输观念和运输形式，努力调整和优化客货运输结构，推进增长方式转变，推动节能减排工作。使人们在拥有良好的运输环境的同时还能拥有良好的生态环境，实现社会和谐发展和持续发展。

图8-1 绿色交通使者

当今社会所提倡的绿色交通、环保运输，是为了缓解交通拥挤、降低污染、促进社会公平、节省建设维护费用而利用低污染的有利于城乡环境的多元化交通工具来完成社会经济活动的和谐交通运输系统，对于道路运输文化建设具有直接的指导意义。

【典型】 打造绿色交通，创造美好环境

创新永无止境。良好的发展态势以及自主创新带来的经济收益，让中通的领导团队选择了自主创新之路。面对国际原油市场不断高升的油价和国际国内对绿色交通的呼唤，审时度势，中通客车的领导团队通过对国际能源应用发展趋势的分析判断，决定将“节能环保”作为中通客车的研发方向。

中通客车除了在现有产品品系上以“节能环保”为产品研发方向，根据市场需求不断调整产品细节争取做到完美外，更确立了以“混合动力”为未来中通客车的主要研发方向。以清华大学欧阳明高教授为核心的研发团队，于2005年4月正式启动，全力出击攻克具有自主知识产权的高科技混合动力公交车项目。此时，中通客车正在公司内部全力推行精益管理的二期项目，公司特意将混合动力公交车项目纳入到精益管理的整体体系中，通过精益管理体系激发并提升研发团队的综合战斗力。

2006年4月9日，中通客车第一辆电动公交车正式下线，受到科技部徐冠华部长的赞扬，原中国汽车工业总公司总经理陈祖涛、中国工程院院士郭孔辉、清华大学汽车系主任欧阳明高等一些中国汽车界的重量级人物以及部分专家和政府领导见证了这一历史时刻。

2006年11月，集合"863计划"科研成果的串联式混合动力模式的中通电动车申报的"混合动力整车开发及产业化"和"奥运用纯电动客车研发"项目，并通过国家"十一五863计划——节能与性能汽车重大专项"评审。

图8-2 中通客车公司研制的环保客车

即将全面启动的中通客车新疆厂区，将被打造成国内首家以CNG客车为主的研发和生产基地，2007年产能达到2000～3000台。

锐意进取，执着创新，创建绿色环保客车基地，开创环保客车新纪元。中通人着眼全球市场，用勤奋和智慧不断为绿色交通的发展推波助澜，用实际行动打造绿色交通，稳步向全球化市场迈进。

图8-3 中国绿色交通论坛

2007年9月22日，以"绿色交通，和谐社会"为主题的"中国绿色交通论坛"在东莞隆重举行，从事绿色交通研究的一批专家和部分政府官员及各界人士都发表了关于打造"绿色交通"真知灼见。

每个人都期待健康，整个社会都在呼唤绿色，道路运输行业更是为落实科学发展观而精益求精、不懈探索。在中央精神的指引下，在整个行业的共同

图8-4 "绿色交通"宣传活动

努力下，绿色环保的道路运输一定会遍及全国、惠及万家，使每个人都能在享受便捷服务的同时，也呼吸着清新的空气、拥有着蔚蓝的天空。

我们相信，这一天一定会到来！

（二）发展蓝图

道路运输文化将成为一面鲜明旗帜。道路运输文化继承了几千年的优秀传统文化，融入了当今时代的先进文化，指引着道路运输行业的发展方向，是道路运输行业竞争力的核心。先进的道路运输文化是道路运输行业发展进步的旗帜，是凝聚行业上下团结奋斗的旗帜。新世纪新阶段，道路运输行业站在了新的发展起点上，要高举文化这面旗帜，在发展道路上阔步前进。

胡锦涛总书记在十七大报告中明确指出：要充分发挥人民在文化建设中的主体作用，调动广大文化工作者的积极性，更加自觉、更加主动地推动文化大发展大繁荣，在中国特色社会主义的伟大实践中进行文化创造，让人民共享文化发展成果。道路运输行业将按照要求，更加自觉主动地加强文化建设。

站在新起点，谋划新发展，道路运输文化建设的发展蓝图依稀可辨：

1. 道路运输物质文化高度发达

道路运输行业充分发挥道路运输业的比较优势，努力做好“三个服务”，运输供给能力显著提高，与国民经济和社会发展需要相适应；安全监管能力显著提高，完全满足人民群众安全便捷出行；农村道路运输发展能力显著提高，更好地服务社会主义新农村建设；可持续发展能力显著提高，更好地服务资源节约型、环境友好型社会建设；市场监管能力显著提高，诚信行业建设全面推进。全面推行行业形象统一战略，视觉识别系统得到普及推广，在社会享有良好美誉度和公信力。

2. 道路运输制度文化高度完善

道路运输产业政策和发展规划与经济社会发展协调适应；道路运输法规体系逐步健全完善，道路运输行业标准和技术规范自成体系，道路运输行业实现法制化、标准化、制度化管理。全行业养成良好的职业道德标准和行为规范。同时，行为识别系统全面导入，道德标准、行为规范、文明礼仪、管理制度等高度完善，形成良好的行业风尚，行业制度文明显著提高。

3. 道路运输精神文化高度丰富

道路运输发展战略和文化战略目标明确、落实到位、执行有力；道路运输行业文化理念高度凝练；行业愿景、行业使命、行业核心价值观、行业精神等深入人心；行业团结奋斗的共同思想基础更加巩固。道路运输行业文化作品创作进一步繁荣，优秀作品不断涌现；文化普及活动蓬勃开展；建成一批实用、美观，具有代表性、标志性的博物馆、展览馆、文化馆、纪念馆等文化设施；理念识别系统全面导入，在系统内得到充分地推广和实施。

4. 道路运输特色文化高度鲜明

行业文化、系统文化、专业文化和组织文化得到培育和发展，形成具有浓厚道路运输行业特点、体现行业精神内涵和符合时代发展要求的管理文化、服务文化、安全文化、窗口文化、品牌文化等特色文化。各种特色文化各领风骚、各具风格，积极向上、蓬勃发展，形成道路运输文化领域大发展、大繁荣的良好局面。

（三）发展步骤

1. 耕耘——凝练形成阶段

力争用两年左右的时间，通过文化建设，凝练并形成科学、成熟的道路运输行业核心价值观、行业使命、共同愿景、行业精神，初步建立起符合社会主义先进文化前进方向和道路运输发展战略，具有鲜明时代特征和行业特色的道路运输文化体系。

2. 播种——普及推广阶段

用3年左右的时间，将道路运输行业核心价值观、行业使命、共同愿景、行业精神在行业内全面推广，深入人心，营造团结和谐、充满活力的良好氛围，增强行业凝聚力和影响力，激发行业的创造力，推进道路运输事业又好又快发展。

3. 收获——繁荣小康阶段

到2015年，道路运输文化将实现文化小康，文化内容更加丰富多彩、形态更加活泼多样、行业职工的精神面貌更加积极向上，行业成员的个性、潜能得以淋漓尽致体现，自身得到臻于完美的发展，道路运输文化的大繁荣大发展成为现实。

第四篇　运魂篇

——道路运输行业价值理念

“片言可以明百意，坐驰可以役万里”。

一句精炼的名言可以表达丰富的内涵而流传千古，一种崇高的理念可以凝聚人心而成为行业灵魂。道路运输的“魂”高度凝练了行业的精神特征和文化底蕴，进一步提升了情感服务的境界。因此，道路运输“魂”是一种追求、一种信念、一种精神、一面在我们心中猎猎飘扬的旗帜。我们的道路运输行业因为有了壮志的气魄才在激扬岁月里写下瑰丽的诗篇，在明媚春光里播种绿色的希望，因为有了发展的原动力才攀登着一个又一个高峰、创造着一个又一个奇迹，因为有了行动的指南才在精诚合作中建设和谐行业，在管理和服务中展示文明的风采。

当代，道路运输业发展迅猛，成为服务范围最广、承担运量最大、运输组织最为灵活、运输产品最为多样的运输服务业，满足了国民经济快速发展和人民群众生活水平不断提高带来的旺盛需求。在日常的运输服务中，细致入微、温馨舒适；在黄金服务周、在春运，客运服务点到点、门到门、村到村；在遇到自然灾害的危难时刻、在国家重点工程项目的建设工地、在边疆、在祖国辽阔的土地上，春夏秋冬，雨雪风霜，只要有路就有道路运输职工辛勤工作的身影。节假日休闲的时候也是道路运输行业最忙碌的时刻，崎岖偏远的农村也是道路运输最想通达的地方，人民群众出行便利就是我们的最高追求。

情感服务是道路运输的行业特色，就是在规范服务的基础上通过体验产生感动，从而赢得顾客的信任和赞誉，提升服务层次。在我们的行政业务大厅、汽车站、长途班线车、出租车里，管理人员和服务人员一个温暖的微笑、一句关切的话语，甚至一个眼神、一个手势，都在传达着一个行业特有的情感符号。服务是道路运输行业的本质要求，“情”是服务最好的催化剂，从情感服务中提炼道路运输行业的价值理念，才能促使情感在行业内部的循环，从而塑造以情感凝聚为核心的行业价值理念体系：

有一种使命愈加深远：“运达天下，情系万家”；有一种愿景愈加清晰：“人便于行，货畅其流”；有一种精神愈加坚定：“心系民生，负重致远”；有一种道德愈加彰显：“诚信敬业，尽责奉献”。

用优秀的文化铸造灵魂，用先进的理念净化灵魂，用卓越的追求激荡灵魂，用无私的奉献升华灵魂。道路运输行业的价值体系就这样为我们构筑起一座精神的家园！

第九章 道路运输的情感服务

服务是一种特殊的情感式劳动，“情”是服务的本质内核。服务是一种情感密集、情感传递、情感交融、情感互动的沟通和行为。优秀的服务人员，不仅是服务的提供者、承担者，而且是情感的沟通者和传递者。服务的过程，一方面可以使员工把行业的情感、价值、理念传递给顾客；另一方面又可以把顾客的满意、情谊、感受反馈给行业组织。这种相互沟通的行为，可以使服务更加标准化、规范化和人本化。“情”同时还是道路运输行业的纽带，通过这条纽带在赢得顾客的信任和团队成员的忠诚的同时，更进一步展示行业的价值理念趋向。

一、“情”暖天下

遵循着情，体悟着情，道路运输人凭借一个充满感情的创意找到了实现行业价值的坚实载体。道路运输行业开展的行车安全管理和服务质量管理，提供的人性化和个性化服务，进行的行业文化建设和服务品牌塑造，凡此种种，无不体现其倾力塑造的一种情感氛围——让服务场站充满温情、运输旅途充满深情、行业和社会充满真情，归根结底，运输服务已经成为一种传递美好情感的载体。

图9-1 情满人间 情满旅途

（一）温情场站 诉说人间温馨

1. 文化价值导向

道路运输行业与千千万万、形色各异的人群打交道，社会各界对道路运输了解的渠道，不外乎遍及全国各地大大小小的客货运场站，那里是公众与道路运输行业结合的起点，也是对道路运输行业的“第一印象”。作为展示道路运输文化的“第一道风景”，全国各地的道路运输场站严格按照交通部的统一部署，在实现“三优”、“三化”的基础上，侧重为广大旅客、客户提供周到细致的服务，赋予各类设施人格化，使所有的场站设施都充满了温情，并通过一件件感人的故事，透过一次次曲折的经历，诉说着人间无限的温馨。

2. 洒向人间都是情

“苏学芬工作法”

“苏学芬工作法”是以全国劳动模范、青岛长途汽车站迎门班班长苏学芬的名字命名的工作方法。这套工作方法是苏学芬根据20多年的服务实践揣摩总结出来的，它融合了苏学芬爱岗敬业的衷情、无私奉献的真情和服务旅客的热情。

“苏学芬工作法”立足一个“情”字，规范服务，热情周到。其基本功是一套“一分析、二交流、三听、六看”的服务技能。一分析：分析旅客心理，掌握旅客乘车动机。二交流：通过语言交流，与旅客建立良好的关系，达到情感沟通；用外语（英语或日语）、哑语（肢体语言）交流，掌握特殊旅客的动态。三听：听口音、听问话、听对话，掌握普通旅客的需求。六看：看服装打扮、看年龄体态、看携带物品、看面目表情、看同行伴侣、看举止行动。

苏学芬工作法的核心是“情感服务”，特点是“五心”：从热心、细心、耐心、诚心、舒心，到主动迎宾服务热心，体贴入微服务细心，百问不烦服务耐心，满腔热情服务诚心，温馨周到服务舒心。从整体上明确旅客群体服务的需求和特点，为其提供相适应的周到服务，同时能有针对性地对顾客特点提供个性化的服务。苏学芬曾用她的这套工作法挽救过轻生少女、协助抓获过小偷、送迷路的老人回家、帮外地的旅客找到亲人。

苏学芬以真诚、文明的服务赢得了广大旅客的信赖和好评，先后两次当选“青岛市十佳文明市民”，先后荣获“市三八红旗手”、“市劳动模范”和“省劳动模范称号”，当选青岛市第八次、山东省第七次党代会代表，1999年荣获全国“五·一”劳动奖章，2000年当选“全国劳动模范”。2006年，苏学芬因工作岗位调整，现任青岛长途汽车站营销处处长，她用自己的真诚创造了“劳模营销模式”。

作为一名服务员，苏学芬时刻不忘自己的职责，每天早晨4点多钟她就要赶头班公交车到车站，春夏秋冬从不间断。自觉加班加点对于她已成了家常便饭。

有一天凌晨3点，苏学芬的爱人患急性阑尾炎，腹部剧痛，服药后也不见缓解。作为妻子，她多想亲自把丈夫送到医院，守在丈夫身边，但看着腕上的表，上班时间已经到了，想起今天车站还有重要活动，她犹豫了，感情的天平最终偏向了后者。她叫醒公婆陪丈夫去了医院，自己含着泪向车站赶去。当她下班赶到医院时，丈夫已经做完了阑尾切除手术。

望着面无血色的丈夫、苍老的婆婆、疲惫的公公，苏学芬再也忍不住了，泪水像断了线的珠子，扑簌簌地流下来，她一头扑倒在丈夫的病床前，她心里明白：自己欠家里的太多太多了。

2004年7月29日，党和国家领导人接见了全国交通系统的劳模代表，见面会结束后，苏学芬立刻买上了当晚的长途汽车票，坐夜车于第二天早上4：00赶回青岛到长途汽车站，5：00她又准时穿上工作装全身心地投入到了工作中。丈夫生病苏学芬没有迟到，受到总理接见苏学芬赶夜班车回到岗位，她依然没有迟到，但有一天苏学芬却迟到了。

有一年的正月初一，雪后的车站候车厅里一排整齐列队的服务员正在接受班前点名。当点到苏学芬的名字时，队列中无人应答。“苏学芬迟到了？”服务员们脸上写满了诧异。苏学芬从未迟到过，尤其像今天这种特殊日子和恶劣天气，她必定会提前到站的，今天是怎么了？就在大家还在猜疑的时候，苏学芬与服务员苏霞一起正搀扶着一位行动不便的老者，背负着几件行包走进了车站。原来，“二苏”赶乘公交车下车奔往车站的途中，在雪地里发现了这位

图9-2 温家宝总理亲切接见苏学芬

踉跄而行的老人。看到老人身负行李、满身的雪迹，她们猜测可能是到站乘车的旅客，一问果然如此。老人在雪中已滑倒了多次，正愁着不知如何赶到汽车站准时乘车，苏学芬恰好碰到了。得知这一情况后，她们二人一边一个，架起老人就往车站赶，一路上感动得老人连连说：“今天真是碰上了两个好闺女！”就这样老少三人蹒跚着踏雪走向车站，看到了这一幕，所有的工作人员都欣慰地笑了。

苏学芬是一名普通的车站工作人员，她把一腔热情投入到自己的工作中，通过一件件普通而又感人的事件让旅客感受到了车站的无限温馨。道路运输行业有无数个苏学芬式的员工，他们在各自的岗位上忠实地实践着“服务人民，奉献社会”的神圣使命。

（二）深情旅途 饱含人性关怀

1. 文化价值导向

如果说场站可以作为道路运输的

一个个点，那么运输过程则可以视同为一条条线。在看似简单和枯燥的运输过程中，道路运输行业的广大员工借助车辆以及各类设施，把一份深情注满了整个旅途。他们用自己无私的付出赢得了旅客的信任和理解，他们既是道路运输文化的创造者，也是道路运输文化的传播者。通过他们，我们看到的是一种更人性的关怀，更理性的认识。

2. 万水千山总是情

乘务人员：为旅客读报纸

春季的一天，车辆载满了旅客出了车站。可刚上高速公路就出现了一个意外情况：出站时还运转良好的VCD播放设备突然出现了故障，声音没有了，图像也很不清晰，几经调试都无济于事。乘务员只好耐心地向全车旅客道歉，并把报纸、杂志发放到旅客手中。大多数旅客都表示理解，可这时有一名乘客却说什么也不愿意，他反复说："我坐这个车就是为了能在路上看电视，现在不能看了，这就是损害了我的权利，要不给换车票，要不就退票赔偿。"在这名旅客的挑动下，本来已趋于平静的车厢又开始躁动起来。乘务员言辞恳切地再三解释，可这位旅客就是不买账。让他听广播，他嫌吵；让他看报纸，他说自己不认字。看到这儿，这名乘务员最后对旅客说道："我们的设备出故障了，影响了您旅途的好心情，我们表示诚恳地道歉，现在车辆已上了高速公路，换乘或退票已不现实，为了弥补我们工作的失误给您带来的不便，我就给您当一次报童吧，您想听什么新闻我就给您读！"说着就拿起了一份报纸，来到这名旅客身边，一字一字地读起了新闻。车厢内霎时间静了下来，连发动机的声音都听不到了，旅客们都不由自主地转过脸去望着乘务员，仔细倾听着她悦耳的读报声。刚念完了条新闻，这名旅客实在忍不住了，连声说："好了，好了，就冲你这服务，我无话可说，真服了你！"话音未落，他带头鼓起了掌。

俗话说："常在河边走，哪能不湿鞋。"面对成千上万的旅客，每一名工作在一线的乘务人员都会或多或少地碰到一些"刁蛮"的旅客，他们通常会提出一些超出工作范围之外的要求，甚至是不合情理，处理不当就可能激发矛盾。化解矛盾的最佳方式就是以情感人，用自己的真情赢得旅客的谅解和支持，既圆满完成了自己的本职工作，又维护了运输企业和道路运输行业的整体形象。

（三）真情行业 体现人本管理

1. 文化价值导向

道路运输行业作为服务行业，既有服务行业的共性，又有其独特的特征，特别是随着经济的发展和人民生活水平的提高，道路运输行业在行政管理和执法过程中越来越多地体现出“以人为本”的思想。

2. 道是无情却有情

执法人员：当穿“草鞋”的稽查队员

一天中午，一名刚上岗的稽查人员与一名老稽查人员上路查车，临近中午的时候车流中出现了一辆中巴客车，老稽查人员喊了一句：“这车超员！”他马上上前示意停车，让驾驶员写下车接受检查。谁知车一停，司机冲出驾驶室，揪住他的衣领，骂骂咧咧地想动手。他情急之下挥手推开司机，怒声呵斥：“混账东西，敢打我们稽查人员，找死……”

回到支队后他向支队长汇报当天的“战果”，结束时还特意地加了一句：“这样的刁民就应该好好治治！”可话音未落，支队长却大喝一声：“你说群众是刁民？你对百姓还有感情吗？刚上岗就耀武扬威，我看该好好治治的是你！”

晚上回到家，他一个劲地向他父亲抱怨，他的父亲从抽屉里取出一张发黄的老照片：衣衫褴褛的老百姓手捧鸡蛋欢迎筑路工人。他父亲深情地说：“我就是当时的筑路工人，老百姓的恩情我永远都忘不了。离开百姓的支持，交通事业会一事无成。群众言行过激，说明你们的工作不到位，群众对你们不理解，就成了‘刁民’了？别忘了，你是一名穿‘草鞋’的稽查队员，可不能当穿‘皮鞋’的稽查队员。没有对群众的深厚感情，更何谈‘严格执法，热情服务’呢？”

事后他专程找到了那名司机，对当天的过激言行进行了诚恳地道歉，而那名司机也做了解释：前几天他刚被罚了一次，还没处理完，心里正窝着火呢！而且因孩子在学校逃学他还被老师教育了一番，心情十分烦躁。大家互相谅解后都很坦然，在路上每次见面后都主动打招呼，不仅如此，那名司机还成了他的义务监督员。

作为道路运输执法人员，维护国家交通法规的尊严义不容辞，在法律法规面前不能打折扣，在原则性问题上更不能让步。可在具体的执法过程中，要始终对群众怀有一颗饱含感恩的心，提倡人性化执法，以穿“草鞋”的心情去

图9-3 秉公执法 热情服务

沟通与交流，换位思考，寻求最大的支持与理解，不仅使执法过程更为顺畅，而且可以始终保持一种乐观的心态，在平凡的岗位上快乐地工作，快速地成长。

二、“情”牵你我

道路运输文化的情感服务不仅突出了“情”的核心力量，还通过“推己及人、己立立人、己达达人”的“仁爱”情感的凝聚，使广大员工在通过情洒岗位成就精彩人生，情注事业共建文明行业，情系民生建设和谐社会中，一步步向更高的价值理念迈进，从而不断达到人与行业相和谐、人与社会相和谐的境界。

（一）情洒岗位 成就精彩人生

1. 文化价值导向

岗位是我们学习成长的平台、尽情挥洒的舞台，在这里我们为顾客提供精彩服务、向社会亮出精彩形象、对人生交出精彩答卷。

爱岗敬业、团结协作，团队成员以真诚增进友情；

换位思考、主动到位，管理人员以服务体现真情；

想在前面、做到心里，服务顾客以关爱传递亲情；

苦练内功、提高素质，快乐工作以厚爱书写热情；

舍弃小我、融入大我，执着追求以奉献释放激情。

在人生的跑道上，有人用心欣赏风景，有人努力让自己成为风景。人人都希望追求美好，人生的美好其实是无止境的追求！人生重要的不是成功而是价值，付出了就问心无愧，奋斗了就是精彩人生。

道路运输行业是一个为经济发展、群众出行提供各类运输服务的综合服务体系，既有别于社会上的其他服务行业，又具有自身独特的服务内涵和特性。这也决定了道路运输服务业岗位的差异性和人员的广泛性，这里既有维护国家道路运输秩序的执法者，有办理和规范各类运输业务的管理者，当然更多的还有在一线默默无闻、辛勤工作的驾驶员、站务员、维修人员等等。或许有人说，我是一个平凡的人，我是一名最基层、最普通的道路运输行业的工作人员，我每天的工作不过是为旅客、业户

图9-4 细致入微的服务

提供细小的服务，我的价值微乎其微。其实，平凡的事重复认真地做一千遍、一万遍就是不平凡，细小的服务做的尽职尽责、周全周到成就伟大的事业。

平凡中孕育着伟大，平静中释放着精彩。一句话说得好：一滴水也能映射出太阳的光辉。道路运输行业的从业人员用一份衷情体现出对党的忠诚，用一份深情传递着对国家和人民的热爱，用一份真情实践着自己“爱岗敬业、勇于奉献”的信念，情与情相融，情与情相通，既服务了别人，又充实了自己，既奉献了社会，又成就了自己，铺就了一条精彩的人生之路。

2. 真情涌动

立足岗位成就自己的精彩人生，首要的是对岗位的认识和定位，对岗位的热爱和忠诚。道路运输行业作为社会服务业的一个代表，更多的是如何提高和细化人性化服务的内容，而这就需要我们把“情”真正融入到我们的岗位中去，在实现自身人生价值的同时快乐自己、感动他人。

人人献爱心，世界更美好

陈玉矿是莱芜市鹏翔出租车公司驾驶员。他在长期从事出租车驾驶员工作中，始终奉行“干，就要创一流”的精神，秉承着“出租车承载的不仅仅是一份服务承诺，更是一份做人的责任”的诺言。2006年3月以来，他一直默默无闻地义务接送钢城区一

图9-5 爱心车队（来源：http://www.laiwu.gov.cn,作者：孙丽丽）

名尿毒症患者田金荣到医院就医，不图名、不图利，风不停、雨不住。在他的感召下，先后有10位出租车司机自发组成爱心车队，轮流义务接送田金荣就医，并且在主动为患者捐献资金的同时，积极为患者筹措资金，点燃了患者的生命之火。他们的事迹传开后，在社会上引起了非常强烈的反响，引发了一场爱心传递的热潮。莱芜市委宣传部授予陈玉矿等10名同志“莱芜爱心大使”称号，中央、省、市有关媒体也先后报道了他们的先进事迹。

青岛益青出租车公司驾驶员莫立斌，于2006年11月19日，将遗失在其出租车上的600万元的珠宝及时送还失主，经新闻媒体的报道后，其感人事迹传遍岛城。各行各业的人们开始加入到弘扬红飘带精神的行列中来，“岛城尽挂红飘带”成了青岛一道靓丽的

风景线。中央、省、市有关媒体先后对这一现象给予了集中宣传报道，以莫立斌为首的红飘带群体被评为“2006年感动青岛十佳人物”之首，莫立斌本人被评为“2006年交通行业十大风采人物”。为进一步弘扬红飘带精神，2007年7月14日，来自全市8家出租车企业的90名出租车从业人员中的优秀分子集合在了“红飘带车队”的旗帜下，提出了“行业文明、向我看齐”的口号，明确了红飘带精神，统一了车队形象标识，规范了红飘带车队的服务标准及车内硬件设施，认真践行红飘带车队的服务承诺，以实际行动引领整个行业的健康发展。在红飘带车队里，有党员示范车、星级服务车、敬老车、迎奥诚信示范车等先进车组，还有在国家工商局首次以个人命名的“李国良标兵服务车”、“全国优秀驾驶员”张洪、“全国见义勇为先进个人凌建华”等先模人物。他们弘扬红飘带精神，规范服务，为乘客提供优质服务；他们爱心送考、无偿献血，彰显文明交通的新形象；他们见义勇为、助人为乐，弘扬社会正气与正义，使出租车成为展示城市文明形象的流动窗口。

图9-6 “红飘带”车队（来源：http://news.qingdaomedia.com 作者：李洁）

无论是“爱心大使”陈玉矿，还是以莫立斌事迹引发的“红飘带”精神，体现的是乐于助人、关爱他人的殷殷之情，这种情是超越爱情、亲情、友情之上的大爱之情，在全面推进和谐社会建设的今天，具有典型的行业特征、时代意义和广泛的导向作用，生动地诠释了新时期社会主义精神文明建设的时代要求。爱心在传递，红飘带在飘扬，只要人人都献出一点爱，人生将变得更加精彩、世界将变得更加美好。

站务人员：有这样一位站长

他已经在站长的位置上干了十几个年头。在这十几年里，他没有休过一个完整的礼拜天、节假日，即使刚从外地出差开会回来，他也顾不得旅途劳累，总要先到站上转一转、看一看再回家。有一年春运，长途汽车站人流如潮，他带领员工坚守在春运第一线，几天几夜也没睡个囫囵觉，他身上发着高烧却浑然不知。直到有一天他一头栽倒在办公室的沙发上直喊冷，身边的工作人员伸出手一摸他的头烫得吓人，这才知道他病了。可工作人员怎么劝他也无济于事，他就是不回家。情急之下，工作人员只好叫来医生，在办公室打了针、吃了药，他盖上军大衣迷迷糊糊睡着了，他睁开眼的第一句话是："旅客们上车顺利吗？"工作人员告诉他说："非常顺利，大家伙都在现场忙着呢！"这时，他才放心地笑了。2004年他腿部静脉曲张很厉害，下班后他跟站上谁也没打招呼悄悄地到医院做了手术，第二天就一瘸一拐地上班了，事后过了很长时间同事们才知道。

在车站忙工作回不了家，职工的家庭出了问题他却当成自己的事情去关心解决。有一年，一名站上的服务员得了癌症，在弥留之际唯一的愿望就是希望女儿能够考上大学。为了让自己的职工放心地走好最后一程，他一边为服务员安排解决医药费和看护的问题，一边关心着她女儿的高考。为了让小女孩不分心，还特别为其租了一个房间，让她集中精力复习迎考。后来，服务员的女儿终于如愿以偿考上了大学，圆了妈妈弥留之际的一个梦。

他的父母难得见上儿子一面，对儿子的想念使得老人只好亲自来车站看他，看着刚刚40出头的儿子鬓边爬出的白发，老人心疼而又理解地说："谁让他忙呢！"是的，他确实忙，整天早出晚归，有时接连几天回不了家，连他的女儿都难得见到爸爸。女儿曾经给他画了这样一幅画：一只大公鸡大步走出自己的窝，旁边一只小鸡提醒："爸爸，别忘了6点回家吃饭"。有一年女儿过生日，深夜才回到家的他看到女儿在桌子上给自己留着这样一张纸条："爸爸，明天是我13岁的生日，我已经长大了。爸爸，我不要生日礼物，我只想在我生日的这一天你回家和全家吃一顿团圆饭。"望着熟睡的女儿，这个铮铮的七尺男儿禁不住流下了热泪。

想和爸爸吃一顿团圆饭，这是一个女儿最普通的愿望，然而他却无法满足，因为他心里最清楚：只有为他人、为社会谋利益、谋幸福，自己才会感到真正的幸福。

全国共有大大小小各类长途汽车站上万个，这样普通的长途汽车站站长很多很多，这些汽车站的站长和他们领导的服务团队每天做着最普通的服务工作，每天面对着最普通的过往人群。他们把最普通的事当成自己最上心的事，他们把最真挚的情传递给南来北往的旅客。一天可以这样，一年可以这样，十几年他们依然执着，这是对岗位的一种忠诚和热爱之情，他们把深情洒在岗位。

运政人员：给百姓办事是运管人的天职

黄渚镇位于甘肃成县、徽县、西河三先交界之处。随着矿山的开发建设，黄渚地区经济发生了很大变化。

原有的客车少、客运线路少、客车班线长、客运能力严重不足等落后的交通条件，远远满足不了经济发展的需要。这里的运管部门想群众之所想，急群众之所急，全心全意为群众办实事。

有一年，国道213线天水至成县段全线加宽路面，车辆绕道行驶，县局至黄渚邮路受阻，时常晚点，影响报刊邮件的传递速度。在这个节骨眼上，邮局负责拉邮件的面包车司机怕麻烦，路又不好走，接二连三地打退堂鼓，邮运工作陷入困境。当地的邮政支局负责人十分着急，立即去陇南矿区运管所联系解决邮件运输问题。运管所张所长动情地说："邮政和交通曾经是一家，过去国营客车上第一个座位是邮政押运人员的专座。邮政关系千家万户，百姓的事是头等大事。这事我们运管所马上办。"听了这话，邮政支局负责人非常感动，顿时一股暖流涌上心头。就这样，陇南矿区运管所安排专车支持邮政运输工作，并且还给予邮政运输车优惠政策，扶持其发展。群众有困难找运管所，其他行业的运输工作遇到麻烦也找运管所，只要是百姓的事，就是运管人的天职。

运输管理点多、面广，复杂程度和社会关注程度高。运管事业很伟大，运管工作也很细微。运管人在工作中融入对百姓的关爱之情，在合作中融入对他人的互助之情。这种情是无私的，是真诚的。

（二）情注事业 共建文明行业

1. 文化价值导向

道路运输事业又好又快地发展是我们共同的追求，"承载厚德驰骋天下"是我们共同的理想，在共同的事业里我们精心打造服务品牌、用心锤炼工作团队、全心建设文明行业。

锻造高素质的管理队伍，严格管理中体现有情服务；

提供高水平的运输服务，快捷便利中体现真情关爱；

塑造高品质的服务品牌，特色文化中融入情感关怀；

创造高美誉的社会价值，事业发展中迸发创业激情。

道路运输行业的发展离不开所有团队成员的共同努力，而作为行业组织结构中的每个集体，是管理工作和服务工作的组织单元，起承上启下的作用。每个团队展示出的凝聚力和向心力体现出行业的整体风貌。团队中的每个成员都应精诚协作、团结互助，只有这样才能形成强大的合力，推进事业的健康发展。

团队不仅强调个人的能力，更强调团队的整体效应。团队精神，是团队成员群体意识的集中体现，团队精神的核心是忠诚和奉献，忠诚和奉献成为凝聚团队成员的工作动力。没有忠诚和奉献，团队如同一盘散沙。忠于团队、甘于奉献，团队就会和衷共济，成为一个强有力的战斗集体。

现代社会发展，对人际交流与合作的要求大大提高，人们的生产和工作方式将趋向集团化，而不再是分散的方式。个人不可能孤立地工作，而是要与人交流与合作。从发展的观念看，没有形成团队协作，不可能获得真正的成功。

2. 深情体现

团队需要每一名成员的共同协作，团队需要每一名成员的无私付出，团队更需要每一名成员的沟通和理解。每一名成员散发出的热情就可以汇聚成一团火，每一名成员迸发出的激情就能形成强大的力量。道路运输行业中的每个管理和服务团队正是基于这种信念，在平凡的工作中开拓创新、锐意进取。

品牌建设见深情

山东省道路运输局在全系统“依法行政，高效便民”统一品牌的感召和影响下，各市大力实施“品牌带动战略”，精心设计策划，广泛开展以“运管严正高效”、“客运平安旅途”、“货运安全信赖”、“维修真诚服务”、“检测科学严谨”、“站场温馨整洁”、“出租车文明使者”、“公交车城市风景”为不同内容的系列创建活动，打造各具特色的道路运输子品牌。在全系统实施的“三个一”（突出一个亮点，树立一个典型、创立一个品牌）工程中取得了可喜成绩，亮点纷呈，其中“情满旅途”、“山东交运”、“烟台交运”等服务品牌被评选为山东省首批服务名牌，进一步提高了道路运输的社会知名度和影响力。在行业管理方面，济宁、济南、青岛等市相继开通的3933333和96596等交通服务热线，搭建起了运管机构与社会沟通的连心桥；在出租车行业中，青岛市立足实际，不断探索，以出租行业开展“红飘带精神”品牌系列活动为契机，带动辐射全市交通行业和全市窗口行业高扬时代旗帜（2006年12月18日，中央电视台东方时空以《满城红飘带，倡导真善美》为题，播发了青岛益青出租公司司机莫立斌，主动归还乘客遗留在车内价值600多万的珠宝和2万元现金的事迹，以及由他引申出来的红飘带的故事），威海市开展的“星级服务”品牌创建活动，泰安市长期致力于创建的“泰山文明号”出租车品牌都取得了社会的广泛认可，助残车、拥军车、党员示范车大量涌现，救死扶伤、见义勇为、拾金不昧等好人好事蔚然成风；在公交行业中，“日新巴士”和“温馨巴士”等服务品牌,都在群众中耳熟能详；在汽车维修行业，济南市策划推出的“车行万里，泉城无忧”——汽车故障救援服务品牌，青岛市以“快捷、便民、高质、价优”和“亲情维修，高质便民，到快修店，修放心车”为经营服务理念打造的“青岛汽车快修”品牌,已经成为行业品牌建设中的又一道道靓丽的风景线。

道路运输行业的管理机构从行业的服务功能出发，严格履行交通行业的部门职责，注重发挥政策的引导和推动作用，周密部署，稳步推进，积极调动各方面的力量，形成团队的统一意志，提高工作效率，为广大的服务对象办好事、办实事，体现出道路运输管理部门对事业的一片挚爱深情。

图9-7　热线服务

图9-8　站务服务

细微服务显衷情

1996年11月28日成立的山东济宇高速运业有限公司，是全省首家中韩合资高速客运企业。“济宇高速”推出“全新服务”，首先对司乘人员服务流程作出严格的规定，要求乘务员提前20分钟站立车门前迎宾服务、驾驶员发车前宣传服务、乘务员中途随车服务、到站后服务以及收车后服务等等。要求车内干净整洁，头枕套每三天更换一次，座椅、扶手每天清洁一次，车内定期按医学标准用紫外线消毒灭菌。向社会公布服务电话，在候车室和车内悬挂留言簿，车上定期发放旅客意见反馈卡等，司乘人员全程接受旅客监督。对服务不规范的行为，旅客均有权利当场指正并可以向公司举报，对公司服务提出意见或建议的旅客，公司给予奖励。在此基础上，他们还开发了车载语音播报系统，服务用语更加标准和规范。他们改造更新了车载播放系统，全部更新为硬盘配置，减少了光盘播出时的不稳定、不清晰等现象，同时积极与广告公司、社会媒体合作，为旅客提供健康、活泼的影视、书刊等，愉悦身心。

图9-9 检查运输车辆消毒用具

“济宇高速”的员工用“全心的服务”让乘客得到“全新的感受”。运营中始终将“全新服务”放在首位，坚持待客真诚、服务守信，“全新服务”理念潜移默化地渗透到每一位员工的心里，他们把处理各类事件最终归结到“全新服务”上来。一次济宇高速的乘务员董梅在执行济南至青岛的运输任务时，意外地碰到了一名出现紧急情况的孕妇，她根据岗前技能培训中的应急措施，利用车上的设施搭建起一个临时“产房”，在全车旅客的大力配合下，顺利地接生了一名新生婴儿，并在中途联系医院及时将母子送往医院，最终母子平安，此事经媒体报道后，立刻成为一段车厢佳话。曾荣获“全国青年岗位能手”称号的济宇高速的乘务员李丽总结出的“六个一”家庭式特色服务就让人倍感亲切：见到老、弱、病、残扶一扶，见到小餐板有脏物擦一擦，见到旅客看书把阅读灯开一开，见到特殊旅客主动问一问，见到旅客睡着时用毛毯盖一盖，见到地上有污物捡一捡。

图9-10 运送维和警察部队（来源：http://www.jygs.cn）

国有运输企业是道路运输行业的主力军，他们具有优良的文化传统和企业精神。在他们身上集中体现出道路运输行业的精神风貌，展示出“服务人民、奉献社会”的企业宗旨，他们把党和国家对人民的关怀之情通过细致入微的真情服务传递给旅客。

规范管理寓真情

德州交通行政服务大厅是交通局行政服务的对外窗口，现有工作人员16人，担负着全市交通行业审批办证，票证、单证发放和德州市区交通规费征收、驾驶员培训报名等综合性服务职能，日均办理各类运管业务1000余件。

围绕“为人民群众服务，为经济建设服务，为交通工作全局服务”的指导思想，“以人民满意”为目标，运用科学管理理念，规范工作流程，完善制度建设，创新服务方式，强化服务意识，深化服务内涵，拓展服务功能，发挥了行政大厅服务经济，服务企业，服务群众的作用，全力建设了规范化服务型行政大厅，打造了全市交通系统第一示范窗口。

行政服务大厅全面落实首问责任制、服务承诺制、限时办结制、一次讲清制和微笑服务制。积极实行政务公开。为更好地服务于广大运输业户，在大厅内安装了电子显示屏，触摸屏、IC电话等服务设施，在硬件上提高了服务水平，将行政许可和收费的事项、依据、条件、程序、时限和收费标准，全部在电子显示屏上进行了公开，方便了群众办事。实行规范化服务，擦亮服务窗口。服务大厅坚持“以人为本、以业户为尊”的服务理念，优化服务流程，创新服务模式，精心打造具有“人文关怀”和“亲和力”的运管服务形象。坚持了“做的比你想的更好”的服务口号，履行“窗口天天开、服务时时在”的服务承诺，推出了“五声服务”的要求，以情感人，以礼服人，积极推行文明服务用语、服务忌语，窗口工作人员举止文明，坐姿端正，站姿挺拔，对群众态度认真、热情、耐心、文明，得到了广大业户的普遍好评。设置咨询服务台，实行流动值日制度，为办事群众提供业务咨询和无偿导办服务；实行24小时预约服务，实行延时服务，对受理的当日能办结的运管业务，延长办公时间，当日办结；对凡是符合政策规定的立即受理，即收即办；对不符合政策要求的做到耐心解释、说明情况，取得了运输业户的理解；建立“流动服务大厅”，把服务延伸到了工作时间以外，坚持为运输业户企提供方便、快捷的上门服务，坚持定期或不定期走访企业业户，征求他们的建议和意见，召开企业，业户座谈会，自觉地将服务的好坏与企业的发展联系起来，做到提前介入，主动咨询，超前服务，延伸服务。

行政服务大厅设置了写字台、座椅、饮水机、一次性水杯等便民设施。“进入服务大厅，带来好心情”，成为前来办事群众的第一感受。在每年办理近40万件运管业务的基础上，行政服务大厅实现了零投诉，群众满意率达到98%以上，得到了社会各界的高度

图9-11　运政服务大厅（来源：http://www.xjbz.gov.cn）

评价。

用真心诚意的服务来赢得业户的理解和支持，切实做到了思想上尊重业户、感情上贴近业户、行动上服务业户、办事上方便业户，为业户提供一个舒适、温馨、充满人情味的办事环境。德州交通行政服务大厅在管理中寓于真情，在服务中传递关爱。

（三）情系民生 建设和谐社会

1. 文化价值导向

民生，尤其具体；民生，非常细微。衣食住行、就业升学、价格涨落，一枝一叶，它的萌生和飘落，都会让人感受到社会上的春秋冷暖。把握民生脉动，关注民生诉求，不断解决好民生问题，见证、检验着各级政府和各行各业的管理和服务的能力和水平。交通部的“三个服务”准确地把握着民生脉动。

服务国民经济和社会发展全局，道路运输体制实现科学化；

服务社会主义新农村建设，道路运输网络实现普及化；

服务人民群众安全便捷出行，道路运输服务实现人性化。

“民生”一词在我国早而有之。最早出现在《左传·宣公十二年》，所谓“民生在勤，勤则不匮。”“民”，就是指老百姓。《辞海》中对“民生”的解释是“人民的生计”，透露着人本思想和人文的关怀。“在现代社会中，民生和民主、民权相互倚重，而民生之本，也由原来的生产、生活资料，上升为生活形态、文化模式、市民精神等既有物质需求也有精神特征的整体样态。”

“和谐社会”就是良性运行和协调发展的社会，其系统中的各个部分、各种要素处于一种相互协调的状态，在和谐社会里，全体人民各尽其能、各得其所而又和谐相处。和谐社会需要人人之间良好的关系，沟通是人与人之间保持良好关系的重要手段。

道路运输为社会物资的流通和人民群众便利出行提供了物质条件。“君住长江头，我住长江尾，日日思君不见君，共饮长江水”的时代去而不返了，取而代之的是“人便于行、货畅其流”的道路运输现代化的网络。亲情与友情的思念与牵挂再也不是遥远的等待，所有的相聚已如此简单与快捷。

交通是重要的生产性服务业和消费性服务业，是支撑经济协调发展、促进生产力合理布局、沟通城乡、保障国家安全和社会稳定的基础性、先导性产业。它在构建社会主义和谐社会中承担着重要职责，与人民群众的生产生活息息相关。

服务国民经济和社会发展全局，是交通工作的总任务。要出色地完成这项任务，就必须将交通基础设施建设好、运用好。“科学安排，强化管理，加强公路水路交通基础设施建设，保障能源、重点物资、农副产品、外贸货物以及应急抢险运输，实现覆盖范围更广、服务水平更高的货畅其流、人便于行”,这是道路运输的具体化的工作目标。

图9-12　方便农民出行

服务社会主义新农村建设，是交通工作的重中之重。实践证明，靠近沿海或交通枢纽的交通发达的农村地区，农产品交易较为活跃，生活水平明显较高，这有力的说明了道路运输对于社会主义新农村建设的重要性。另外，据最新统计，我国农村人口占总人口的56%，农村的道路运输问题解决好了，就会对整个国民经济的发展有巨大的推动作用。近年来，党和国家一直将“三农”问题摆在重要位置来抓，也为交通部门的工作指出了方向，那就是应当将服务社会主义新农村建设当成今后道路运输工作的重心。

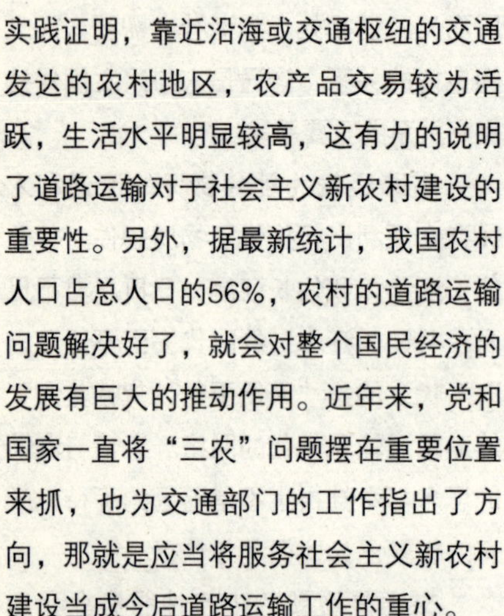

服务人民群众安全便捷出行，是交通部门的一项基本工作。安全就是要让人民群众出行放心，便捷就是要让人民群众出行方便快捷，从而提高他们的满意感。道路运输行业的工作应围绕着建设安全监管与应急体系、完善和创新便民服务措施等任务展开。

2. 浓情汇聚

人类的发展进步是从道路及道路运输开始的，道路在国民经济中的地位犹如人体的血管，而道路运输服务则是人体的微循环。近年来，伴随着我国公路建设的迅速发展，公路网络的不断完善，道路运输业成为服务范围最广，承担运量最大、运输组织最为灵活、运输产品最为多样的运输服务业，基本保证了国民经济快速发展和人民群众生活水平不断提高带来的旺盛需求。2006年，日均运送货物4017万吨，全年货运量达到146.6亿吨，占综合运输总量的72%；日均运送旅客5097万人次，全年客运量达到186.1亿人次，占综合运输总量的92%，其中高速公路每天运送跨省旅客100万人次以上。全行业实现增加值4363.7亿元，对GDP的直接贡献率达到2.1%。道路运输在综合运输体系中的骨干作用明显增强。在应对春运和“黄金周”客流高峰、抗击非典和禽流感、抢运煤电油粮、抢险救灾等重要时段和重点物资的运输中，各级交通主管部门建立和完善了应急预案和应急反应机制，道路运输更是发挥了重要作用。2007年春运期间，江苏常州出现了大量旅客滞留，部省两级启动应急预案，江苏、安徽两省及时调配运力，组织专人带队，在一天半内抢运旅客1.3万人，高效地完成了应急运输任务。

服务社会发展大局：抗击非典有我

2003年的非典是一次洪水猛兽，是对全中国人民的一次宣战。但生命高于一切，所有行业只有和非典生死一搏，别无退路。道路运输行业无疑是这场战斗中的主力，他们担负着运送抗击非典物资、人员的重任，同时还必须满足人民群众的正常出行，切断非典通过道路运输车辆传播的途径，大家只有一个信念：坚决打赢这场没有硝烟的战役！于是，从各级道路运输管理部门，到各级道路运输企业，再到一线的站务人员、驾乘人员，道路运输行业的所有人员全都加入到这一行列中来，从车站、车辆、道路等各个环节严格把关，使肆虐的非典在道路运输领域内得到遏制！

图9-13　抗击非典的感动瞬间

交通部制定非典期间紧急物资运输保障应急预案

交通部发出紧急通知，要求各地交通运输部门结合本地实际，组织实施《全国防“非典”期间紧急物资道路水路运输保障应急预案》，确保人民群众生产和生活物资，特别是医药卫生用品等紧急物资的及时运输。

《应急预案》规定，50万以下人口的地区，应配备5吨以上货车10辆作为应急运力，每增加50万人口相应增加5吨以上货车10辆。应急运输车辆在执行紧急物资运输保障任务时，使用由交通部统一制发的《紧急物资运输特别通行证》，免交车辆通行费，并行驶军车通道。紧急物资运输人员配发统一证件和防护用品。应急预案启动后，对承担运输任务的运输车辆，出车前要进行清洗消毒，对执行任务的运输人员要进行健康检查和防“非典”知识教育，配齐相应的安全防护用具。

《应急预案》还规定，对进出“非典”隔离区执行应急任务的车辆，要在进入前，对随车进入的人员采取严格的防护措施。车辆驶离隔离区时，进行全车清洗消毒，特别是运输人员要采取严格的消毒措施，任务完成后，要对运输人员进行健康检查，并安排休息观

图9-14 抗击非典的道路运输车辆(来源：http://www.syclw.net)

察。

《应急预案》指出，执行应急任务的单位必须无条件执行命令，对拒不执行上级命令、玩忽职守或推诿扯皮单位的有关领导、直接责任人和驾驶员要依法处理，对运输企业取消其经营资格，吊扣车辆运输证和驾驶员从业资格证。对执行上级命令不坚决，贻误时机没有完成任务的单位领导和责任人要严肃处理。

为切实打好防治非典型肺炎这场硬仗，各道路运输单位严阵以待，确保防治非典医疗物资和生活必需品的运输安全畅通。有这样一支特殊的物资运输队。他们接到市政府的通知要尽快前往疫情最严重的北京和内蒙古运送一批抗非典药物，责任重大、任务火急。运输队进行了全员动员，要求自愿报名。当天就有30余名管理人员和驾驶人员踊跃报名，其中还有一名马上就要当爸爸的司机大康。由4名管理人员带队，12名驾驶员轮流驾驶的6辆运输非典物资的大型卡车车队成立了。出发那天的一大早，市长和交通主管部门的领导为他们送行。他们带着道路运输行业员工对疫区人民的深情厚谊出发了。经过5天5夜的长途跋涉，终于把抗击非典的专用药物及时送到北京和内蒙古疫区。3天后他们返回当地立即被隔离进行医学观察，因为他们去的是最严重的非典疫区，可以说是冒着生命危险。隔离期大约半个月，这时候司机大康的妻子顺利生下一个男婴。因为在隔离期，不能到医院前去探望住院的妻子，他说用电话把孩子的哭声传给他听听也满足了，听着电话机里传来的儿子“哇、哇”的啼哭声，大康流下了幸福的眼泪。大家互道祝福，开玩笑说：“干脆，你儿子叫（康）抗非典吧”。大康笑着直点头。

2003年6月24日下午，卫生部与世界卫生组织24日在北京举行联合新闻发布会。世界卫生组织官员在会上解除了对北京的旅行警告，这标志着中国走出了非典的阴影，迎来了一片蓝天。

可是，当记者们将聚光灯对准抗击在非典一线的医生护士的时候，当所有媒体都在争相报道明星大腕们为抗击非典慷慨解囊的时候，谁又能够看到道路运输行业的工作人员正冒着生命危险将患者和急需物资日夜兼程送往医院，又将随时可能致命的非典垃圾运离现场。

在应对春运和“黄金周”客流高峰、抗击非典和禽流感、抢运煤电油粮、抢险救灾等重要时段和重点物资的运输中，每当在国家遇到危难的关键时刻，道路运输行业的团队成员忠诚地履行着“奉献社会、报效祖国”的光荣职责。他们胸怀的是一种对国家、对人民的至高无上的大爱之情！

服务社会主义新农村建设：道路运输村村通

图9-15 非典期间为驾驶员颁发“特别通行证”（来源：http://news.sohu.com）

农村给养城市，城市回哺农村，我们的社会将是一个更加和谐的社会！根据最新统计，我国总人口中有56%是农民，农民的问题是中国发展问题的头等大事。道路运输部门在这里大有用武之地。交通部门把解决农村地区“出行难”、“运货难”问题作为一项重点工作，组织实施了农村客运网络化示范工程，道路运输服务“三农”的能力显著增强。国家财政投资建设农村客运站，补贴跑农村运输的营运客车，2006年年底，全国行政村客车通达率达到83.2%，广大农民群众的出行条件和农村地区的物资运输条件得到明显改善。

为缓解农村地区“出行难”，交通部门通过专项资金和补贴等形式，加大政府投资力度，支持农民有路走，有车坐，确保道路运输功能最大程度的发挥。

“笔直马路村村通，远方客商来村中，运走果蔬引来资，强镇富民财路通”。一首歌谣道出了山东莒南县石莲子镇农民实施“村村通”后逐步走上致富路的豪迈情怀。

石莲子镇是一个典型的农业镇，很早就引导农民实施农业产业结构调整，但特色经济不景气，农民好不容易学技术、建大棚、投大资，获得大丰收，可由于道路坎坷不平、连泥带水，仅靠农民自己肩挑手提小车运，这样的道路运输状况使得他们的农产品只能销售到周边乡镇、县区，产生“供大于求”的现象，到头来农民增产不增收。

2004年，全镇40个行政村“村村通”工程正式开通，不但为石莲子镇农民日常生活带来了便利，更为农产品走出革命老区、走向全国各地、冲向国际市场提供了便利。由于交通运输非常便利，农民再不需肩挑、背扛、小车运，走村、窜巷、吆喝卖了，现在还没等瓜果蔬菜等农产品成熟上市，各地客户就前来订购、签订合同收购了。等到成熟上市期，整个镇就热闹起来，挂着各地牌照的货车鱼贯而至，操着各地口音的客商聚集于此，车辆停在批发市场，停到农民的田间地头。等农民刚刚采摘完，客户就抢着收购，有的客户干脆来个稳的，亲自到农民田间大棚里，将看中的瓜果蔬菜先付押金预购了。客商多了，瓜果蔬菜不分大小成色，都成了“香饽饽”。有的货车等三四天还挨不上号，急得客商干跺脚。路好了，交通便利了，引来客商多了，市场大了，出现了“产出即销”、“供不应求”的现象，得利最大的当然还是当地老百姓。它不但能解决了卖难的问题，而且还提高了产品价格，从而增加了农民收入。农民们摸着鼓起来的腰包，乐了：“‘村村通’让我们彻底改变了原来的旧面貌，我们走得出去，客商方便进来，交通部门就是我们的财神爷呀！”

昔日当作禽畜饲料的地瓜，如今也制成薯脯，成为消费者青睐、市场热销的抢手货，被便捷地运往全国各大中城市，还走出国门，走进日、韩、美等国际大超市，成就了大行业，给农民带来经济利润的同时，也带动了其他产业的发展。随着村村通道路的开通，昔日只能靠刨土种地的石莲子人，迎来了外地客商投资兴办企业，走上了以工强镇的道路。昔日只能闯外才能打工，如今也能在家门口“上班拿工资”了，并且还能吸引外地人到石莲子来打工了。

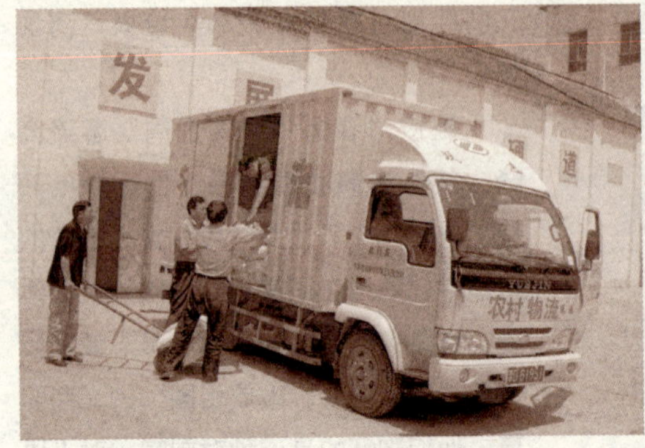

图9-16　农用物资运输

四川省当地交通部门开通鲜活农产品“绿色通道”。3年多来，累计减免公路通行费约5亿元，四川地处内陆，80%以上的农产品需要通过公路运输，多年来农民用于运输上的成本占生产成本三分之一以上。自2003年6月1日起，四川省在全国率先开通鲜活农产品运输“绿色通道”，对整车鲜活农产品运输停收过路、过桥和过隧道费。“绿色通道”受益的不只是鲜活农产品的运输业主，农民、农副产品经营者以及消费者都直接或间接受益。同时，“绿色通道”实行不罚款、不滞留、不卸载等特殊政策，提高了鲜活农产品运输效率，促进了农业生产与市场的对接。

走出大山、走出僻壤，融入社

会、靠近文明，道路运输为建设社会主义新农村助力；贴近百姓、服务群众，便利出行、活跃流通，道路运输为农民走向致富路加油。建设社会主义新农村是我们每一个道路运输人的社会责任。

服务人民群众出行：安全“一点不差，不差一点”

各级交通主管部门认真履行“三关一监督”的管理职责，按照“明确职责、找准规律、突出重点、狠抓落实”的安全管理思路，全面加强了道路运输安全生产基础性工作，完善了道路运输安全管理的相关制度。规模化道路运输企业坚持“安全第一”的经营理念，建立健全企业安全生产管理体系，注重应用新技术、新装备提高安全生产发展能力，取得了明显成效。

道路运输行业组织开展了驾驶员素质教育工程，制定了驾驶员素质教育大纲，编写了《安全驾驶从这里开始》系列丛书和《驾驶员安全行车手册》，清理整顿了驾驶员培训学校，完善了驾驶员培训考试衔接制度。注重运用科技手段提高安全监管水平。各地开发应用了GPS监控技术，重点加强对客运班车、危险货物运输车辆的监管。到去年底，以企业为依托，全国已经建成13个省级GPS监控中心，有18个省份应用了客运监控系统，14个省份应用了危险货物运输监控系统，在预防和减少道路运输事故方面发挥了重要作用。

在道路运输企业，安全生产是一项重要的管理工作。他们提出“一点不差，不差一点”的安全理念。“一点不差”即全体员工对安全生产的各项规范标准落实到位，一点不能差，做到把好源头关、人人讲安全。“不差一点”即管理人员对安全生产的各个环节一丝不苟抓到位，不能差一点，做到居安思危安全用心、防微杜渐管理细心。企业安全管理确立了“零伤害、零死亡”追求目标。管理实行三多：多查一处，多看一眼，多防一步。“多查一处”即安全检查必须无缝覆盖，不能存在任何侥幸心理，对待重点部位必须多检多查；“多看一眼”即安全管理必须勤于巡查，不能存在任何疲劳心理，对待基层单位必须常到常看；“多防一步”即安全管理必须预防预控，不能存在任何补救思想，对待安全隐患必须事前防范。企业要求各个汽车站每天要在进站发班的长途客车报班前，全部实行人车

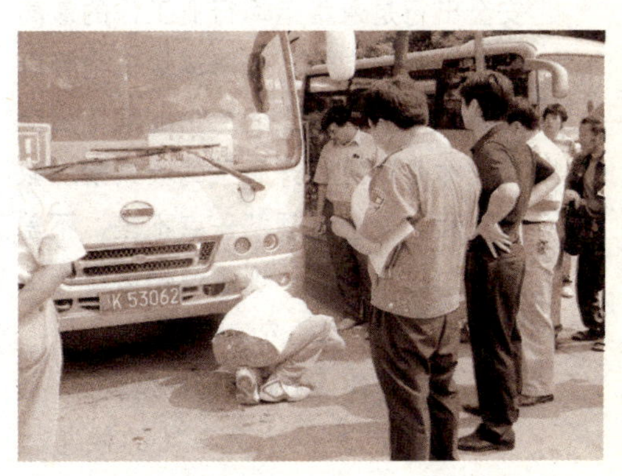

图9-17 安全隐患排查（来源：http://www.aljt.gov.cn）

联检，检查各种证件是否齐备合格，在“安全检查三多”安全理念的指导下，各汽车站的检车人员经常是对所有项目检查完毕后再重新检查一遍，对可能出现安全隐患的部位重点盯防，对不符合条件的驾驶人和车辆，一票否决，强制整改，复查时对原来合格的部位也要重新检查一遍，全部合格后方可报班，切实做到“人有问题不上车，车有问题不上路，路有问题不发车”，确保广大乘客生命财产安全。

近年来，全国道路运输行业群死群伤恶性交通事故稳中有降。特别是2006年，10人以上道路交通事故控制在30起以内，死亡人数控制在500人以下，万车死亡率同比下降了20%，在道路运输领域基本实现了国务院确定的“本届政府任期内，道路交通事故由高发到遏制直至逐年下降的目标”。

生命是至高无上的，人民群众的安全出行是道路运输行业工作的最高准则。我国完善了道路运输安全管理的相关制度，建立健全企业安全生产管理体系，组织开展了驾驶员素质教育工程。安全管理“一点不差，不差一点”这一理念体现了道路运输行业员工对人民群众的浓浓真情。

情在延伸：洒向人间都是爱

当你走进长途汽车站的候车大厅，当你踏入长途车的车厢，当你打开出租车的车门，当你把货物交给质朴的货运司机师傅，你分明感受到一份真情在涌动，犹如一缕春风拂面而来。道路运输企业的员工饱含真诚，用情去服务，用心去传递情，让真情洒满每一个时空。这份情在延伸与超拔，是舍弃小我、物我相谐、天人合一的至情，是对宇宙、对人类的大爱之情，是一种人格的升华。

“公益的士”的故事。青岛交运集团拥有1500辆城市出租车，每年的高考期间，交运集团都要开出“高考的士”，参加高考的考生搭乘交运“情满旅途”只要出示高考准考证免费乘车。每年6月初的高考期间，为了让考生能在高考时准时进入考场，遇到特殊紧急情况时有车辆为其提供帮助，“交运高考的士”在考试前几天就与有需要的考生取得了联系，在考试当天早上直接到考生家中将考生接到考场，使考生和家长不用再担心迟到等问题的发生，同时为遇到困难需要求助的考生提供帮助。2007年交运“情满旅途”长途客运班线车对城郊参加高考的学生开出“高考专线车”，受到考生和学生家长的欢迎。交运“敬老车”车队，开创了服务领域的先河。每天早 8 时至晚 6 时为市内四区70岁以上的老人提供免费乘车服务，“敬老车”驶进了岛城的大街小巷，成为岛城精神文明建设中一道靓丽的风景。自1999年“国际老人年”

开始的“敬老车”活动，风雨八载敬老情，“敬老车”全体驾驶员，在敬老、爱老第一线作出了的贡献，每年的重大节日都留下了“敬老车”的身影，受到了岛城人们的普遍赞誉。2007年2月16日上午8:30，交运“敬老车”和四方民政部门组织的义务人员一起，将分布在四方区的独居老人一一接到了前哨老人护理院“过大年”。正月初二再将老人接回家。这次活动是“敬老车”驾驶员在看到媒体报道这一活动后，主动来公司积极要求参加的，这也是“敬老车”驾驶员多年来为老人免费服务的心愿。公司为了增加敬老服务内涵，给老人提供特需服务，为每一辆“敬老车”配备了“专用药盒”，并邀请专业医生对“敬老车”驾驶员进行紧急救护知识讲座；订制《老年生活报》和专用报袋，为老人出行提供更多便利。从1999年的五一节，开出“敬老车”至今，先后被新闻媒体报道公司情况和拾金不昧、见义勇为、表扬信达230余件次，接到被服务老人打来的电话59个、寄来感谢信39封，共接送3000余位老人和随车家属。尊老敬老是我们民族的传统美德，“敬老车”不但为老人们提供了直接的服务，也为整个社会作出了“敬老”的表率。通过“敬老车”活动的开展，在“敬老车”队良好精神风貌的带动下，公司的出租车驾驶员队伍的服务水平都有了显著的提高。集团出租公司热心公益事业。交运出租开出“拥军车”，深入军营，对战士们进行慰问；开出“尊师车”，深入学校，免费载教师游览东部，感受改革开放青岛的变化。公司组织出租车开展义运活动，将所得款项捐给了希望工程。出租公司曾与11名贫困学生结成对子，资助他们完成学业。“社会需要交运、交运奉献社会”，交运“公益的士”忠诚地履行着这一神圣的企业使命。

奥运我是一员。2008年奥帆赛近在眼前，全面掀起“迎奥运、讲文明、树新风”活动新高潮，道路运输行业以全新的姿态、全心的投入牵手奥运，共同为建设文明中国付出努力。

牵手奥运从一张小小的长途车票入手。全国很多道路运输企业将长途车票的背面印上了宣传奥运的公益广告。千百万张专版宣传奥运的长途票由汽车站发放至遍布全国各地的营运线路上、受众旅客千百万余人次，向旅客广泛宣传奥运知识。千百万旅客乘坐客运班线车因车票而与奥运相识、相知。发放张专版宣传奥运长途车票有着特殊的社会意义。

奥运知识走进城市出租车。全国的城市出租车车厢内挂上了宣传奥运的公益广告宣传画，规范的文明服务礼仪、人性化的特色服务，将人文奥运的主旨融化在平凡的服务工作中。奥运知识走进长途车站。全国数以万计的长途汽车站遍布，为百姓出行提供便利。这里不仅是精神文明的传播窗口，更是奥运知识的传播窗口。各客运站在醒目位置悬挂宣传奥帆赛的公益广告，并将旅客的乘车时刻表的封面都印上了宣传奥运知识的宣传彩页。奥运知识走进车厢。全国的长途客运班线车、城市公交车、城市出租车车厢内挂放宣传奥运的公益广告，普及奥运知识，同时制定迎奥服务规范和礼仪标准，将人文奥运的精神用规范的制度落实到每个人的具体工作中。

奥运走进道路运输行业的每个岗位。全国道路运输管理部门和企业，开展丰富多彩的迎奥活动，员工郑重地在巨幅迎奥宣传条幅上签名承诺：学习进取、文明礼仪、诚实守信、保护环境、乐于助人。组织参加"迎绿色奥运、建和谐家园"活动，组织参加绿色奥运志愿者活动，组织参加奥运知识竞赛活动，组织参加文明礼仪达标活动，组织参加全民健身活动。各级组织全面发动，层层落实，奥运已全方位走进了我们。

道路运输行业是一个充满动感的行业，人群在车站汇合又从车站出发，物资在场站聚集又从场站运发，人流、物流、信息流，这里的一切都是动态的描述。一个"情"字宛如其生命通道中流淌的血液，传递着浓浓的爱。

道路运输行业的每一位员工的心，正是一颗颗充满仁爱之心的美丽跃动，使情感划过每一个微笑服务的瞬间，深植于每一位顾客的体验和感受之中。

真情洒满旅途，真情洒满人间，让世界充满爱！

第十章 道路运输行业的价值体系

文化是道路运输行业生命的灵魂，创新是道路运输行业发展的原动力，核心价值理念是道路运输行业行动的指南。当今时代，文化越来越成为民族凝聚力和创造力的重要源泉、越来越成为综合国力竞争的重要因素，丰富精神文化生活越来越成为我国人民的热切愿望。党的十七大报告把文化软实力的概念写进党代会的报告，说明执政党在推进社会发展中越来越重视文化的作用。在这样宏大的历史背景下，提升道路运输文化、建立道路运输行业价值体系越发显示出深远的社会意义。

价值观是关于事物价值的看法、观念，是指人们对客观对象的意义、重要性的总看法、总观念，是对客观事物的总评价，是人们判别是非的标准尺度。道路运输行业价值观是行业文化的核心，它决定和影响着道路运输行业存在的意义和目的，为行业的发展提供基本方向和行动指南，为道路运输行业形成共同的行为准则奠定了基础。道路运输行业价值体系包括行业使命、共同愿景、行业精神、职业道德等。“运”是道路运输行业的主要职责，系统构建以“运”为载体，以“情、信、达”为核心的道路运输文化价值体系具有重要意义。

一、运之以情，惠及万家——精神文化

“情”是道路运输精神文化的核心，道路运输行业是服务业，服务是一种特殊的情感式劳动，道路运输行业在严格管理中体现有情服务、在运输服务中传递亲情关爱，“运之以情，惠及万家”。

深情：对事业倾注深情，爱岗敬业创一流业绩。

亲情：对顾客满怀亲情，全心服务塑卓越品牌。

真情：对社会奉献真情，传播文明树行业新风。

这是一个快节奏的时代，计算机、网络、软件、遥控、飞机、汽车、卫星，现代化的通信与交通工具，使人与人的沟通是快餐式的，想表达什么，

一个电话、一个短信再发一个电子邮件，瞬间的时间沟通完成，那种文火炖一锅美味营养的老汤、那黄昏的油灯下细细读一封远道寄来的书信、那长亭外古道边的依依惜别,这一切已成为一种风景封存在记忆的深处。快节奏、多变动、高竞争、高紧张度的工作方式和生活方式，使人们对情感的需求日趋强烈。许多消费者所看重的已不是产品的数量和质量，而是与自己关系的密切程度。他们购买商品或购买服务是为了满足一种情感渴求，或是追求某种特定商品与理想的自我概念的吻合。这种商品或服务应该是一种能够与其心理需求引起共鸣性的感性商品。可以说，高情感化已经成为当今品牌文化的重要特征。当社会需要爱、呼唤情的时候，道路运输行业一大批饱含情感的服务品牌应运而生了。“我们要怀着真情去服务，用心去传递情，让她洒满运输旅途的每一个时空”——这是来自道路运输人的赤诚表达。

情与情的传递靠的是爱，青岛交运集团选择了这个爱的载体——“情满旅途”服务品牌。“情”——以员工对企业倾注深情，对顾客满怀亲情，对社会奉献真情为核心。“满”——以顾客和员工的满意度为评价标准，提高员工对岗位的忠诚度和顾客对企业的信任度。“旅途”——做到全方位、全过程的优质服务，在奉献的过程中，实现员工的人生价值和企业报效社会的职责。“情满旅途”，这个美好而富有动感的创意，来自于青岛交运集团对于交通运输行业,乃至整个服务业服务力提高的孜孜不倦的创新追求，来自于对生命美的执著，对和谐社会的向往。

云南边陲的“金孔雀”客运服务品牌、内蒙古巴运公司的“巴运情”服务品牌、江苏省远近闻名的“雷锋车”、南京汽车站的“爱心始发站”、山东交运集团的“济宇高速”、青岛交运公交的“温馨巴士”，这些饱含情感的品牌让旅客感受到温暖和尊重。

图10-1 “雷锋车”接送旅客忙

有这样一个真情故事一直在传颂——大雪送盲童。

为了使每位到站的旅客都能安全

回家，全国各汽车站对到终点的旅客实行延伸服务，形成了由起点、途中到终点、再延伸、送到家的全程服务，使服务更进一步扩大延伸，特殊顾客送家门。凡是到汽车站下车的旅客，不管什么时间只要旅客还在站上，就有服务员上前提供服务和帮助。有一年腊月二十九，发往沂源的班车因大雪停发。候车的某盲校的一位回沂源县的学生，神色焦虑不安。为了使盲生在年前能及早与家人团聚，车站主动派服务员苗振媛和杨秀洁专程送盲童回家。两名服务员热情搀扶着盲生一起上车，途中两次换乘车，顶风冒雪，行程300多公里，终于在天黑前赶到沂源县的一个偏远的山村。望着安全归来的孩子和满含微笑的服务员，盲生母亲“扑通”一声跪下了，泣不成声地说：“要不是你们把孩子送回来，这个年，俺们一家真不知怎么过！”那个双目失明的孩子虽然看不到茫茫的白雪世界和服务员的笑脸，却流下了串串真诚的热泪，他摸索着一头扑到服务员的怀里。全村人把汽车站的两名服务员送到村口，并燃放了两挂长长的鞭炮为她们送行。两位服务员在返回的旅途中度过了难忘的年三十。

【点评】

这只是发生在道路运输汽车站的一个普通事情，这样的真情故事在全国各汽车站数不胜数，道路运输员工用真情诉说爱的奉献。

二、运之以信，和谐有序——制度文化

“信”是道路运输制度文化的核心，诚信是道路运输行业的基石，诚实守信、遵纪守法，建立和谐有序的道路运输管理体系，“运之以信，和谐有序”。

信誉：诚实守信、诺必践之，用诚信构建规范有序的运输管理体系。

信念：立足岗位、立志成才，用坚定的信念无私奉献道路运输事业。

信心：面对挑战、勇于创新，用模范的行为全力建设道路运输事业。

“和谐行业”建设的一个重要条件是建立全面的诚信关系。诚信是对自己所做承诺的坚守。承诺是相互的，是一种人际间的契约关系。人之所以需要承诺，是因为人的行动结果具有不可预测性。做出并坚守承诺，目的是为了在人力可能的限度内减少这种不可预测性，使未来尽可能变得更可预见、可信赖。付出真诚，才能获得信誉。旅客买票乘我们的长途车，客户把货物交给我们承运，就是对我们的信任。百德诚为先、百事信为本，管理规范有序、运输及时便捷，用我们的真诚服务，树立道路运输行业的诚信形象。

全国的物流场站大多是从事国际物流、国际集装箱中转、堆存、拆装

箱、运输、仓储、集装箱维修，代办“一关三检”等业务的综合性货运场站。有这样一个物流场站，他们根据客户需求提出了自己的特色服务——真情24小时。无论春夏秋冬、无论晴天雨天、无论白天夜晚，只要您找到这里，全天候、全方位、全过程的服务，让您感受到道路运输人的真诚。

在这个场站，曾发生过这样一则小故事：有一家在当地的集装箱月中转量达四五百箱的美籍船公司，几年来一直与这个场站合作。有许多场站为将这一家大客户挖走，向他们许以各种优厚条件，但他们却丝毫不为所动：“我们不能走，是他们在最困难的时刻帮助了我们，我们不能忘恩负义。”原来，正是这一家船公司，当初每月的箱量仅有十几个，而且货种零散，许多场站都因嫌量小货杂而将其拒之门外，这个场站却没有这样做，而是与之真诚合作，全力提供方便，处处为他们着想，帮助他们在短短几年间很快发展壮大。与此同时，这个场站也为自己赢得了一个牢固的合作伙伴。

有一次，由锦捷亚货运公司代理的一票大型水泥管件要出口到新加坡。这票货物共需装15个20英尺长的开顶箱，由于管件直径近2米，装卸危险度高，稍有不慎就会造成产品破损。在正常条件下，装箱难度也是非常大的，更没想到的是，装箱当天一早便开始下雨。雨一下就是一天，若按正常作业就应该等一天。客户心里着急啊！一旦误了船期，经济损失暂且不论，关键是会造成信誉损失，影响与新加坡公司的进一步合作。他们找到了场站领导，一再要求帮助解决。场站领导当机立断：决不能让客户受到损失。他们马上召集有关人员研究解决方案，制定了防范措施，经理在雨中亲自指挥作业。由于下雨，钢丝绳容易打滑造成物品破损，他们就准备了许多麻袋包和胶皮垫进行防范。雨一直下着，在雨中，场站领导和员工们放弃了午饭，放弃了休息，干得热火朝天。直到下午5点，这15个箱的货物才安全装卸完毕，全部入港装船。事后，这位客户才知道：由于在雨中作业，第二天有许多同志都患了感冒。这位客户非常感动，第二天亲自登门道谢，但场站的员工们却笑笑说：“能及时赶上船期比什么都好，客户的事就是我们的事。”

有一年阴历大年三十，淄博毛巾厂有一票货物必须赶上当天的船期出口，误了船期将使企业蒙受巨大的经济损失。淄博毛巾厂下午派车将货物送到这一个物流场站进行装箱中转，由于车在途中发生了故障，司机师傅在半路上急得团团转，怎么办？“对，找物流场站。”司机师傅立即给场站挂了电话。公司立即派车赶到现场，由于路途比较远，货物运到场站时已是深夜。场站经理亲临现场指挥员工卸车装箱。当人们都围坐在电视机旁，甜甜美美地吃着年夜饭，看着精彩的“春节联欢晚会”的时候，场站的员工们却顶着凛冽的寒风正忙碌在工作现场，卸车、装箱、办理有关手续、将货物运送到装船码头……整整忙碌了4个多小时，货物及时地赶上了船期。当员工们返回场站时已是凌晨2点，他们的手和脚都已经冻麻了。场站经理和场站的员工们却长长地舒了一口气：“新的一年又来到了！”大家互道新春祝福。场站经理忘记了劳累，马上又安排食堂给员工们准备了饭菜，大家和淄博毛巾厂的司机师傅围坐在一起吃了一顿难忘的年夜饭。司机师傅被深深地感动了，他举起酒杯，向场站经理和场站的员工深深地鞠了一躬，然后一饮而尽，一双有力的大手和场站员工的手紧紧地握在了一起。

【点评】

诚信是立身处世之本，诚信是社会交往的基本要求，诚信是建设文明道路运输行业的需要。诚信并不是一个空洞的概念，而是一种行动，这种行动将会转化为资本、财富和竞争力。

三、运之以达，便利四方——物质文化

“达”是道路运输物质文化的核心，道路运输四通八达，促进经济发展、便利百姓生活，民富国强走向兴旺发达，“运之以达，便利四方”。

到达：创造社会价值、便利百姓生活，运输准确准点到达。

通达：建立科学化、现代化的运营网络，道路运输四通八达。

发达：促进经济发展、提升生活品质，民富国强走向兴旺发达。

图10-2 综合整治总结表彰

发展道路运输业，不断提高道路运输的服务能力、服务水平、服务质量，不断满足人民群众日益增长的出行需求，体现了道

路运输工作的大局意识，体现了道路运输事业全面落实科学发展观的本质要求。我国工业化、城镇化、市场化、国际化进程将进一步加速，国民经济将继续在较高的平台上运行。国民经济的快速发展，带来了旺盛的运输需求。道路运输行业坚持以需求为导向，优化运输组织结构，增加有效运力；改善运输装备水平，提高运输效率；完善应急运输机制，保障应急运输需要。在建设社会主义新中国的历史上，道路运输车队曾运送过人民英雄纪念碑，运输过支援西藏、新疆建设的物资，运输过大型重点工程建设设备。在新时代道路运输为建设社会主义新农村又做出新的业绩。道路运输员工用辛勤的劳动创造社会价值，为人民群众的生活带来便利，为促进国家的经济发展贡献力量。

真诚报效祖国的大型物件运输。道路运输行业的大型物件运输，是一种特种运输。目前，国家的重点建设项目，如：发电机组、大型炼油设备、大型水利工程建设项目等，这些建设项目所需设备重达十几吨，甚至上百吨，有的远赴新疆、青海、内蒙。飞机和火车无法通达的地方和无法运输的货物，道路运输的大型物件运输车队千里迢迢，克服千难万险，准确准时、安全优质地完成了一个又一个特种运输任务，保证了国家的重点工程建设。

齐鲁石化炼油工程是国家“九五”期间的国家重点工程项目。1998年齐鲁石化建设工地需更换4台炼油设备，其中两台由日本进口，每台重

图10-3 大型物件运输（来源：http://www.100years.com.cn）

680吨，另外两台由哈尔滨重工制造，分别重920吨和760吨。把这么重的四台庞然大物要行程108公里运送到齐鲁石化炼油工地，艰难可想而知。当时济南大型运输公司牵头组团，管理人员和驾驶人员队伍几百人，车辆36辆，其中大型车3辆，载重1200吨。做运输方案、反复勘探路途、加固途经的桥梁、下挖途经的公路路基、加高途经空中电线的高度、培训工人等等。准备工作近一年，确保万无一失后只用3天时间，大型设备安全送达目的地。当时20多家媒体报道，称这是全国单件组装最重、运距最长、科技最先进的“中国第一运”。

当祖国建设需要我们的时候，哪怕克服千难万险我们在所不辞；当祖国召唤我们的时候，哪怕征途遥远我们勇往直前。报效祖国、服务民生，是每一个道路运输人的职责。道路运输四通八达，国富民强走向兴旺发达。

第十一章　道路运输行业核心的价值展示

有一把尺子在心里，有一个信念是永恒，价值理念是我们行动的准绳。价值理念是一个人对周围客观事物的是非曲直、好坏善恶的评价标准，是对客观事物的总评价，是指导人的行为的一系列基本准则和信条，是人们判别是非的标准尺度。古希腊哲学家亚里士多德认为："价值观是通过人们日常的习惯、技能和行为反映出来的人类的品行和美德。"

道路运输行业的价值理念是道路运输行业所拥护和信奉的东西，是道路运输行业最重要和永恒的信条，是不随时间的变化而改变的一些原则。这些原则被行业内部的大多数人所认可，它们规定了道路运输系统中人的基本思维模式和行为模式，而且这些思维模式和行为模式还具有延缓性和保持性，能在年复一年的行动中表现出来，从而成为全行业上上下下了解并深入全体人员心中的行业使命、共同愿景、行业精神和职业道德等。

一、行业使命典型表述展示

吉姆·柯林斯和杰里·波勒斯在《基业长青》一书中认为使命是组织存在的根本原因，使命就像是地平线上恒星，指引着组织前进的方向。使命的核心要点是引导和激励。行业使命是行业未来要完成的基本任务，它主要回答一个问题，这就是"行业的任务是什么"或"行业主要做什么"。行业使命反映了行业领导者和成员的追求层次和理想抱负，是行业文化建设的最基本的出发点和归属，也是行业行动的原动力。道路运输行业各级组织在发展过程当中不断明确了自身的使命，表11-1和表11-2为道路运输行业使命典型表述的展示。

道路运输行业使命问卷调查典型表述　　表11-1

编号	行业使命
1	车轮滚滚，情系万家 运载诚信，传播文明

续上表

编号	行业使命
2	用真情，甘奉献，大交通，新形象
3	真情服务，奉献社会
4	传承中华文明，服务千万大众
5	交好运，运真情
6	安全客货运，真情献社会
7	精诚服务人民，真情奉献社会
8	道路送真情，运输递商机
9	情满旅途，回报社会
10	行业路送人间情

道路运输行业使命网络调查典型表述　　表11-2

单位名称	使　命
济宁交运集团	为群众服务，为社会奉献，为股民创利
青海齿轮厂运输公司	以人为本，科技领先，诚信经营，创知名品牌
云南金孔雀运输集团有限公司	服务社会，造福员工
长沙保联大件运输公司	安全、迅速、节省、运输信誉第一、及时、客户满意至上
河北省廊坊运输公司	服务社会、奉献真情、诚信经营、打造品牌
河北四通集团运输公司	诚实守信，共生共荣
天津市物资集团总公司	为客户提供诚信、增值、多赢服务
成都青龙运输有限责任公司	为客户提供优质、快捷、安全、高效的物流运输服务，不断提高客户满意度
新国线运输集团有限公司	温馨旅途，安全方便快捷舒适；真情处处，精益求精满足需求
洛阳第一汽车运输集团有限责任公司	比旅客的需要做得更好

续上表

单位名称	使　命
广西新发汽车运输集团	诚信天下、致信服务
内蒙古巴运汽车运输有限责任公司	打造实力，建设百年巴运；造福职工，情系巴运家园；立足交通，争当行业先锋
广西运美运输集团有限公司	安全舒适，方便准时，服务规范，诚信文明
万路运业有限公司	优质服务，诚实守信，互惠双赢
宁波公路运输集团总公司	真诚待客，服务社会
浙江衢州汽车运输集团有限公司	顾客至上、争创一流、把好方向、持续改进
福建盛丰物流集团有限公司	用一个热情、专业的团队，我/我们秉承珍惜所托、一如亲送为客户提供至上的服务
烟台交运集团	为社会创造财富,为顾客创造价值,为企业创造未来,为员工创造机会
泰安交运集团	服务回报社会，创造最佳业绩
无锡客运有限公司	为更多的旅客服务，为旅客服务得更多

二、行业愿景典型表述展示

著有《愿景》一书的胡佛毕生都以研究如何建立成功的企业为目标，他发现，伟大的企业之所以伟大，就是因为它们能够看到别人看不到的东西，将洞察力和策略结合起来，描绘适合企业的最佳“愿景”。那么，“愿景”究竟是什么？胡佛认为“愿景是人的意愿的表达”，是“企业为之奋斗的心愿和远景”。它随时激励着企业中的每一个人。马克·利普顿在《愿景引领成长》中认为，愿景是拨开迷雾指明航向的灯塔，是困难时期或不断变化时代的舵盘，是可用于竞争的有力武器。

愿景是一个具体的目标，一个向往的将来的生动画面，它既是可以被描述的，又是具有挑战性的。它所要回答的关键问题是：“组织的将来是什么”或“组织将成为什么”。

愿景对行业发展具有指导意义，

道路运输行业各级组织在发展过程逐渐明确了自己的愿景，表11-3和表11-4为道路运输行业愿景典型表述的展示。

道路运输行业愿景问卷调查典型表述　　表11-3

编号	行业愿景
1	人便于行 货畅其流
2	道路运输畅通 人人方便出行
3	运达四面八方 提速美好生活
4	货畅其流 人便于行 做领先时代潮流的道路运输行业
5	创建和谐交通，货畅其流，人便于行
6	服务大众，交通先行 疏通经济发展，打造和谐家园
7	人畅于行，物畅其流
8	承运八方物，润从物中来
9	物畅其流，运达八方
10	道路畅通 汇通八方

代表性行业愿景网络调查表述及分析　　表11-4

单位名称	共同愿景
上海天徕物流运输有限公司	网状物流，科技创收，规模效益，名牌企业
云南金孔雀运输集团有限公司	铸百年老店，塑全国品牌
大连交运集团	保持全方位高速增长，建立品牌效应，特色服务推陈出新，提高信息化水平
长沙保联大件运输公司	立足长沙，贯纵南北，服务全国
上海交运股份有限公司	创一流业绩，育一流人才
上海交通大宇高速运业有限公司	乘客的需要就是企业的追求
青海省汽车运输集团凯达货物运输有限公司	诚实守信，科学管理，安全准时，经济运输
四川权兴物流有限公司	适应客户需求，提供满意服务
成都青龙运输有限责任公司	做大做强，让青龙品牌遍布神州大地，让青龙车辆穿梭大街小巷，高山平地
广东香江旅游运输有限公司	便利、安全、快捷、舒适

续上表

单位名称	共同愿景
泰安交运集团	服务回报社会，创造最佳业绩
黑龙江顺达运输有限公司	为顾客谋求最大的经济利益
哈尔滨龙江客运快件有限公司	成为“服务周到、管理高效、环境优美”，具有地方特色、行业一流、国内先进的现代化物流企业
河南万里集团	立足许昌，开辟郑州，辐射全国，走向世界
广西新发汽车运输集团	多元化、国际化、可持续发展；中国–东盟物流配送中心；确立在中国物流领域的领先地位
内蒙古巴运汽车运输有限责任公司	争创全国驰名商标
浙江衢州汽车运输集团有限公司	以运为主兴主业，多业并举闯新路
福建盛丰物流集团有限公司	营造盛丰家园，共筑人文环境，我们将盛丰建设成为一流的3PL企业
烟台交运集团	致力行业领先　铸造百年交运
济宁交运集团	百年交运，持续发展，永惠社会

三、行业精神典型表述展示

行业精神，是代表全行业成员的思想意志与精神风貌，并成为激发全行业成员积极性和创造性的无形力量，是行业哲学、价值观、道德观的综合体现和高度概括，反映了全行业成员的共同追求和共同认识，是行业文化的灵魂。行业精神是行业在长期的活动过程中而形成的支配行业绝大多数成员思想和行动的主导意识和主流心态，是对行业现有的观念意识、传统习惯、行为方式中的积极思想因素进行总结、提炼及倡导的结果。

行业精神主要包括主人翁精神、敬业精神、团队精神、竞争精神、创新精神、服务精神、奉献精神、科学精神等。道路运输行业作为服务性行业，这些精神得到了很大的体现。表11-5和表11-6为道路运输行业精神典型表述的展示。

道路运输行业精神问卷调查典型表述 表11-5

编 号	行业精神
1	团结拼搏发展，求真务实奉献
2	脚踏实地，拼搏奉献，务实创新，谋求发展
3	高效、务实、节约、增收、奉献的敬业精神
4	务实创新，开拓发展，以人为本，促进和谐
5	开拓进取，务实创新，团结和谐
6	求真务实，开拓创新，和谐发展
7	运承千万里，心系你我他
8	科学进取，务实创新，开拓奉献，利国利民
9	艰苦奋斗，爱岗敬业，服务人民，奉献社会
10	团结协作，求真务实；开拓创新，无私奉献

道路运输行业精神网络调查典型表述 表11-6

单位名称	行业精神
宜昌交运集团	团结、务实、创新
河北省廊坊运输公司	团结、务实、安全、优质
山东交通济宇高速运业有限公司	创造、挑战、奉献
上海交运股份有限公司	务实创新，追求卓越
天津市物资集团总公司	团结、拼搏、务实、创新
青海省汽车运输集团凯达货物运输有限公司	爱岗敬业，无私奉献，团结协作，开拓进取，同舟共济
四川权兴物流有限公司	少言多行、忠实为先
成都青龙运输有限责任公司	团结、奉献、创新、发展
广东香江旅游运输有限公司	安全、诚信、优质、高效
泰安交运集团	与时俱进、开拓创新、团结实干、共铸辉煌
天津市海瀛物流有限公司	敬业、务实、创新、卓越
江西新世纪汽运集团有限公司	团结、务实、进取、创先
洛阳第一汽车运输集团有限责任公司洛阳汽车站	开拓、发展、团结、奉献
河南万里集团	以人为本，改革创新，忠诚守信，追求卓越
广西新发汽车运输集团	团结、务实、开拓、进取

续上表

单位名称	行业精神
内蒙古巴运汽车运输有限责任公司	身在巴运，情系巴运，发展巴运
广西运美运输集团有限公司	德聚心志，法定言行，同心进取，创新图强
四川万路运业	脚踏实地、勇于进取
浙江衢州汽车运输集团有限公司	开拓争先、文明创优、和谐发展
烟台交运集团	安全诚信，务实创新
济宁交运集团	团结、奋进、创新、发展
无锡客运有限公司	改革、创新、开拓、发展

四、职业道德典型表述展示

职业道德评价标准包括善良、正直、公正、诚实等，涉及的主要内容包括职业意识、职业技能、职业纪律、职业礼仪、团队意识等。职业道德从行业的角度来说包括热爱生命、确保安全；承认利益、尊重劳动、平等相待、民主管理等。从行业成员角度来说包括忠于组织、恪守职责、敬业爱岗、尽心尽责；尊重顾客，热忱服务；诚信友爱，团结协作；遵纪守法，廉洁奉公；钻研业务，锐意进取；保护环境，热心公益等。

道路运输行业从业人员队伍庞大，成分复杂，加强职业道德建设尤为重要。表11-7为道路运输职业道德典型表述的展示。

道路运输职业道德网络调查典型表述　　表11-7

单位名称	道　德
湖北省黄石鑫泰交通运输有限公司	遵纪守法，廉洁奉公，德在人先，利居人后
泰安交运集团	守规诚信，尊客爱货，安全优质，及时快捷，持续改进，顾客满意
河北省廊坊运输公司	诚信为本，以德兴业，不求最好，只求更好
太原市并州运业有限公司	顾客至上，服务一流，信誉为本
成都青龙运输有限责任公司	厚德载物，诚信至上，竭诚用户，服务传情
上海天徕物流	遵纪守法，廉洁奉公，德在人先，利居人后

续上表

单位名称	道　德
云南金孔雀运输集团有限公司	诚信经营，诚信为先
江西新世纪汽运集团有限公司	以诚信立足，靠服务发展
河南万里集团	忠诚企业，以人为本，改革创新，顽强拼搏，勇创一流，实业报国
内蒙古巴运汽车运输有限责任公司	忠诚、尽责、合作、纪律
广西运美运输集团有限公司	安全为首，诚信为本；效益出自优质服务，形象来自公众认可
济宁交运集团	以诚取信，以质求效
无锡客运有限公司	团结、紧张、民主、和谐

第十二章　道路运输行业的核心价值

一、行业使命

脚下有征途，创业多荣光，我们深感责任重大，我们深感使命在肩。

道路运输行业的使命是道路运输行业由于社会责任、义务所承担的行业自身发展所规定的任务，是道路运输行业行为的原动力，是道路运输行业自身存在的意义，它从经济使命和社会使命两个层面展开。

道路运输行业的使命是由道路运输的属性与特点，及其在国民经济和社会发展中的地位和作用所决定的。道路运输是综合国力的重要标志，在国民经济GDP中占3.5%，是支撑社会经济健康发展、促进社会全面进步的社会性、经济性、基础性和服务性的行业，它与百姓生活息息相关，百姓四大需求“衣、食、住、行”中“行”是重要组成部分。我国正处于全面建设小康社会、构建社会主义和谐社会的关键时期，道路运输行业面临新的形势和新的要求。新的形势、新的任务赋予了道路运输行业新的历史使命：必须从国民经济和社会发展全局的高度，深刻认识新时期道路运输行业加快发展的重大意义，服务国民经济和社会发展大局、服务社会主义新农村建设、服务群众安全便捷出行，促进道路运输事业又好又快发展。

道路运输行业内的行政管理机关和企业，根据工作实际和自身特点提炼出各具特色的宗旨使命，如：江苏省道路运输管理局的使命为：“倾心打造秩序井然、生机盎然的道路运输市场平台”；青岛市道路运输管理局的运管宗旨为：“规范运输秩序，服务社会大众”；青岛交运集团的企业使命为：“社会需要交运，交运奉献社会”。这些宗旨使命都表明道路运输行业与社会息息相关、水乳交融的关系。道路运输行业的成长离不开社会，道路运输行业的奉献和服务也是社会生活的组成部分。社会需求是广泛的，且处于不断变化发展中，道路运输行业要不断地适应社会需求各种变化，以真诚的服务、优质的产品、卓越的品牌奉献社会。奉献过程既是道路运输行业经济价值和社会价值的创造过程，也是不断自我发展创新，进入新事业领域的过程。道路运输行业的发展是对社会最大的奉献，道路运输行业的奉献永无止境。这就是道路运输行业的精神境界，也是道路运输行业的处世哲学。

道路运输行业的使命为：

运达天下，情系万家

释义：

“运达天下”体现出道路运输行业的业务特点和发展目的。“运”在《辞源》中有“运输”、“气数”等意。“运输”包括客运和货运，是道路运输行业的主要职责和核心业务。“气数”又可引申为“国运”、“鸿运”。“达”有“到达”、“通达”、“发达”之意。“到达”指运输准确准点到达，便利百姓生活。“通达”指建立科学化、现代化的运营网络，道路运输四通八达。通过这些，实现“国运发达”即民富国强走向兴旺发达。同时道路运输运达要更快捷、安全、绿色、舒适等，这是时代赋予道路运输新的更高使命。

“情系万家”体现出行业为社会发展、人类进步愿意、能够承担的社会责任和历史责任。“情”在《辞源》中有感情、爱情、真情等解释。此处之“情”可以引申为深情、亲情、真情，即对事业倾注深情、对顾客满怀亲情、对社会奉献真情。“万家”既指千家万户，又引申为整个社会。“系”指道路运输的真情服务关系到千家万户的利益和整个社会的和谐发展。“以人为本”是社会发展，人类进步的必然要求，道路运输作为服务业，在不断努力实现“人便于行，货畅其流”的过程中通过真情服务联系千家万户，促进社会大家庭的更加和谐与团结。

“运达天下，情系万家”体现了道路运输行业全体成员站在时代的高度，肩负着历史的重任，全心全意服务民生，推动道路运输行业又好又快发展的坚定信念及道路运输行业为社会发展、人类进步承担的社会责任和历史责任。

二、共同愿景

共同的梦想，共同的追求，铺成共同的旅途，我们共同展望道路运输行业的未来，我们共同描绘道路运输行业的新画卷。

道路运输行业共同愿景是道路运输行业成员共同的愿望和道路运输行业未来能够达到的景象，是道路运输行业共同价值观在道路运输行业发展最高目标上的集中表现。它所要回答的关键问题是：“道路运输行业的将来是什么”或“道路运输行业将成为什么”、“道路运输行业想要创造什么”。

中国交通“十一五”规划中提出：“为适应‘十一五’期间经济社会发展需要，公路水路交通必须坚持发展是第一要务，充分体现国家战略、科学发展观、构建和谐社会和节约型社会的要求，努力把握我国经济社会发展的重要战略机遇期，围绕全面建设小康社会的宏伟目标，坚持服务于经济社会发展全局，坚持服务于社会主义新农村建设，坚持服务于人民群众便捷安全出行，以转变增长方式为重点，以结构调整为主线，又好又快地提升公路水路交通生产力水平，提高交通持续综合竞争力和国防安全保障能力，在总量、结构、质量等各个方面全面发展，做好与其他运输方式的相互衔接，发挥组合效率和整体优势，建设便捷、通畅、高效、安全的综合运输体系。”

道路运输的共同愿景具有对行业的全部管理活动、经营活动和各种文化行为的导向作用。每一个行业为了自己存在的目的和所要达到的任务，都会制定相应的目标，确定发展的愿景，激发团队成员动力，集中意志向目标前进。目前，道路运输行业内大多制定了本单位、本企业的发展目标，部分单位和企业还结合实际提炼出自己的共同愿景。确定发展目标和共同愿景必须要从总体上体现行业的发展战略。有一定的竞争性和超前性，注意解决好经济效益和社会效益的关系。充分考虑到实现愿景目标的复杂性、动态性、现实性，在确定和贯彻落实共同愿景，要按客观规律办事，争取行业共同远景实现的最佳化。

道路运输行业的共同愿景为：

人便于行，货畅其流

释义：

“人便于行”：是指提高群众出行的方便程度，实现安全便捷舒适出行。这不仅隐含着行业工作要把旅客送达目的地，同时还要实现“便”的目标。因此，行业人员不能仅仅满足于为人们提供基本的出行服务，还要致力于通过管理和服务的创新确保人们的旅途更通畅、更便捷，让人们在出行时不仅能达到目的地，还能感受到来自道路运输行业的自然舒适的服务。

“货畅其流”：是指行业要保障社会各种资源的有序流通和及时配置，发挥其最大价值，以推动国家经济的发展。随着现代物流的不断推进，行业要不断采用先进的物流技术，促进我国道路运输工作由“运得到”向“运得快、运得好”方向发展。同时，道路运输行业要确保国家重要战略物资运输转移和重大灾害等特殊时刻的运输能力，在国家和人民最需要的时刻切实做好物资流通保障工作。

“人便于行，货畅其流”就是从客运和货运这两个道路运输行业主要业务着眼，从“以人为本”和国家资源配置角度出发，不断提升服务水平、促进技术革新，从而实现人员和物资运输的安全便捷畅通。

三、行业精神

一个民族的发展需要一种民族精神

作为支撑，一个行业的发展同样需要彰显一种行业精神作为前行的动力。

道路运输行业精神是建立在共同价值观和共同信念基础上，具有道路运输行业特色的群体意识和精神境界，它是道路运输行业内在本质的集中体现，是人格化道路运输行业的灵魂，是行业文化的重要内容。道路运输行业精神首先是一种群体精神，或者说是一种群体创业意识，它代表了道路运输行业内绝大多数团队成员的统一意识。道路运输行业精神同时又是对道路运输行业历史发展过程中所形成的好传统、好风气的继承，凝聚着道路运输行业职工在长期工作中的追求和方向。

道路运输行业精神是行业文化的精髓，是行业发展历史的写照，内涵丰富而深刻，意义重大而深远。因此行业精神具有强大的凝聚力、感召力和约束力，是团队成员对道路运输行业的信任感、自豪感和荣誉感的集中体现，是行业在管理和经营过程中占统治地位的思想观念、立场观点和精神支柱。每个行业因自己的管理和经营方式、历史传统、产品结构、管理风格、员工状况的不同，受社会潮流、民族精神的影响，必然会形成自己独特的行业精神。这种独特的行业精神一般应包括行业对远大目标的追求，行业和团队成员强烈的命运共同体意识。

要以建设更安全、更便捷、更通畅、更经济、更可靠、更和谐的道路运输行业为目标，以弘扬爱国主义为核心的民族精神和以改革创新为核心的时代精神为重点，以“为人民服务到白头”的“小扁担”精神、“爱岗敬业、默默奉献”的“铺路石”精神、在非典、水灾等紧急和关键时刻道路运输行业的奉献精神，以及其他先进典型所代表的精神为基础，开展道路运输精神提炼和讨论活动，对道路运输精神进行总结、提炼和宣传，增强道路运输行业的凝聚力和战斗力，使广大干部职工始终保持奋发有为、昂扬向上的精神状态。这种独特的行业精神蕴含了员工强烈的命运共同意识、道路运输行业所肩负的崇高使命、道路运输行业正确的价值观和方法论、道路运输行业有效的激励机制等。道路运输行业精神是一种正向的、积极的、优秀的道路运输行业文化成果，能对道路运输事业产生巨大的凝聚、导向和激励作用。

道路运输行业的精神为：

心系民生，负重致远

释义：

“心系民生”：“民生”语出《左传·宣公十二年》，所谓“民生在勤，勤则不匮”。这里的“民”，就是百姓的意思。“民生”可以引申为人民生活，是一个带有人本思想和人文关怀的词语，话语语境中渗透着一种大众情怀。道路运输事业与社会经济发展和人民生活息息相关，行业的发展直接影响着社会经济的发展与人民生活水平的提高。道路运输行业从业人员明确自己的岗位职责，在各自工作岗位上兢兢业业，不断提高工作质量和服务能力，为人们的出行提供更多的方便，为人们的旅途提供更加舒适的服务。让人们得到更高水平的物质和精神享受。

“负重致远”：语出《三国志·蜀书·庞统传》，所谓“顾子可谓驽牛能负重致远也”。原意指能背着沉重的东西，送到远处的目的地，一般比喻能肩挑重任。此处表达出道路运输行业自强不息、埋头苦干、勇于承担社会责任崇高的精神境界。道路运输历史悠久，伴随人类文明千年走来，其间，经历了无数曲折坎坷。而今，道路运输业作为社会经济健康发展、促进社会全面进步的基础性、先导性和服务性行业，道路运输行业的全体成员从国民经济和社会发展全局的高度，深刻认识新时期道路运输行业加快发展的重大意义，他们肩负国家重任，致力远大目标，为不断促进道路运输事业又快又好的发展而努力拼搏！

“心系民生，负重致远”充分表达了道路运输行业人员对人民的深刻关心，对社会奉献精神。并在此激励下，不断致力于提高服务质量和服务效率，肩负国家重任，努力推进社会进步和国民经济的发展。

四、职业道德

“志于道，据于德”。“道”指理想的人格或社会图景，“德”指立身根据和行为准则。

道德是社会意识形态之一，是人们共同生活及其行为的准则和规范。组织道德是指组织和组织内的人做人做事的道德准则和规范。家庭美德、职业道德和社会公德全方位衡量一个组织和一个人的道德水准。

在道路运输管理中，坚持以人为本，把行业文明建设和职业道德建设放在突出位置，道路运输行业广泛开展了以“爱岗敬业、诚实守信、服务群众、奉献社会”为内容的职业道德教育，积极组织开展形式多样的服务竞赛和文明窗口、文明岗位创建活动。行业内加强了职业道德规范基础工作、培训工作，重点部门职业道德建设形成考评监督机制，逐步建立起道路运输行业的道德诚信体系。

在市场经济发展所要求的职业道德建设中，道路运输行业的道德建设是一个覆盖面非常大，涉及千家万户出行是否便利和各行各业物资流转是否通畅的大课题。特别是道路运输的客运业，还涉及到人民群众的生命安全。因此，职业道德建设尤为重要。

从市场经济来说，职业道德建设是其发展中不可缺少的另一只“看不见的手”。亚当·斯密提出市场机制是只看不见的手，其实道德的力量、价值观作为另一只“看不见的手”的作用，在道路运输行业的行政管理和经济活动中是无所不在的；是无形的，又是能动的；是渗透到行业管理行和经济行为的各个方面。在道路运输行业发展建设中，有了市场机制这只“看不见的手”，只是加上行政管理这只“看得见的手”，也是不够的。“看不见的手”不止一只，除市场机制、行政管理权力外，还包括道德力量、价值观和行业精神等。进行职业道德建设，要把道德意识、道德观念渗透在车站的人性化服务、途中的便捷化服务、终点的延伸化服务等运输的各个环节。如果没有强有力的职业道德建设，社会主义市场经济新体制、新秩序就不会健康地发展起来。职业道德建设应纳入社会精神文明的整体规划。

道路运输的职业道德建设与行业形象塑造应相统一。没有好的信誉和职业素质，就不会树立起良好的行业形象。良好的行业形象除靠过硬的管理质量和服务质量，更重要在于全体团队成员整体素质的提高。这个整体素质，包括科学技术素质、组织管理素质，也包括思想道德素质。因此，加强团队成员的职业理想、职业道德、职业纪律、职业责任和职业技能的教育，是行业又好又快发展的内在要求。

道路运输行业的职业道德为：

诚信敬业，尽责奉献

“诚信敬业”：是指道路运输行业的从业人员应该遵循诚信敬业的职业基本道德规范，“诚信”是行业人员基本道德规范之一。行业各项工作过程中，要注重讲诚守信、遵守法律、言出必行、一诺千金；行业人员要正确处理经营活动中的“义利”观，不可见利忘义，要通过诚实劳动、依法经营，坚持用合法的手段追求正当的利益。“敬业”是热爱行业和岗位，以行业为荣，树立行业自豪感和对行业未来发展的信心。通过积极工作、用心服务，努力践行行业宗旨、履行行业使命，在为人民服务过程中实现个人的全面发展，实现自己的人生价值。

“尽责奉献”：“尽责”是指道路运输行业员工在深刻理解道路运输行业使命的基础上所作出的一种全心地付出，尽责也是一种挑战困境的勇气和战胜一切的决心。道路运输行业作为关系国计民生的服务性行业，随着道路运输工具的发展、道路基础设施不断改善和运输需求结构的变化，道路运输已经成为综合运输体系中的主要运输方式之一，并在五种交通运输方式中占据着主要地位，发挥着重要作用。道路运输行业只有在全体员工尽责的基础上才能达到对全社会的尽责。“奉献”指建设社会主义和谐社会需要奉献精神。道路运输行业人员应继续发扬无私奉献的行业精神，做到甘于奉献、乐于奉献、无私奉献。行业人员要把为人民服务，贡献社会和做好本职工作紧密结合起来，用踏踏实实、认认真真的道路运输服务来回报社会，服务人民。

“诚信敬业，尽责奉献”作为道路运输行业基本道德准则具有普遍适用性，是行业中每个人都必须遵守的准则。对于道路运输行业来说，行业各种岗位上的工作人员应该严格要求自己，自觉遵守行业基本道德规范，这不仅是树立文明行业的要求，也是行业人员提升自我道德水平的要求。

第五篇　运建篇

——道路运输文化建设

"纸上得来终觉浅，绝知此事要躬行"。

"明于言，践于行"。文化已经成为影响行业竞争力的重要因素，文化建设在行业发展进程中的作用也越来越大。回顾道路运输行业发展的风雨历程，从古代驿传到现代道路运输，从经验管理到科学管理，从为"官"、为"战"服务到"情系民生"，从强调经验到强调文化，整个行业的管理思想和管理实践都发生了巨大的飞跃。

道路运输文化并不是一个空洞的概念，它是知识经济时代文化思想的一种物化。道路运输文化离不开理念、行为和形象，理念决定行为，行为铸就形象，形象又反映行为、折射理念，三者环环相扣，不可或缺。建设道路运输文化的核心工程，最重要的就是要形成一种行业发展理念，规范一种行业行为准则，塑造一个富有影响力的行业形象。

行业从业人员是道路运输文化的主要推动者和最终实践者。行业文化的实质是以行业的管理哲学和行业精神为核心，凝聚员工归属感、积极性和创造性的人本管理理论。人本文化要求行业要为员工创造可持续发展的成长环境。行业在追求自身可持续发展的同时，也要兼顾员工的可持续发展。行业的培训应该联系行业文化，着眼细微之处，融入生活之中，从做人点滴到做事精要，从理论到实践，全方位多角度的展开，培养员工的归宿感、使命感。而员工的全面成长，也将为行业发展蓄备强大后续动力，推动行业文化建设步入良性循环的轨道。

特色文化建设是道路运输文化建设的点睛之笔，管理文化、服务文化、安全文化、窗口文化和品牌文化无不折射着道路运输文化的个性光辉。今天，我们重新审视眼前的机遇和挑战，更加高度重视道路运输文化建设，通过建立科学完善的道路运输文化建设方案、保障体系和评价体系，将道路运输文化建设成果付诸实践，以提升整个行业的管理水平和塑造行业的社会形象。在此过程中，我们将通过文化建设系列活动为整个行业绘制一幅优美的文化画卷，描绘出道路运输行业发展的光辉前景，展现出道路运输行业的精神风貌。

我们正在进行的事业是伟大的事业，伟大的事业总是英雄辈出。当浩浩荡荡的行业大军满怀雄心壮志，用智慧创造着富有特色的道路运输文化，当全社会都在以赞赏而期待的目光注视我们行动的时候，我们深感道路运输文化建设任重而道远。同时我们也相信，在全社会大力倡导文化建设的新形势下，在"运达天下"行业精神理念的指引下，继承着道路运输文化几千年的丰厚积淀，通过道路运输行业人员的不懈努力，道路运输文化建设必将会结出丰硕的成果，道路运输文化一定会成为引领全行业发展的一面鲜艳旗帜，指引我们走向一个又一个辉煌！

第十三章 行业文化的建设者

《孙膑兵法》说："间于天地之间，莫贵于人。"在人、车、路、站、环境等构成道路运输活动的系统中，"人"是具有能动性的要素，是行业文化建设的首要因素。道路运输文化建设的主要推动者、实践者包括行业各类管理人员和广大从业人员，他们虽然在行业发展过程中的分工和责任不同，但都在建设道路运输文化中发挥着重要作用，都在通过自身的实践与创造推动着文化建设的进步与发展。

一、文化建设的组织者

当前，道路运输行业组织结构变得越来越复杂，行业管理的任务越来越繁重，行业管理的方式也在不断的变革之中，运用文化管理提升行业管理水平已经成为现代管理发展的方向。因此，作为道路运输行业管理人员，应充分认识道路运输文化建设的重要性，用优秀的文化去规范行业行为、凝聚行业力量、塑造行业形象，在道路运输文化建设中发挥重要作用。

（一）行业管理人员的作用

管理人员是道路运输文化建设的积极倡导者和能力推动者。文化建设是一个群众性的活动，需要积极的倡导和正确的引导。不积极倡导，就难以形成文化建设的良好局面，不正确的引导，就会处于无序状态，难以形成强大的精神动力，因此管理人员在道路运输文化建设中起着举足轻重的作用。

管理人员是行业文化建设的垂范者。管理人员不仅是道路运输文化建设的倡导者，而且是道路运输文化实施的垂范者。道路运输文化建设过程往往会遇到一些阻力，要使得建设顺利进行，管理人员必须要率先垂范，身体力行。对于管理人员，员工们不仅要听其言，还要观其行，他们随时会将管理人员当作自己模仿的对象。所以在推进与实施行业文化战略的时候，管理人员应当身先士卒，用自己正确的言行、良好的工作作风和崭新的精神面貌影响从业人员的思想和行为。只有管理人员带头走，才能带出一种生机勃勃的具有鲜明特色的行业文化。

管理人员是行业文化建设的创新者。为了提升管理水平，管理人员就应根据行业的发展变化不断地提出一些创新性理念，充实文化建设的内容。同时，在日常的管理活动中，还要善于发现文化建设中的冲突与不和谐因素，不断化解矛盾，推动文化建设的和谐发展。管理人员是向行业旧文化挑战和推进新文化建设的关键人物。正是他们的创新意识，推动着行业文化的不断更新和进步，带动整个行业思想的活跃，形成积极进取的精神风貌。

【典型】 情系运管终不悔 无私奉献争一流

在甘肃省平凉市公路运输管理处下属的一个只有10人组成的县级运管所，连续十多年受到省、市、县表彰奖励，年年超额完成道路运输管理目标任务，由于成绩突出，2004年被灵台县委、县政府命名为“县级文明标兵”单位，2005年被甘肃省运管局授予“全省道路运输行业文明单位”，2006年被平凉市运管处评为“全市运政管理先进单位”，小所取得如此成绩，靠的是什么？靠的就是他们奋飞不息的领头雁，担任这个县级运管所10多年的所长兼党支部书记杨继臣同志。

十年不悔，抓市场培育

1993年组织上做出决定,委派他担任灵台县运管所所长兼党支部书记，当时，县运管所面临的是一个运输市场容量很小，运输市场发展很不规范的一个局面，他首先深入全县道路运输企业和经营业户家中，广泛宣传国家道路运输产业政策，团结带领班子成员深入调查研究，制定了全县道路运输业发展“十年”规划，从一点一滴抓起，起早贪黑，忘我工作，他用两个月时间足迹踏遍了全县13个乡镇227个自然行政村，走乡入户，深入调研，写出了有深度的调查报告，上报县交通主管部门和县委、县政府，得到了政府部门的大力支持，为后来组建成立灵台县第二、三运输公司，成立灵台县客运有限责任打下了坚实的基础。如今的灵台县随着公路建设的突飞猛进发展，道路运输取得了质的飞跃，有力促进了县域经济发展和加快了农民群众脱贫致富步伐。

依法行政，抓市场规范

随着全县道路运输市场的不断发展壮大，如何抓规范，确保运输市场秩序健康、和谐发展，又摆在他的面前，他夜以继日，学政策、学法规，不断提高自已政策法规能力，坚持每周组织运政执法人员学习，在客运站场，乡村道路运输通行多的路口、“春运”高峰期，时刻有他和运政人员忙碌的身影，查违章、保畅通，他率先垂范，正人先正己，同违法经营者做斗争，一身正气，两袖清风，由于他敢于碰硬，依法行政，近年来，灵台县运管所道路运输市场秩序有了很大变化，这一切都得功于他们的好领导杨继臣同志。

勤政廉洁，一心为公

作为所长和党支部书记，10多年来他从未乱用手中的权力、以权谋私、循私情，不讲原则，他做人与做事一样，他有他做人的原则，他常说“我们是服务行业，代表国家管理道路运输市场，我们要对得起党和人民给予的权力，权力就是责任，群众利益无小事，在工作上做一个同志们尊重的人，经营者信任的人，将来回顾人生让儿女引以为豪的人，他就是这样一个人，他从不贪占国家一分钱，一双儿女在外上大学以至工作期间来回乘火车，乘班车回家，他从未用单位车接送，在财务管理方面，他十分严格，绝不允许乱花一分钱，他光明磊落，心地无私，带头作用发挥好，全所干部职工心往一处想，劲往一处用，工作拧成一股绳，干事创业，为维护灵台道路运输市场发展撑起了一片蓝天。

抓班子、带队伍、树形象

火车跑得快，全靠头来带，他充分发挥班子成员的带头作用，团结同志，不断加强职工政治思想业务学习转化为工作动力，深入开展“三学一创”、“比、学、敢、帮、超”活动，继续深化去年省市开展的“三学三比”岗位大练兵、大比武，坚持用制度管人，以管人促管事，补充制订完善了全所各项管理制度，进一步提高了全体运政人员政治思想觉悟和业务素质，生命的光辉不在于职业和地位是否显赫，而在于心中有没有为党、为人民献身的激情，已年过半百的杨继臣就是凭着这种激情，在平凡的基层运管工作岗位上摸爬打滚10多年做出了不平凡的业绩，赢得了道路运输经营业户的真心爱戴和职工拥护，金杯银杯不如群众的口碑，金奖银奖不如百姓的褒奖，心底无私天地宽，情系运管终不悔，他雄心不已，壮志满怀，正在带领灵台运管所干部职工以新的姿态，奋力拼搏,践行“三个服务”,书写着人生新的壮丽篇章。

（来源：http://www.yunzheng.org，作者：郑志强）

（二）打造高水平的管理团队

管理人员作为道路运输文化建设的组织者和推动者，他们的素质对开展行业文化建设具有重要影响。管理人员的素质包括：政治素质、思想道德素质、综合文化素质、心理素质、身体素质等多种素质。这些素质相互作用、相互融合，体现和决定着管理人员的管理水平和工作绩效。更为重要的是，作为道路运输行业管理人员，他们所具备的素质还应体现在安全意识、质量意识、服务意识等方面，体现在对道路运输特色文化的理解上，如果对这种特色文化理解不透，是无法做好行业管理及文化建设工作的。

为培养管理人员基本素质及意识，需要从多方面进行培育：

（1）健全完善严格的培训制度。培养管理人员，首先，要加强管理人员的学习，多读书、读通书是提高管理人员素质的重要途径，尤其应当充实文化管理方面的知识和技能学习。其次，上岗培训、岗位培训和脱产学习以及管理人员的岗位自学是管理人员提高素质的主要方式。培训和学习能够使他们不断加强思想道德修养，进一步掌握现代运输管理知识和技能，体会现代道路运输特色文化，这有助于行业文化建设中文化管理工作的进一步展开。

（2）建立公平合理的用人机制。管理者的文化管理素质是道路运输文化建设成功的关键因素，新时期的运输行业需要精干高效、深谙文化之道的管理者，所以在选人用人机制上，应将文化建设、文化管理作为选拔和评价管理人才的一项重要标准，把那些真正懂得文化管理的人才放在合适的岗位上，以提升行业管理水平。

（3）形成科学规范的考核体系。在管理人才的使用中，要注意实行任期内文化管理目标责任制，明确各级管理干部的文化管理职责，加大管理干部的文化管理考核，并制定科学规范的考评体系，将文化管理的业绩考核与聘任挂钩，逐步形成公正的考核机制，不断优化管理队伍，提升行业的文化管理水平。

（4）建立积极有效的激励系统。通过对管理人员规定文化管理工作绩效、明确文化管理目标，为实际文化建设工作提供方向指引，系统地对完成目标的进度进行估价，促进其不断提高文化管理工作水平和工作质量。通过管理人员自我价值的实现，满足其合理的心理需求，激励其提高文化管理工作效率，改进工作方法，全身心地投入到文化建设管理工作中。

【典型】 提升干部素质 增强服务能力

焦作市运管局领导班子一直把加强自身建设放在重要位置，致力于建设一个政治素质好、工作业绩好、团结协作好、作风形象好，为焦作道路运输业的繁荣发展建功立业，让政府放心、群众满意的领导班子，形成焦作运管事业坚强的领导核心。在河南省交通厅运输局和市交通局党组的领导下，历届班子实现了精神文明和行业管理的双丰收。他们通过完善中心组学习制度、开展集中学习活动、坚持班子例会制度等一系列活动及措施增强了领导班子的服务能力，提高了他们的素质。先后被人事部、交通部评为“全国交通系统先进单位”，被省争创活动指导委员会评为

"创建学习型组织，争做知识型职工"活动示范单位，被省委组织部、省先进性教育活动领导小组、省机关工委评为"五型"机关党支部，被评为省级文明单位。焦作市运管局通过对行业管理人员的培育，在道路运输文化建设实践中产生重要作用。

（来源：中国道路运输网http://www.chinarta.com）

二、文化建设的实践者

在道路运输行业中，从业人员人数众多，他们是行业服务的神经末梢，联系着千百万社会大众；他们是行业文化建设的实践者和传承者，推动着文化建设不断向前发展；他们是行业窗口形象的塑造者，影响着行业在社会上的声誉。

（一）从业人员的作用

从业人员是道路运输文化的创造者。从业人员身处服务第一线，他们在用自己勤劳的双手创造物质文明的同时，也在创造着精神文明。行业文明不仅体现着行业管理人员的智慧，更体现着行业从业人员的智慧。正是从业人员一点一滴的文化积累，才形成了行业文化丰富的源泉。从业人员处在服务第一线，会使他们产生强烈的市场意识、竞争意识、危机意识和风险意识，树立正确的服务理念，塑造出良好的窗口形象，从而推动行业文化建设的发展。比如，一线服务人员在提供运输服务的过程中，接触到大量的具体信息与顾客反馈，迸发出许多先进思想的火花，这些信息和思想火花集中起来就可能产生出新的服务理念。

行业从业人员是行业文化的实践者。行业文化不仅是存在于人们头脑中的一种意识、一种观念、一种思想，它也是一种行为方式、一种办事规范、一种作风、一种传统和习惯、一种精神风貌。如果行业文化只停留在精神层面，不能通过行为表现出来，就没有任何价值。在行业文化由精神向行为以及物质转化过程中，从业人员是最主要的实践者，在从业人员为大众服务的过程中，他们恪守规范、用情服务，表现出的是一种行业精神和作风，而隐含于其中的是职业道德与核心价值观，正是靠全体从业人员在工作中积极实践行业所秉承的先进文化，爱岗敬业，做好本职工作，才使得道路运输行业能够为顾客提供优秀的服务产品，同时也使得道路运输文化的内涵更加丰富多彩。

【典型】 立足驾驶工作 实践优秀文化

青岛至济南的"阳光快车"是交运集团快车公司的特色服务。宫瑛师傅是快车公司的一名优秀驾驶员。在驾驶济青班线高级大客车的6年时间里，他爱岗敬业，工作勤勉，以高度的责任心投入每一次运行任务，未发生任何大小行车事故和服务质量投诉，是交运品牌员工、交运劳模、省级和市级优秀共产党员、省级优秀驾驶员。

从事驾驶工作27年，宫瑛师傅的行车安全里程累计139万公里，相当于绕地球行驶30多圈。他结合多年的行车经验总结出的一套遵守“谨”、克服“躁”、遇事“忍”、得理“让”的工作方法，被集团作为安全行车范本在全体驾驶员中推广。宫瑛师傅在70年代开过老式解放牌大卡车，80年代当过机关小车司机，如今开上了高级大客。无论在哪里、无论身处怎样的岗位，他都是干一行，爱一行，钻一行，精一行。他说：“在别人眼中，我们驾驶工作可能平凡又渺小，不值得一提；可在我的心中，它却神圣而崇高。”每天和方向盘打交道，宫瑛与他的车辆结下了不解的情缘。每次出车前，宫瑛都主动与检修人员一起对车辆各部位进行仔细周全的检查，车辆的每一个零部件，驾驶室里的每一个操作仪器，都是与他朝夕相处的老伙计，它们每天的状态如何，都躲不过他的眼睛。为不断提高自己对车辆的了解程度和行车技术，他经常利用业余时间自学所驾车辆的构造和技术原理，不懂的地方就向专家虚心请教，一本技术人员专用的《车辆维护保养手册》他可以倒背如流，并且还在日常工作中摸索出了一套“看、听、闻、摸”的用车经验。

一次，他驾车行驶在高速路上突然听到车前方有漏气声，凭借平日里对车辆的熟悉程度，他马上做出这不是减压阀正常工作的声音。为安全起见，他果断将车停靠在安全地带，就在这时，右前轮爆破了。宫瑛以他高度的责任感，丰富的驾驶经验，避免了一场车毁人亡的惨剧。驾车行驶在高速公路上，正常车速为每秒 36米，驾驶员只要精力不集中，操作稍有不慎就可能酿成险祸。宫瑛对此深有感触，每次带教新驾驶员时，他都告诫他们，“我们的工作，维系着人民群众的宝贵生命和价值百万的国有财产，一刻也马虎不得，一秒钟也不能懈怠。”他在学习笔记的首页，写着“马达一响，集中思想；车轮一转，牢记安全。”

作为客运行业的驾驶员，随时都要听从单位调度，执行临时安排的出车任务。为此，宫瑛师傅多年来都保持着良好的生活作息，即使是在节假日，只要

图13-1 优秀驾驶员宫瑛

接到24小时内可能出车的通知，他就坚决滴酒不沾，总是以最佳的工作状态，安全优质地完成每一次出车任务，保证了乘客能够走得及时、安全、满意。

（来源：http://www.qdjyjt.com）

（二）培育优秀的从业人员

从业人员是整个道路运输行业文化建设的主力军。提高广大从业人员的整体素质是行业兴旺发达的根本，也是行业文化建设的一项重要的基础工作。

抓服务意识教育。道路运输是一个服务性行业，能否提供优质服务是衡量行业从业人员素质的一项重要标准。在服务上，要求从业人员以“客户满意”为首要的价值标准，确立以客户为中心的服务理念和服务体系，针对不同需求提供差异化、个性化服务；要求从业人员认真做好工作中的每一件事，不断提高自身素质。要构建一种从业人员人人潜心学习，共同追求进步的氛围，不断探索顾客满意的服务方法,提高服务水平。

抓安全文化教育。道路运输安全文化主要包括：安全方针、安全目标、安全理念、安全精神、安全风格、安全信条、安全哲学、安全价值观、安全道德；道路运输安全生产和操作规程、管理者安全行为规范、驾驶员安全行为规范、驾驶员安全驾驶要求、安全生产管理制度、道路运输安全法律保障、道路运输管理与控制、道路运输安全监督与教育；车辆安全技术、道路工程安全、道路运输安全设施、道路运输事故多发位置的技术鉴别等。在对从业人员培育的过程中应突出强调以上方面的安全教育。

抓自身形象教育。道路运输行业的形象是通过从业人员的形象展现出来的，从业人员的自身形象是行业形象的名片，时时刻刻都在向社会传播着行业文化。应大力开展培训、评优树先活动，教育从业人员用微笑面对顾客，用真诚服务顾客，以行业标准约束个人行为，树立起一个规范、文明的服务环境，不断培养优良的个人服务形象。

抓典型示范教育。榜样是一面旗帜，榜样的树立可以促进从业人员将组织的整体目标和个人的目标统一起来，形成一股强大的凝聚力和向心力。应通过不断开展争创“青年文明号”、争当“岗位标兵”等活动，树立文化建设典型，以员工身边典型的实践优秀行业文化的先进事迹来感染和激励大家奋发向上，以此达到影响全体从业人员树立良好服务意识和积极践行行业优秀文化的目的。

【典型】 创新培训思路 塑造卓越员工

山东交通运输集团建立了录用培训、任职培训、轮岗培训的相关培训制度，完善了高中级人才培养和驾乘人员的集中培训制度，形成了学历教育、资格认证、专题培训、岗位学习的多元化培训体系。集团设有培训中心，有可以容纳300余名职工的培训大厅，下属单位配有职工学习室、图书室。集团资助员工到美国攻读MBA，到北京大学、山东大学等高等院校在职攻读研究生，选派后备干部到西安长安大学参加交通部经理培训班，选派维修人才到车辆生产厂家进行充电培训，以及选派员工参加省经贸委举办的山东省学习型企业高级培训师师资培训班，已有32名同志获得培训师资格。集团和济南市委党校联办了大本班、大专班，目前已有67人获得本科学历，138人获得专科学历，本科在读71名，专科在读120名。同时，集团和山东大学、山东师范大学、山东交通学院等高校建立了密切的合作关系，建立了以高校教师为主、内部培训骨干为辅的师资队伍。2005年，山东省交通运输集团就举办各种培训班26期，培训职工5200人次，在岗职工人均轮训一次以上。

图13-2 企业文化竞赛（来源：http://www.esdjy.com.cn/）

（来源：http://www.sdcz.net）

三、行业楷模

行业楷模是行业中的精英人物，体现着行业的风采，吸引着社会的关注，引领着行业内所有人员的行为。他们在道路运输文化建设中起着不可低估的作用。在道路运输行业发展过程中，涌现了大量的先进人物，如李瑞班、苏学芬等，他们的事迹不仅在行业内树立了榜样，而且在社会上产生了广泛影响，塑造了良好的行业形象。

任何一个励精图治的国家和民族，任何一个振兴图强的行业都是崇尚优良形象的。在我国道路运输行业又好又快发展的新的历史时期，为了更好地实现"三个服务"，道路运输行业需要塑造良好的形象，需要大力弘扬行业的优良传统和作风，需要通过树立行业楷模来引领行业前进。道路运输行业中优秀的行业形象典型，集中展示了新时期行业员工的精神风貌。

（一）行业楷模是一面旗帜

行业楷模具有鲜明的时代特点，体现行业文化的主导精神，他们产生于群众之中，他们的理想、信念、追求有广泛的群众基础，易于为群众认同和敬佩，并产生独特的魅力，吸引着周围的员工，引领着员工的行为。

行业楷模是行业先进文化的体现者。他们可能是能力卓越、善于管理的管理人员，也可能是甘心奉献、勇于创新的从业人员。他们是集中体现行业优秀文化、被整个行业所推崇、被广大从业人员一致效仿的先进群体，他们是带领整个行业文化建设前进的先导力量。

行业楷模是行业文化的示范者。行业楷模由于思想先进、勇于开拓，他们往往走在行业文化建设的前沿，从模范人物身上可以清楚地看到这一点。因此，行业楷模本身的创新之举往往代表着积极的先进的行业文化，他们思想活跃，勇于突破惯例，敢于革新服务方式，他们通过自身的榜样作用把先进的行业文化传递给组织或行业其他成员，点燃大家的创新激情，带动着整个行业文化的创新。

【典型】 传递真诚 播撒爱心

李瑞是南京长途汽车站的一名服务员，她在平凡的站务服务岗位上，以纯朴、真诚、善良和奉献，实践着全心全意为人民服务的宗旨，成为全国十行百佳、全国劳模，被旅客们誉为“爱心天使”。为充分发挥李瑞的典型效应，1999年12月车站将服务班命名为李瑞班。全班共有18名姐妹，平均年龄36岁，由文明示范服务台、迎门服务、重点旅客候车室、问询处、广播室等5个岗位组成。2004年4月30日，胡锦涛总书记在南京接见李瑞时指出，公路客运要像航空服务看齐，树立现代服务理念。总书记得的讲话像一股春风，使公路客运服务迎来了发展的春天，“李瑞班”每位成员都以在这个优秀的班组为荣。她们把总书记的要求作为改进服务的方向，用自己的行动不断更新服务理念，创新服务形式，努力打造“陆上空港”。（来源：http://www.zfgs.gov.cn:8080）

【典型】 车轮转出精彩人生

劳模朱士庚，现为温州长运集团有限公司旅游客车驾驶员，被评为2005年全国劳动模范。

30年，安全行驶150.9万公里，平均每年安全行驶5万多公里；“安全行车先进驾驶员”、“十佳驾驶员”、

图13-3 胡锦涛总书记接见全国劳模代表李瑞等

“抗台救灾先进个人”、市劳模、省劳模、全国劳模。这些骄人的数字和荣誉，记录着朱士庚的精彩人生。

“坐朱师傅的车，心里踏实，像在家里的感觉。”这是乘客最多的评价。几十年来，他始终以热心、贴心、细心，接送每一批客人。遇到老年旅游团，他就在车上多备些晕车药、防暑药；遇到“归心似箭”的民工回乡团，他就在车上吃饼干充饥，以节约时间。

朱师傅因过硬的本领，还往往执行“非常”任务。无论是抗台救灾的第一线，还是严防“非典”的前沿，都会有他的身影。

2002年9月6日，台风“森拉克”登陆温州的前一天晚上，朱士庚接到紧急任务，要驾车到四面临江的七都岛，将岛上的群众接送到安全的地方。老朱接到任务后，火速赶到单位，开车直奔七都岛。当时，通往七都的灵昆大桥上风很大，车子行驶在桥上，都有些摇晃。他和同事凭着过硬的技术，来回穿行在狂风骤雨中。当最后一批群众安全撤离时，已是次日凌晨。当天上午，他又和同事一起在单位待命，接受市防汛指挥部统一调度。

图13-4　劳模朱士庚（来源：http://www.wzrb.com.cn）

2003年，防范“非典”时，朱师傅加入了抗“非典”的队伍。连续在温州大桥值班30天，将出现发热等可疑情况的进温旅客送往指定地点。“云娜”台风袭温时，朱士庚又再次受命到七都岛接送群众。

朱士庚，就这样在滚滚车轮中转出精彩的人生。

（来源：http://www.66wz.com，作者：袁艳）

【典型】　树“窗口”形象，立职业丰碑

佳木斯市运输管理处副处长王亚新，以身作则，率先垂范，敢于吃苦，治理整顿人力三轮车市场。在他的领导与支持下，出台了相关制度和规定，并在实际工作中认真执行，取得了较好的效果。经过一年的整顿，非机动车经营者达到了持证上岗，服务规范，车容车貌有很大改观，为非机动车营运市场的良好秩序打下了良好的基础，也为从业者的规范运营创造了良好的环境。王亚新同志能够紧紧抓住行业特点，把经营者的事放在首位，充分发挥一名共产党员的先锋模范作用，为运政行业树立良好的“窗口”形象做出了努力，成为运管系统出色的共产党员学习的榜样。

他2001年荣获市交通系统“劳动模范”光荣称号；1999年至2002年市交通系统“十佳”运管员光荣称号；1999年至2001年度运管处机关“文明个人标兵”光荣称号；2004年荣获佳市“执法先进个人”，市“十佳青年”工作者光荣称号。

（来源：http://www.yunzheng.org）

图13-5 佳木斯市运输管理处王亚新

（二）行业楷模的培育

行业楷模是整个行业的形象和学习的榜样，所以对他们的培育具有重要意义。

首先，在行业内应具备树立典范的土壤。行业内部必须创建一种弘扬正气的舆论氛围，这不仅有利于行业楷模的出现，而且有利于楷模的成长。其次，应做好对行业楷模良好形象的宣传，使楷模能在行业内被普遍接受与推广，从而更好地发挥榜样的示范作用。第三，应加大对行业楷模的激励。包括精神上和物质上的奖励，激励行业楷模，从而形成一个“比、学、赶、超”的浓厚氛围。

第十四章 行业文化核心工程

道路运输行业文化的表达系统主要包括三个方面：理念识别系统、行为识别系统和视觉识别系统。如果把道路运输行业文化系统比作一个人，那么理念识别系统就是“脑”，而行为识别系统就是“手”，视觉识别系统则是“脸”。三种系统的功效交相辉映，在文化建设中缺一不可。

一、理念识别系统

理念识别系统是道路运输文化的灵魂，是道路运输文化建设的核心，它传递着行业的核心价值观念，塑造着行业的精神风貌，影响着制度文化和物质文化的建设方向和建设内容。

（一）建设内容

1. 确立使命

使命是指为实现组织发展目标和社会价值而确定的业务范围，是行业或组织存在的目的和理由，让行业内人员清楚地知道未来的责任和义务是什么。使命的制定，应注意以下几点：

使命的确立和制定应根据行业特点和行业环境来进行。不同的行业内的组织，其价值取向有一定差别，因此，其使命也应有所区别。

使命的制定还应符合公众的期待。使命的制定，应着眼于对社会调查的基础上进行，使命的描述，应便于公众的理解和接受。

使命不仅定位要准确，而且表达要精练，并力求简洁明快。因为，长篇大论不容易让人记忆，而简洁、明快的语言表述容易让人一目了然，加深记忆。

道路运输行业的行业使命为：

运达天下 情系万家

道路运输各级组织应以其为参照，制定符合自身特点的使命。

如河北省廊坊运输公司的使命为：

服务社会、奉献真情、诚信经营、打造品牌

广西运美运输集团有限公司的使命为：

安全舒适、方便准时、服务规范、诚信文明

2. 确定愿景

愿景是行业或组织希望将来实现的理想目标，引领和鼓舞着行业内人员的工作行为与工作热情。确定愿景是建设理念识别系统的重要内容。愿景的确立，需要体现以下几个特点：

（1）高品位。一方面，愿景的设定，要能体现时代感、社会责任感，具有较高的思想品位。另一方面，在愿景的表述上、语言要高雅，并富有感染力，具有较高的文化品位。

（2）识别性。愿景是理念识别的重要组成部分，它应符合道路运输行业的特点，突出行业个性特征，更易于人们识别，否则，就无法获得公众的认同。

（3）统领性。愿景不是短期的具体目标，而组织内部在较长时期内的最高纲领和最高目标，它具有统领发展全局的战略性作用。

（4）激励性。愿景描绘的是行业发展的未来蓝图，展示的是行业发展的光辉前景，它能够激起行业人员对未来的美好憧憬，具有激发人们工作热情、增强工作干劲的强大动力。

道路运输行业的共同愿景是：

人便于行 货畅其流

道路运输行业的各级组织应当以这一愿景为指导，来确定自身的愿景。

如广东香江旅游运输有限公司的愿景为：

便利、安全、快捷、舒适

青海省汽车运输集团凯达货物运输有限公司的愿景为：

诚实守信、科学管理、安全准时、经济运输

（二）建设流程

理念文化是组织发展的愿景、使命等理念的整合与统一，是整个组织形象设计的灵魂和原动力。创建理念文化，需要对行业及组织的性质、历史、特征及条件等各种因素进行综合分析，并在此基础上加以提炼、概括和展示。

创建理念文化一般要经过以下几个步骤：

第一步，征集。这是发动组织所有人员征集的过程，是对行业或组织再认识及总结升华的过程。具体操作时可由行业内外部征集相结合，其结果是汇集行业或组织为大众所接受的核心理念。

第二步，初选。这是由策划委员会依据道路运输行业的属性对所征集的核心理念进行初步取舍的过程，其结果是保留符合行业及组织特性的核心理念。

第三步，评审。这是由专家组对初选方案依据一定原则进行全方位评审的过程，形成专家评审意见。

第四步，公示。将专家确定出来的几个方案进行公示，进一步征求意见，并将征求意见的结果汇总上报决策机构。

第五步，确定。这是文化建设决策机构依据行业及组织实际发展状况及评审意见确定核心理念的过程，其结果是确定了的核心理念。

理念文化建设的流程如图14-1所示。

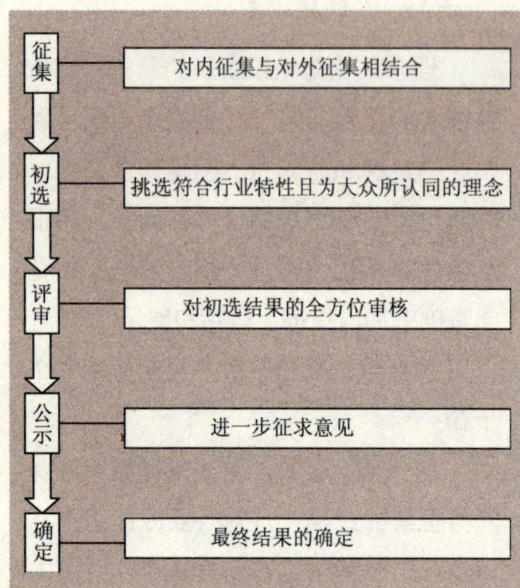

图14-1 理念文化建设流程图

（三）建设案例

理念文化建设是文化建设中最关键的一步，在此过程中不乏表现突出的组织，涌现出了大量可资借鉴的典型，他们为其他组织的文化建设提供了丰富的思想和实践经验。

【典型】 先进理念 推动行业快速发展

“团结、勤俭、敬业、忠诚”是广西超大运输有限责任公司的核心理念，是企业文化的灵魂，是企业发展的动力，是激励、鼓舞、鞭策超大人发奋拼搏的源泉。超大公司用不到10年的时间，把一个名不见经传的运输小企业发展壮大成为全国客货“双一级”资质的运输企业，连续四年进入全国道路运输企业百强行列，这是超大公司近10年发展的真实写照，是超大人创造的一个奇迹。

团结 以人为本

团结：构建一个尊重人，关心人，培育人且充满生机活力的企业氛围。倡导员工以诚相处，用心沟通。胸怀远大。超大公司的企业精神是要构建一个尊重人，关心人，培育人且充满生机活力的企业氛围。倡导经营层、管理层及员工之间要以诚相处，用心沟通。充分发挥蕴藏在员工中巨大的创造力和凝聚力，转化为企业发展的无限动力。员工是企业财富的创造者，也是企业宝贵的财富。多年来，集团以培养“四有”新人、促进企业发展为目标，加强员工的思想道德建设，着重培养和提高企业员工的素质，使他们在创造财富的

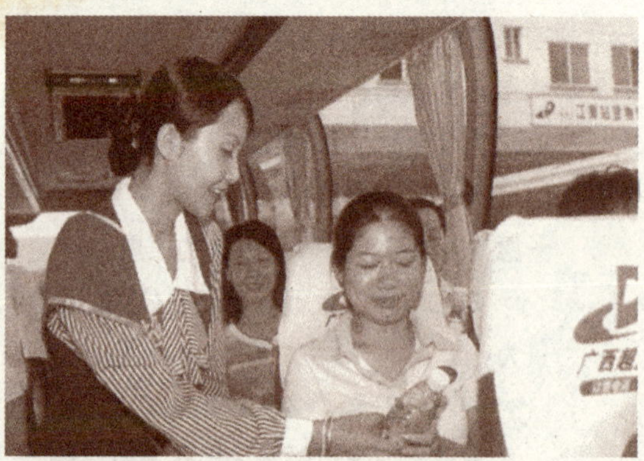

图14-2 员工以行动实践理念（来源：http://www.zgjtdh.com/）

同时，释放巨大的精神力量，实现企业发展和员工个人发展的同步双赢。超大公司通过开展职工职业道德教育和技能培训相结合，把员工培训成为企业的中坚力量。有了高素质的员工队伍，企业发展就有了保证。遇到非常时期，更能体现员工素质提高的重要。

2003年，在“非典”时期，企业遭受的损失更严重，为了保证道路交通的畅通，按照上级要求，营运客车不能停止运输，这样的结果是企业营运客车几乎是空驶近3个月时间，损失近5000万元。为了渡过难关，从公司领导到一般员工自愿减薪，无怨无悔，使企业很快走出“非典”造成的困境。

勤俭　艰苦创业

勤俭：培育一支善于经营管理，又善于适应市场环境变化的经营团队。倡导员工用自己的钱办自己的事，即讲节约又讲效果。追求：适应市场的经营是科学的经营，适应经营的管理是科学的管理。超大公司着力培育一支善于经营管理，又善于适应市场环境变化的经营团队。公司审时度势，把握市场的脉搏，抓住广西高速公路的逐步建成的机遇，从1997年起的10年时间内，通过集腋成裘，滚动发展，投入数亿资金开通高速直达快班，打造了“广西超大快客”的经营品牌，年创营收入超过亿元，创利近千万元。

敬业　开拓创新

敬业：建设一支具有高度责任心和危机感，适应企业发展的高素质员工队伍。倡导员工不断否定自我，不断开拓创新。追求：精益求精。倡导员工不断否定自我，不断开拓创新，是保证企业持续发展的力量源泉。敬业爱岗与推进党建工作和精神文明建设，争创优质服务，树立文明新风结合起来。党组织作为企业的政治核心，在促进企业各项事业发展的过程中发挥着举足轻重的作用，特别是为精神文明建设提供强大的组织保障。为此，公司党委着力抓好自身建设，落实责任制，并大力开展“六好支部”创建活动，确保党组织战斗堡垒作用得到有效发挥。

忠诚　凝聚合力

忠诚：构建一个“超大人”信赖、关心、爱护的家。倡导员工企业是我家，兴旺发达靠全体员工忠诚它。追求：忠于职守。

企业文化的建设和生产经营一样，需要企业高层的强有力的引导和推动，企业文化才能源远流长，潜移默化，形成企业的凝聚力。企业文化通过精神提倡，制度约束，措施推进，逐渐得到广大员工的认同，成为员工的企业精神。

实践证明，企业文化虽然不能解决企业的盈利问题，但是没有文化的企业是难以在竞争中持续成长，是没有灵魂的企业，企业文化既是现代文明派生的产物，又是长期传统遗存的产物，它根植于企业具体的经营管理实践之中，又根植于民族文化背景之中，是中华优秀文化与市场经济的融合体。超大公司也是一个有着50多年历史的老企业，有着深厚的企业文化背景，同时也经历了从计划经济到市场经济的风浪，也随着历史的变革而嬗变，企业文化也推陈出新，老树开花，不断丰富，渗透到企业的管理与发展。

当前，超大公司为了适应中国加入WTO组织和对外开放的需要，整合了货运物流的资源，组建统一的物流公司、货运公司，统一协调经营物流业，进一步扩大物流产业的规模，取得更大的效益。所有这些都是为企业文化打下充实的物质基础，提高企业的经济效益，改善员工的生活水平，以浓厚的物质基础、丰富精神文化的发展，以精神文化、制度文化促进物质文化的发展。

广西超大运输有限责任公司通过打造“团结、勤俭、敬业、忠诚”的企业精神，内抓管理、外抓联合、优化经营结构，抓住机遇、迎接挑战，向更新、更高、更强、更大的目标奋进，利用企业精神筑造出一个生机勃勃、蒸蒸日上的运输企业集团形象。

（http://www.gx.xinhuanet.com）

【典型】 创新理念 打造行业企业辉煌

河北邯郸交通运输集团在文化建设实践中体会到，发展动力来自于创新，创新能力来自于学习。为了全面推进企业文化建设向纵深发展，创新邯运文化理念，提升邯运文化品位，集团公司2005年在全司开展了“学习年”活动，把“增强凝聚力、提高创造力、打造执行力”作为今年企业文化建设工作的重点。通过加强学习培训，不断增强广大员工创新能力。同时，结合中央提出的建立和谐社会的总体要求，提出了创建“和谐邯运”的更高目标，“和谐邯运”为邯运文化增添了新的内容，注入了新的活力。为了进一步丰富邯运文化内涵，拓展其外延，是邯运文化始终保持旺盛生命力，提升邯运文化品味，2006年以来，集团公司在全司员工中开展了职业生涯规划设计工作。每位员工都结合自己的特长和工作实际，制定自己的五年发展规划，在规划中制定自己的总目标、阶段目标、具体措施等，员工真正将自己的发展融入到公司的改革、发展之中，达到了企业与员工共同进步的目的。在综合创新理念的指引下，通过5年多的企业文化建设实践，邯运集团树立起了崭新的企业形象，企业实力大大增强。

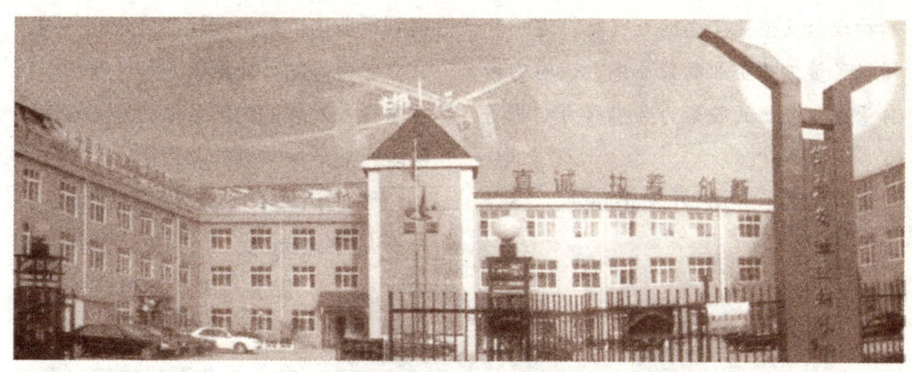

图14-3 邯郸交通运输公司（来源：http://www.hanyun.cn/）

（四）系统展示

道路运输行业理念文化的展示，主要为了宣传行业的使命、愿景等理念，增强行业的凝聚力，塑造行业的良好形象，振奋行业精神，推动行业进步，并产生巨大的感召力。理念文化的展示主要通过标牌、海报、标语、宣传栏、网络、报纸、广播、电视、文艺表演等活动实现，一方面是让行业内人员熟悉理念的基本内容，另一方面是通过这些引人注目的展示让社会大众知晓行业的文化理念，增强对行业的认同。

在理念文化的展示方面，道路运输行业的许多组织开展了大量的工作，通过各种有效途径来宣传自己的理念，塑造了良好的形象。

【典型】　展示新理念　增强凝聚力

广州海珠客运站确立了“顾客至上、和亲一致、永争第一”的企业精神和“人·环境·新旅程”的经营理念以及“用心伴行”的服务品牌等企业理念和价值观体系。在理念宣传渗透上，客运站在办公楼入口处挂起一块高大的牌子，上面醒目地写着：“顾客至上、和亲一致、永争第一”等企业文化的核心理念。无论上班下班，它都时时提醒企业的每一位职工：顾客是海珠客运站生存、发展的基础，善待顾客，就是善待自己；把个人的追求融入到企业的发展中，实现个人价值与企业价值的融合；永不言败，永立潮头，要做就做最好。同时，利用站报、宣传栏、各种会议、培训时间等教育阵地有计划、有组织地进行学习。并通过举办以弘扬企业精神和理念为主题的文艺晚会和一系列全员性互动式的文体活动、竞赛考核等形式，潜移默化地教育渗透，解放思想、统一认识，实现了职工对企业文化建设从怀疑、观望到认同、支持、全力执行的转变。在此基础上，全力打造企业文化宣传阵地，站内售票大厅、候车大厅、办公室、会议室等主要场所，各种精神理念及企业徽志随处可见，进一步增强了员工对企业的荣誉感、认同感和自豪感，企业的凝聚力和感召力空前高涨。

（来源：http://hzstation.gzzc.com.cn）

图14-4 海珠客运服务形象展示（来源：http://hzstation.gzzc.com.cn）

二、行为识别系统

“新理念，心体验，行动见。”

行为文化是贯彻行业理念和发展战略的基础。行业行为文化是指在行业理念的指导下逐渐培养起来的、行业全体员工自觉遵守的行为方式和工作方法，是行业理念中行为规范的物化表现。如果说行业理念文化是行业的“想法”，那么行业行为文化则是行业的“做法”，即通过行业的经营行为、管理行为、社会行为等动态形式，显示行业理念的内涵，传播行业的思想，使之得到行业内部员工和社会公众的认同，建立起良好的行业形象，创造有利于行业生存和发展的内部条件和外部环境，实现行业形象策划的总目标。

道路运输行业应该将理念渗透到所有从业人员的行为中去，并将其转化为员工共同遵守的行为规范体系，这样才能使理念与行为有机地结合在一起，对整个行业的发展起到一定的促进作用。

行业行为所涉及的面非常广泛，可以分为三个层次：行业整体行为、组织行为、员工行为，这三个层次相互联系，相互促进，共同构成了行为文化的完整体系。

（一）建设内容

建设道路运输文化行为文化，就是规范好三种行业行为，将其以恰当的方式展现给社会。行业行为规范主要包括职业道德规范、岗位行为规范、文明服务标准等。

行业整体行为是行业整体对外开展的各种服务或其他活动，以及决策层作出的事关全局性的决策和安排。道路运输管理部门组织的行业文明建设活动、安全运输检查活动等涉及全行业的行为就属于行业整体行为。组织行为指全国道路运输系统中的管理机构及行业中的企业组织的行为。如组织内部管理、信息沟通、教育培训、公共活动、广告宣传、公益活动等行为。从业人员个体行为是从业人员作为独立的个人在工作和生活中的行为。

行为文化建设的结果应当形成文字资料，编制成手册，并组织所有人员通过学习、培训等方式将规范条款内化于心，并在行动中严格遵守。一般情况下，手册的内容应包括行为规范、形象规范等内容。

（二）建设流程

行为文化的建设主要体现为行为规范的制定与建立，此过程一般可分为如下三个步骤：

第一步，明确指导思想。加强行为文化的建设必须有明确的指导思想，指导思想就是用核心价值理念作为行为文化建设的依据，指导文化建设顺利开展。

第二步，梳理原有制度。道路运输行业发展过程中形成了有效的规章制度，为道路运输行业健康稳定的发展起到了保障作用，在行为文化建设过程中，应对原来形成的各种规章制度进行系统梳理。

第三步，创新行为规范。随着社会的发展变化和行业的不断进步，对员工的行为将会提出更高的要求。为了适应形势的变化，应将原有行为规范进行改造和提升，制定新的行为规范，使之与时俱进、不断发展。

行为文化建设的流程如图14-5所示。

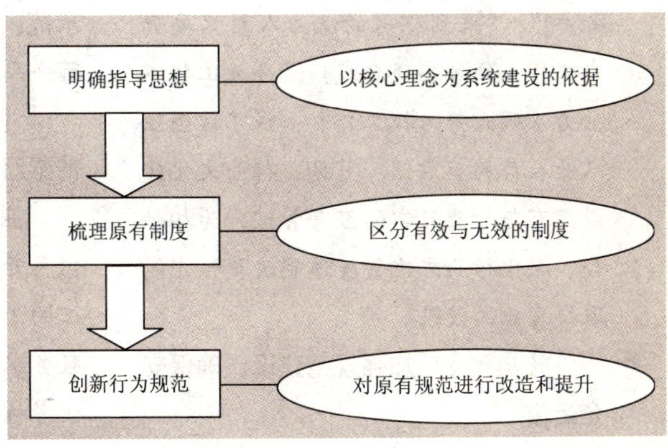

图14-5 行为文化建设流程图

（三）建设案例

【典型】 严格行为规范 焕发组织活力

成都金沙客运就是通过把企业文化建设成功地逐步融入到企业的管理经营中，为企业的发展注入了新的生机活力。该企业的管理经过了三个阶段。第一阶段(1999年至2002年)，公司提出“三严管理”(严格的制度，严格的考核、严格的奖惩)；第二阶段(2002年至2005年)公司提出“三以治司”(以法、以严、以德)；第三阶段(2005年至今)公司推行以人为本的“三三三工作法”，使公司管理更加人性化，精细化和责任

图14-6　成都金沙客运（来源：http://www.d0086.com）

化。“三三三工作法”受到四川省交通厅领导的充分肯定。“三三三工作法”的具体内容是：三定、三化、三包。即：“三定”：定员、定岗、定责；“三化”：管理精细化、服务人性化、操作规范化；“三包”：一岗双责。在搞好本职工作的前提下，实行“岗前三包”。一包安全秩序，岗前无安全隐患；二包清洁卫生，岗前无脏乱差现象；三包遵纪守法，岗前无违规违章行为发生。经一年的严格考核和局部惩戒，换来了员工的一致共识。“走进公司大门，放下您的‘尊严’，一切按规矩办!”“来到公司的从业人员只要勤奋工作，便可实现自我！“今天工作不努力，明天努力找工作”，成了该企业从业人员的座右铭。可见，行业文化建设只有与行业日常的经营管理行为相融合，深化行业文化管理体制改革，才能取得真正的效果。

【典型】　加强规范建设，确保安全运输

山东交运集团从制定四个方面的管理规范入手，加强安全管理，取得良好效果。一是加强客运单位驾驶员夏季安全行车教育，严格执行客运双班驾驶员、中途休息、夜间禁行等有关规定，防止疲劳驾驶，严禁超员车出站。二是抓好道路危险化学品安全运输，严格按核定吨位载货，有针对性地制定夏季危险品运输安全管理措施和可操作性较强的应急救援预案，提高应急处置能力。三是加强营运车辆的日常维护和保养，凡技术检查不合格的车辆，一律不准上路。四是结合内河港航特点开展自查自纠，重点加强小清河航运局所属船舶安全技术状况和有关人员持证上岗情况的检查，对浮桥、汽垫船重点管理，制定汛期应急预案，确保夏季安全生产。

（来源：http://www.cs.com.cn）

（四）系统展示

行业行为文化的展示既包括内部也包括外部两个方面它通过服务标准的示范、礼仪表演、典型宣传、经验交流等一系列的活动展现出来。

【典型】　打造星级标准　展示情感服务

张家口市汽车客运总站从2003年11月开始试行了“星级服务制”，将员工的工作能力、工作态度、工作业绩、服务水平、业务水平转化为数值进行量化考核评定，与个人工资福利挂钩，经过不断完善这一制度业已成熟，在全区县站推广。星级员的评定，激发了全员心系旅客优质服务的情感。全体职工伴随着时代，不断更新的知识，主动学习业务提高自身素质已成为每一位员工自觉的行动，全体职工为了服务上星级，各个苦练基本功，在业余时间也模拟上岗操作，从而有效地提升了员工的整体素质，提升了服务质量。

三、视觉识别系统

视觉形象设计是勾勒世界的神笔，笔锋过处，气象万千，良好的视觉形象能够带给人们深刻的记忆和美好的享受。进行视觉识别系统的设计已经成为各行各业提升社会形象的基本途径，道路运输系统只有通过建设独具特色的视觉识别系统，才能使自身形象变得与众不同，提升行业的社会影响力。

视觉识别是行业发展理念、发展战略、品牌形象以及行为规范的外在集中表现，是行业对内对外广泛传播、取得大众认同的符号系统。

（一）建设内容

行业视觉识别系统有其自身的构成原理和符号特征，它强调引人注目，寓意丰富，简洁明快，易识易记。在确定了行业理念识别系统后，运用平面构成、立体构成、色彩构成等视觉传达设计的技能与方法，根据行业发展要求和竞争策略的需要，来进行行业识别系统设计。行业视觉识别系统可以鲜明地刻画行业特色，突出行业理念，使社会公众对行业产生一致的认同感。

视觉识别系统设计包括两大任务：基础性系统设计和应用性系统设计。

1. 基础性系统

基础性系统设计是以行业标志为核心的基础视觉设计，它主要包括：标志的设计、标准字的设计、标准色的设计等。

1）设计原则

个性原则：设计要突出行业形象，具有鲜明个性特征，有创意、富有特色，可与其他行业明显区分，突出与众不同之处，使人过目不忘。

简洁原则：简洁明快，寓意准确，易于传播。能准确表达出其含义和意义，使人产生联想。

美学原则：符合公众的审美心理、文化传统和风俗习惯。投公众之所好，为公众所喜闻乐见，便于为公众接受。

时代原则：设计要富有时代气息，符合时代潮流，使其经久不衰。

适用原则：有较广的媒介适应性，能适应于车辆、招牌、信封、信纸、名片以及建筑物墙面等各类媒介。

新奇原则：构思须巧妙、新颖，力求避免雷同或近似。

2）设计内容

标志的设计：标志是行业或组织

与社会沟通及资料信息传递的核心，是消费者对行业或组织认知、认同的代表物。一个出色的标志，会增加顾客对行业服务的信赖感。行业标志不仅是文字名称、图案记号的组合，还是依据行业的构成、类别、经营理念，并充分考虑标志接触的对象和应用环境。为行业制定的标准视觉符号，代表着行业的形象、特征、信誉。

道路运输行业运管机构的标志见图14-7。

图14-7 道路运输行业运管机构的标志

邯郸交通运输集团的标志极为简洁美观，见图14-8。

图14-8 邯郸交通运输集团的标志（来源：http://www.hanyun.cn/）

云南金孔雀交通运输集团有限公司的标志的整体构成是通过“C”（交通英文Come and go， conveyanee）和“S”（服务英文单词Servicer的第一个字母）为设计基本元素。

两个流畅动感的“C”线形，均衡对称，紧密相融，巧妙组合，构成了鲲鹏展翅的基形。隐喻云南金孔雀交通运输集团有限公司在21世纪敢于面对跨区域、跨省及国际交通运输变化新挑战的气魄（图14-9）。

图14-9 云南金孔雀交通运输集团有限公司标志（来源：http://www.ynsmsttg.com/）

标准字的设计:设计的行业标准字是行业形象的文字表达，主要用于各种宣传媒介(标志、广告、事务用品等)上。标准字是视觉识别设计的基本要素之一，作为一种符号，和行业标志一样，能表示极为丰富的内涵。由于行业理念和内容不同，加上设计者的巧妙构思，使标准字的设计呈现多姿多彩的形态。图14-10为道路运输行业运管机构的标准字。

邯郸交通运输集团的标准字为中

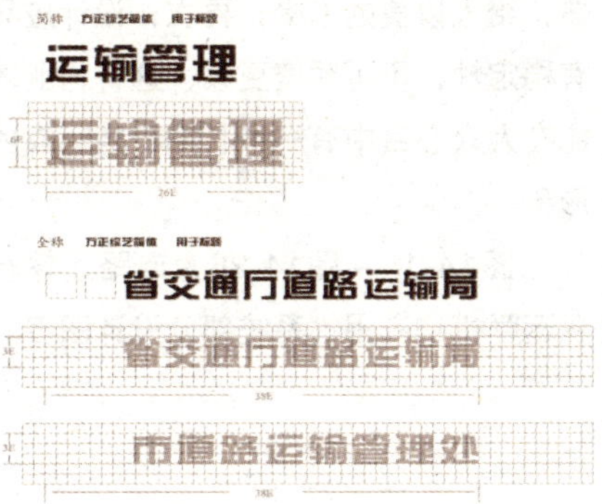

运输管理
运输管理
省交通厅道路运输局
省交通厅道路运输局
市道路运输管理处

图14-10 道路运输行业运管机构的标准字

国书协原主席刘艺所书，彰显了独特魅力（图14-11）。

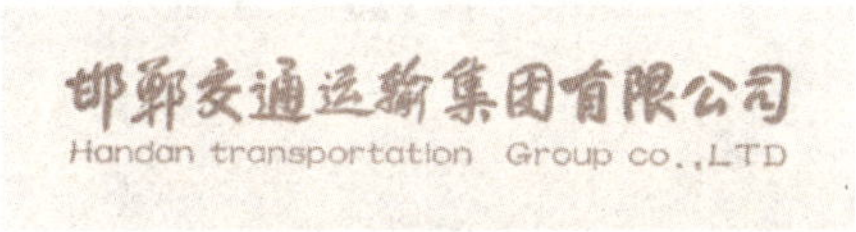

邯郸交通运输集团有限公司
Handan transportation Group co.,LTD

图14-11 邯郸交通运输集团的标准字（来源：http://www.hanyun.cn/）

云南金孔雀交通运输集团的标准字简洁有动感，像一只腾飞的凤凰（图14-12）。

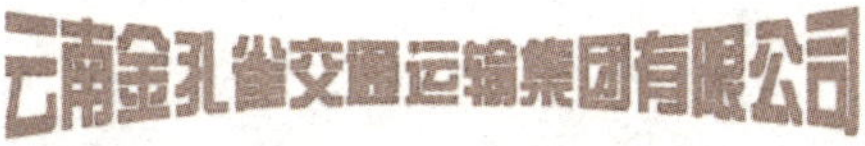

云南金孔雀交通运输集团有限公司

图14-12 云南金孔雀交通运输集团有限公司标准字（来源：http://www.ynsmsttg.com/）

标准色的设计:标准色是行业指定的某一特定的色彩或一组色彩系统，它广泛地应用于行业标志、广告、包装、服装、事务用品等应用性要素上，透过色彩具有的知觉刺激与心理感应，表现行业的发展理念或服务产品的内容特性。标准色具有强烈的识别效果，是视觉识别设计中重要的基本要素。图14-13为道路运输行业运管机构的标准色及辅助色。

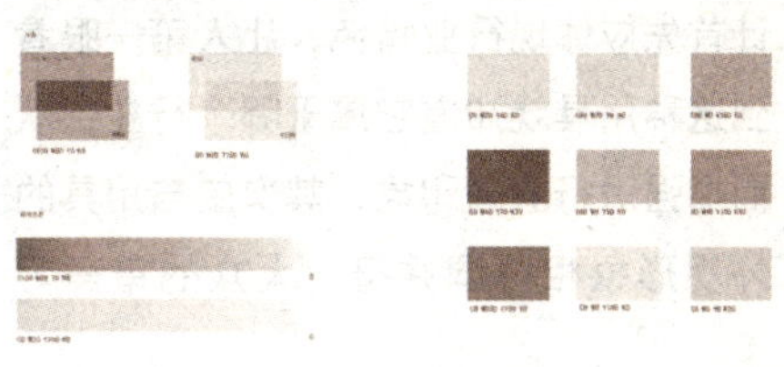

图14-13 道路运输行业运管机构的标准色及辅助色

图14-14为邯郸交通运输集团的标准色。

C=100 M=40
M=100 Y=100
C=0 M=0 Y=0 K=0

图14-14 邯郸交通运输集团的标准色（来源：http://www.hanyun.cn/）

2. 应用性系统

应用性系统设计是以行业应用性用品为核心的视觉设计。应用性用品、用具有着广泛的流通性，经过系统设计不仅可以提升行业形象，同时也是一种重要的广告形式，其作用不可忽视。

1）应用性系统设计的内容

应用性系统设计对象主要包括证件符号类、文具类、对外账票类、交通工具外观类、大众传播广告类、服装类、出版印刷物类、待客用的物品类、场站外观类等。

2）设计原则

应用性系统的设计应以大众对道路运输行业形象的识别为准。应用性设计首先应体现行业特色，让人第一眼看到这种用具就知道它属于哪个行业，从而增强对行业的印象；其次应与用具的外观形象相协调并符合大众的审美习惯，给人以美的享受；再次，设计应具有稳定性，不可频繁更改，这样行业才能在大众心目中有一个长期稳定可靠的形象。

图14-15～图14-26为道路运输行业运管机构应用性系统部分设计图案。

图14-15　道路运输行业运管机构档案盒外观设计

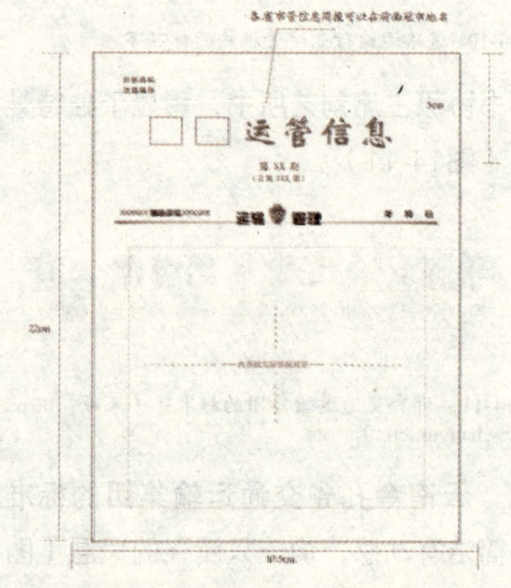

图14-16　道路运输行业运管机构信息简报外观

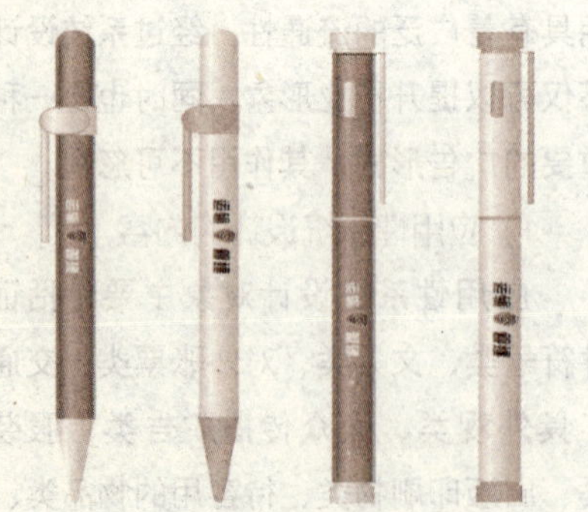

图14-17　道路运输行业运管机构纪念笔外观设计

图14-18　道路运输行业运管机构手提袋外观设计

运输 管理
编号：01
出入证
工作证（内部工作人员证件）
规 格：93mm×62mm
材 质：硬卡或其他
出入证（前来办事人员临时证件）
规 格：86mm×54mm
材 质：硬卡或其他

图14-19 道路运输行业运管机构员工证件外观

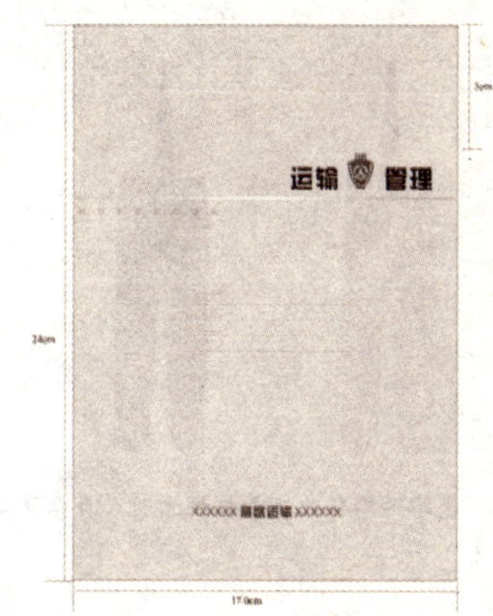

图14-20 道路运输行业运管机构笔记本外观

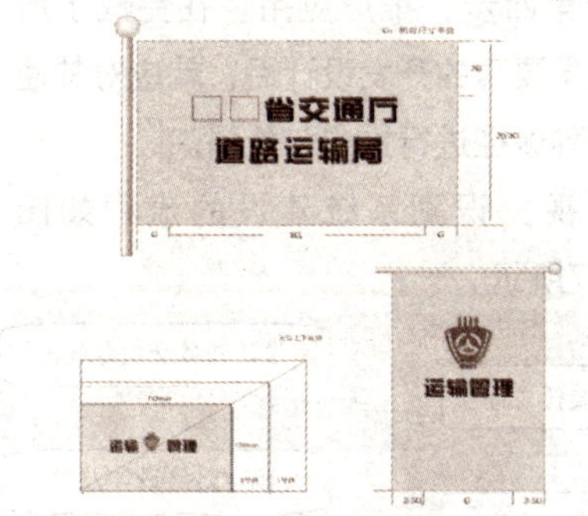

图14-21 道路运输行业运管机构旗帜外观

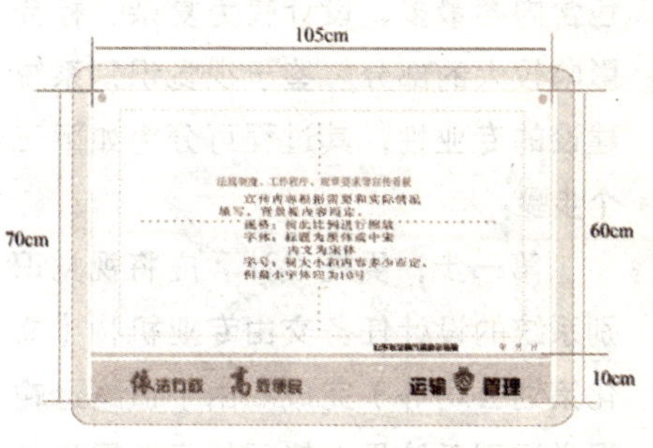

图14-22 道路运输行业运管机构工作大厅宣传看板外观

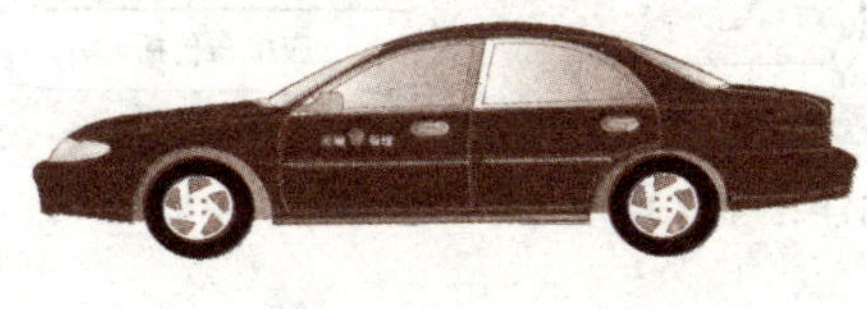

图14-23 道路运输行业运管机构轿车及外观标识规范

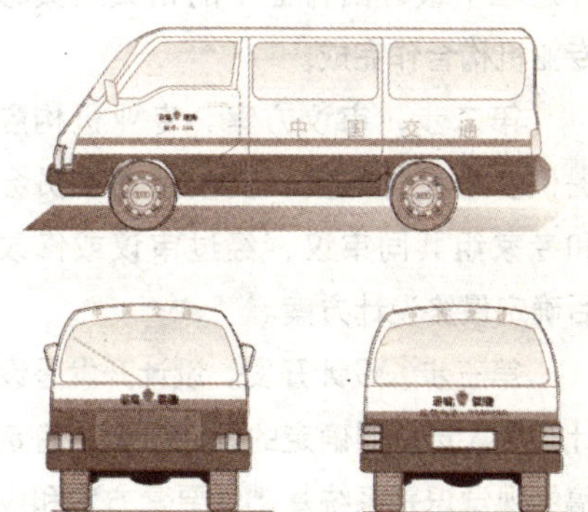

图14-24 道路运输行业运管机构面包车及外观标识规范

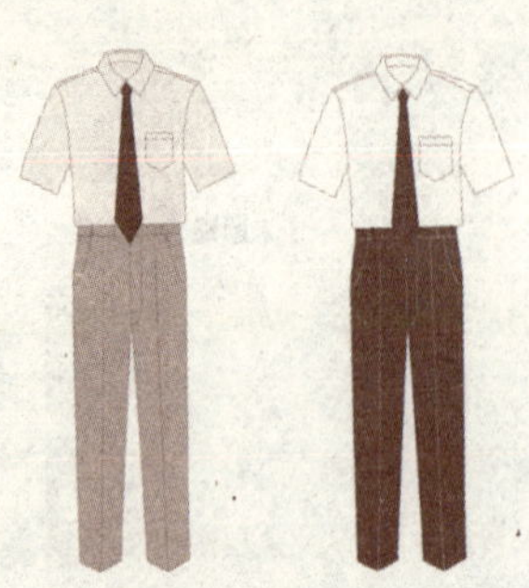

图14-25　道路运输行业运管机构管理人员春夏季男装规范

图14-26　道路运输行业运管机构管理人员秋冬季女装规范

（二）建设流程

视觉识别系统是三种识别系统中包含内容最多、设计较为复杂、社会影响较大的部分。鉴于视觉识别系统建设的专业性，其过程可分为如下三个步骤：

第一步，委托设计。应将视觉识别系统的设计任务交由专业机构（文化策划公司等）完成。由于道路运输视觉识别系统具有鲜明的行业属性，采用部分委托的方式较为合适，在设计过程中最好由行业中的相关人员与专业机构合作完成。

第二步，审议方案。专业机构应提供多个设计方案，交由策划委员会和专家组共同审议，经过审议或修改后确定最终设计方案。

第三步，设计开发。设计开发是设计开发人员按照确定的设计方案，将定稿的视觉识别系统基础性要素方案和应用性要素方案进行细致的推敲和修改，以达到美观、简洁的设计效果。这一步是视觉识别系统设计的关键。

第四步，推广应用。在完成了所有视觉要素的开发设计后，就应对其通过多种途径进行推广与传播。

视觉识别系统建设的流程如图14-27所示。

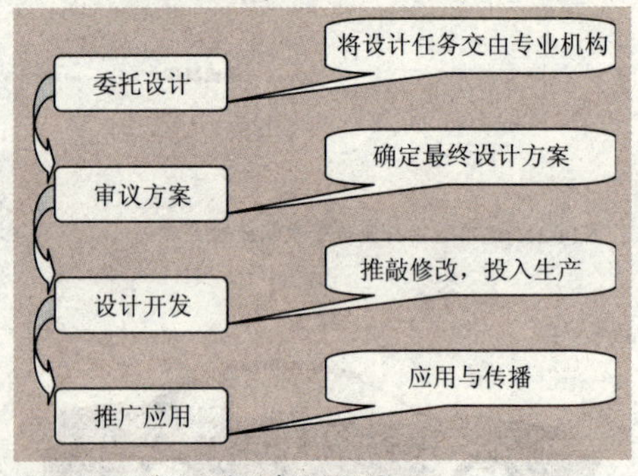

图14-27　视觉识别系统建设流程图

（三）建设案例

青岛交运集团于1999年成立CIS企业形象策划小组，对集团的整体视觉识别系统进行研究。集团首先多次进行交运文化新理念征集活动，发动各企业、单位共征集理念用语2000余条。在1996年、1998年、2001年分别由市委宣传部、市文明办、新华社组织过三次“情满旅途”理论研讨会，每一次理论研讨都是对交运文化的一次提升。2006年集团发布了企业文化新理念确立了“真心真情、专心专注”的现代企业新形象。最终在理念识别的基础上，聘请专业的广告公司进行形象策划，集团成功全面导入CIS，统一了文化理念、行为规范和视觉识别，树立了崭新的企业形象。由此，一个以“情满旅途”品牌为主体的交运文化底蕴日渐深厚。

（四）系统展示

行业视觉识别系统是将行业的理念和战略构想运用词汇和画面来展示，使抽象理念落实为具体可见的传达符号，形成一整套象征化、同一化、标准化、系统化的符号系统。行业视觉识别系统是行业形象的静态表现，与社会公众的联系较为密切，影响也较为广泛。

行业视觉识别形象展示的最佳方式，是在“行业传播系统”的SCMR模式(Source—Code—Media—Receiver)，建立一套完整而独特的符码系统(图14-28)。这种整合传播理论倡导以社会公众为核心，以统一的目标和统一的传播形象，传递一致的行业信息，实现行业与社会公众的双向沟通，迅速树立良好的行业形象。在信息整合传播过程中，视觉识别起着重要的协调统一作用。

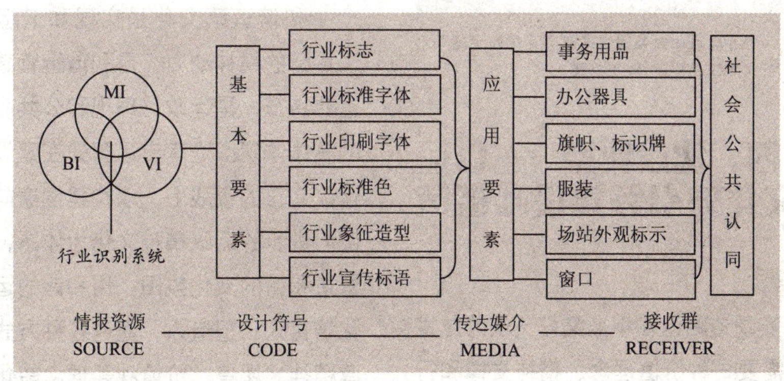

图14-28 “行业传播系统”的SCMR模式

【典型】 展示形象 展示信念

邯郸交通运输集团将蓝色确定为企业的标准色，邯运蓝意味着未来、远大、智慧和力量，象征着幸福和希望，蓝色是宽广和博大，蓝色是平静和深邃。蓝色的邯运，蓝色的邯运人，邯运人用心灵锻造出属于自己的蓝色文化。集团公司从视觉识别系统一出台，便利用3年多时间，规范集团的所有视觉识别物，大到企业建筑、候车室、办公楼、销售厅、营运车辆，小到员工服装、一张车票、一只水杯，都在传递着蓝色邯运的整体形象。为了扩大广告宣传效应，邯运集团将卡通马作为吉祥物（图14-29），寓意邯运人朴实、勤快、忠诚、耐劳的优秀品格，表现了邯运人“执着向上，严细诚信，马不停蹄，忘我工作”的精神风貌。

（来源：http://www.hanyun.cn/）

图14-29　邯郸交通运输集团视觉识别系统的卡通马形象（来源：http://image.baidu.com）

四、建设典型——以运政文化为引领建设和谐运管

实现道路运输事业又好又快跨越发展，需要一种价值理念、精神支撑和行为规范作为基础保障。淮南市公路运输管理处通过加强行业文化建设，把“便民高效服务”作为行为要求，外化于行，不断丰富和谐运政文化建设内涵，促进了道路运输事业又好又快跨越发展，树立了淮南市公路运输管理处典型的行业文化建设形象。

近年来，淮南市公路运输管理处以建设和谐运政文化为引导，用创新精神，努力建设运政精神文化、制度文化、物质文化，把培育“和谐运政文化”作为全体运管人员价值取向，内化于心；把“规范行政程序”作为管理理念，固化于制；把“便民高效服务”作为行为要求，外化于行，不断丰富和谐运政文化建设内涵，促进了道路运输事业又好又快跨越发展，树立了淮南市公路运输管理处典型的行业文化建设形象。

（一）创立运政精神文化，内化于心，构建和谐运管价值体系

和谐运政文化是实现和谐运管建设目标的精神动力，是和谐运管建设的重要特征，是运政管理观和公共服务观的具体体现。淮南市运管处在建设和谐运政文化的实践上，以构建健康向上、协同进步的运政精神文化为体系，积极营造和谐的文化氛围。用和谐的运政文化培育人、塑造人，通过各种方式将运政精神、愿景、价值观等理念转化为职工共同认识，变共同认识为心理认同，形成群体心理定式，进而把价值理念转化为思维定式，内化于心。在构建和谐运管价值体系中淮南市运管处采取了以

下做法：一是确立和谐运政文化群体价值取向。二是确立管理部门便民文化服务宗旨。三是树立运政人员和谐人文管理理念。四是积极培育运管人员和谐文化心态。五是强化职工道德文化建设。在各项工作中，始终让道德文化内核在职工的和谐运政文化实践中升华、提炼，凝聚成明德知善、和谐行善的高尚情操。通过不断努力，丰富了职工的精神内涵，提升了职工的文化精神，振奋了职工的精神状态，培育了职工的高尚道德情操。

（二）建设运政制度文化，固化于制，规范和谐运管行政行为

固化于制，就是把运政管理规章制度明确化，实施绩效管理。把运政事业的价值理念和行为要求用制度“固化”，是运政文化建设的中心环节。只有把规章、制度固定下来，执行下去，使职工既有明确的价值观导向，又有制度的约束规范，才能真正地创建和谐。淮南市运管处紧紧围绕“和谐运管建设”主题，以体制机制创新建设为重点，实施重点突破（强素质、树形象）、四位一体（规范管理、和谐执法、文化建设、便民服务）的创建战略，通过制度文化建设，不断拓展和谐运政文化建设工作内涵，规范了管理行为。通过加强运政队伍建设，建立和谐管理机制，实践运政和谐执法，实施绩效评估激励机制等措施，证明了以良好激励机制推动规范运政管理制度文化，既能约束职工工作行为、增强凝聚力和战斗力，又能够有效动员职工的文化力量，积极参加和谐运管建设。

（三）丰富运政物质文化，外化于行，树立和谐运管服务形象

和谐运政文化的生命力在于它的文化思想转变为职工的具体行动，实现形神高度统一，让职工的文明和谐的工作行为和形象被有效传扬并被人们接纳实践。淮南市运管处下大力气，投

图14-30 档案管理

图14-31 群众投诉受理

入大量人力、财力，以物质文化建设为基础，让全体职工通过改善工作条件、提高福利待遇、规范工作行为、树立服务形象的实践在同媒体合作过程中，着力传扬和谐运政文化理念，展示和谐服务行为，树立运政效能建设新形象。通过构建系列宣传平台，推进数字运政建设，营造和谐工作环境，树立了行业文明创建形象。

第十五章 行业特色文化建设

特色文化是道路运输文化花园中最鲜艳的花朵。在道路运输文化建设中，特色文化已成为一种巨大的力量，深深熔铸在全体行业员工的创造力和凝聚力之中。

有特色的行业，才会真正具有竞争力；有特色的行业文化，才会真正具有生命力。

展示道路运输行业自己鲜明的行业特色，要把反映本行业特色的文化总结和提炼出来，使其更加丰富道路运输文化的内涵。道路运输行业的特色文化也是道路运输行业的主题文化，它们之间既相对独立又互为补充，其中服务文化是核心，管理文化是手段，安全文化是保证，窗口文化是形象，品牌文化是亮点。五种特色文化的关系如图15-1所示。

图15-1 道路运输行业五种特色文化关系

一、服务文化建设

服务文化是道路运输行业最核心的主题文化。“老吾老以及人之老，幼吾幼以及人之幼”，顾客不仅是我们的上帝，更是我们的亲人，树立“用户至上”的服务意识，用对待亲人的热情和真心去服务他们，道路运输行业就会获得社会大众的认可，获得更广阔的发展空间。

道路运输服务文化是指在客运、

货运及道路运输相关业务中向乘客、货主等提供服务的过程所体现出来的文化风貌。优质服务是道路运输服务文化的亮点，它主要通过服务态度端正、服务设施完善、服务项目齐全、服务行为文明、服务费收合理、服务业务熟练等，在服务中融入真情，通过“一个由衷的微笑”、“一声亲切的问候”、“一番热情的指导”、“一句温柔的语调”，使旅客感到温暖、愉快、满意。

我国一些传统的美德更是可以穿越时空在当今的道路运输服务中加以体现。“陶四翁烧毁假紫草”，宁可遭受损失，也不去坑害别人，告诫我们诚信的重要；“季布一诺千金”、“卓公行千里如期”，言必信，行必果，教导我们“践诺履约”的崇高；“尾生守约不离”，死于洪水，告诉我们守时守信的可贵。这些都是中国社会的传统美德，给我们极大的道德震撼，是我们在新时期进行服务文化建设的重要精神动力。

建设道路运输服务文化首先要规范行业服务制度。道路运输行业是一个流动的窗口，南来北往的旅客有着不同的需求，需要给出门在外的他们营造一个温暖的环境。面对这个错综复杂的群体，应不断总结工作经验，逐步摸索出一套行之有效的服务规范。

翻开南京中央门长途汽车站的《服务行为规范守则》，多达34页，共分“标准化客运服务礼仪”、“空港式岗位操作规范”和“爱心服务法”三个部分，其中又细分了17个小部分，全面对车站工作人员的服务进行规范。其中，标准化客运服务礼仪是做好客运服务的基本要求，包括员工的标准化仪容、标准化仪表和标准化仪态等规范；空港式岗位操作规范是在标准化礼仪基础上的提升，包括迎宾、售票、电话、安检、检票、投诉接待、广播、秩序、行李寄存、保洁等10个特色岗位的工作标准以及服务常用语等内容，并对一些岗位提出英语、哑语服务等特殊要求。

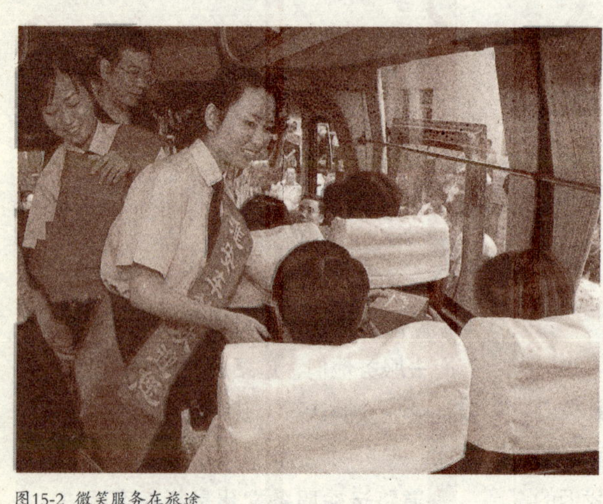
图15-2 微笑服务在旅途

行为规范的设计不是一天两天就能完成的，也不是哪个人就能完成的，需要行业全体从业人员长时间的探索和修改，是辛勤汗水和集体智慧的

图15-3 南京中央门长途汽车站“李瑞班”（来源：http://news3.xinhuanet.com）

在道路运输行业从业人员长期的工作实践中，大多数从业人员深深地感到，服务的过程，实际上也是一个展现真情，接力爱心，创造和谐的过程。行业从业人员需要用自己的实际行动在道路运输行业与旅客之间架起了一座座相互沟通、相互理解的桥梁。只要道路运输行业每一位从业人员都怀着这样的心情去工作，每天都把爱心洒向全国，爱心服务就会像接力棒一样迅速传递，在道路运输行业、在全社会营造互相帮助、互相关爱的温馨氛围。

结晶。例如“上班前要保持口气清新，忌吃葱、蒜、韭菜、洋葱等有刺激性气味的食物”、“手腕部除手表外不戴其他饰物，表带以金属或皮质品为宜，宽度不超过2厘米”、“同旅客交谈时，切忌伸出食指”……正是这一条条非常细致的规范要求，塑造了“李瑞班”优秀服务的良好形象。

其次，道路运输服务文化建设要培养每一位从业人员“忘我服务、甘于奉献”的精神。一走上工作岗位，不论面对什么样的情况，心里必须始终想着旅客。2003年4月，令全世界动容的非典还在猖獗，道路运输作为高危行业，即使面对死亡恐惧，多数从业人员没有选择退却，坚持战斗在“抗非”第一线，这就是道路运输服务文化所极力倡导的行业精神。

第三，要在道路运输服务中发扬“爱心服务、创造和谐”的服务理念。出门在外，旅客难免会遇到什么困难。

最后，道路运输服务文化建设要秉承“创新服务、追求卓越”的创新境界。“服务是一门学问，更是一门艺术。”光有规范的行为、奉献的精神、拳拳的爱心，还远远不能满足不同身份、不同层次旅客们的需求。只有创新才能超越自我，只有爱心才能赢得未来。道路运输行业从业人员必须保持刻苦钻研的精神，积极汲取丰厚的理论知识，以此为后盾，把多年的服务经验加以系统总结，才能形成各具特色的服务方法，将服务升华到一个新的境界。

在当前加快构建社会主义和谐社会的新形势下，道路运输行业要大力弘扬“规范服务，恪尽职守，忘我服务，甘于奉献，爱心服务，创建和谐，创新服务，追求卓越”的精神，积极推动

“迎奥运、讲文明、树新风”活动向纵深发展，鼓舞和带动更多的“窗口”单位创新服务理念、改进服务方式、拓展服务领域，充分展示我们伟大祖国的文明和谐形象，必将产生重大而深远的影响。

【典型】 用心服务 一诺千金

上海长途汽车运输公司旗下的公兴搬场运输物流公司服务标准：

服务宗旨：为客户提供“服务称心、质量放心、搬运省心”的优质搬场服务。

服务公约：不收小费、不损坏东西、不吸客烟、不接受招待。

四满意：准时准点满意、轻装轻卸满意、财产安全满意、价格公道满意。

服务承诺：误点1小时赔偿50元；误点2小时赔偿100元。先搬场后付款、不满意可以少付或拒付。

图15-4 运输物流公司（来源：http://www.gongxingbanjia.cn/）

【典型】 时时献爱心 处处见真情

济宁交运集团及其下属单位多年来注重塑造服务形象，为济宁运输行业赢得了良好的社会形象。

2007年7月份汽车总站组织员工到

图15-5 运输服务到校园（来源：http://www.jnjyjt.com）

市区各大中专院校，集中设点宣传并现场办理暑期学生客票预订及行包托运业务，将服务窗口搬到了消费者身边，受到了学校和学生们的欢迎。图15-5为工作人员在为同学们办理业务。

为配合做好夏季安全生产工作，倡导文明行车，构建和谐交通，在炎热的夏日，济宁交运集团公司开展了以“夏日送清凉，安全伴君行”为主题的爱心送清凉活动。图15-6为集团公司张敦勇总经理等到济宁汽车总站慰问一线驾驶员，把一份份清凉防暑用品送到驾驶员手中。集团领导也扮演了一次窗口服务员的形象。

2007年6月7–9日，是一年一度的高考时间，为方便学生参加高考，济宁交运集团公司出租汽车公司认真开展了“爱心送学子”活动，所属100余辆出租车自愿免费接送高考学生，用爱心和实际行动进一步展现了和谐交运出租形象，展现了集团公司优秀的行业风采。

图15-6 “夏日送清凉”活动（来源：http://www.jnjyjt.com，作者：秦明）

图15-7 为考生提供免费乘车服务（来源：http://www.jnjyjt.com，作者：秦明）

二、管理文化建设

加强管理是做好服务的手段和途径。“木受绳则直”，“没有规矩，不成方圆”，传统的经验已多次告诫我们规则的重要性。建立统一、规范、高效的行业管理机制，是现代道路运输管理发展的趋势。

道路运输行业的蓬勃兴起和运输车辆的急剧增加，在给人们出行带来方便的同时，也给行业管理带来巨大的难题。在长期的行业管理过程中，道路运输行业逐步形成了“依法行政、高效便民”的行业管理理念。加强道路运输管理文化建设，需要以行业管理作风和制度建设为切入点，以提高行业管理人员的管理水平为手段，以加强监督机制建设为保障，实现从传统经验管理向现代制度管理和文化管理的转变。在提高行业管理水平的基础上，提高行业发展的质量、效率和效益，更好地满足经济社会发展对道路运输行业的现实需求。

（一）加强行业作风和管理制度建设

道路运输行业管理面对的是流动性强、管理难度大、管理面广的道路运输市场，人多、车多、场站多，行业管理人员需要具备能识善辩的能力，能够及时敏锐地发现违规、违章，并能及时做出处理，才能有效地维护好道路运输市场的经营秩序。在维护道路运输市场秩序的过程中要培养强烈的责任感和使命感，要随时随地接待群众投诉，逐步形成及时处理各种违规行为的行业管理制度。

道路运输市场从业人员成分复杂、良莠不齐，存在一些不法业户拉帮结伙，欺行霸市，服务水平低劣，职业道德低下，严重破坏了道路运输市场，成为道路运输安全的重大隐患和行业和谐发展的障碍。对这部分从业人员的管理一是要通过耐心细致的思想教育，使他们自觉服从管理，依法经营；二是对屡教不改的要严肃查处，坚决清理出道路运输市场。要建立道路运输经营者的质量信誉档案，做好质量信誉考核工作，并把考核结果作为配置运输资源和客运线路经营权招投标的主要依据。

对道路运输行业中的合法运营的业户要热情服务，尽可能帮助他们解决实际困难。除持之以恒地做好舆论宣传和交通法规宣传外，行业管理部门还应跟踪服务，不定期回访。路遥知马力，日久见效果，只有通过长期的艰苦努力和细致工作，才能推进道路运输行业市场稳步发展，逐步走上安全文明、有序运营的轨道。通过推广标准化、规范化服务，努力为人民群众提供安全、经济、便捷、舒适的服务。培养宣传先进典型，弘扬和倡导优良作风，发挥示范导向作用。

在行业作风和管理制度建设中，要引导行业管理人员和广大从业人员树立诚信为本的观念，鼓励倡导行业诚信经营、公平竞争，时时处处把维护消费者合法权益放在第一位，把服务人民奉献社会的责任放在第一位。

（二）提高行业管理人员的管理水平

要不断加强行业管理人员的业务技能培训，认真学习相关道路运输行业管理知识。一是要加大对运管人员

图15-8 精神饱满的运管队伍

的学历教育和业务培训力度，全面提高运管人员的职业道德、业务素质和执法水平。积极争取地方政府的支持，严格运管人员的准入，由省级交通主管部门按照统一的资格条件，公开考试、择优录取。对于不符合要求的运管人员，要逐步予以转岗或分流。二是要提高管理人员办事效率，积极引进现代化管理手段，学习运政管理信息系统，实施信息工程。通过学习培训，为新形势下搞好行业管理工作做好准备，以应对日益复杂的行业管理形式。要按照《“十一五”期间国家突发公共事件应急体系建设规划》，进一步完善预警机制和突发事件应急预案，形成信息畅通、反应迅速、能力充沛、保障有力的应急运输保障体系。研究建立应急运输补偿机制，设立应急运输专项补偿资金，全面提高应急运输保障能力。

（三）加强监督机制建设

为了确保行业管理过程的公开、公平、公正，杜绝吃、拿、卡、要和乱

收费、乱罚款等不良现象，在行业管理内部必须实行严格的监督制约机制。可成立专门的办公室，设立公开举报电话，随时举报执法人员的违规行为，一经查实，严肃处理；严格实行罚、缴分离；对行业执法行为进行抽查回访等等。要建立健全执法监督机制，落实行政执法责任制，建立执法评议考核制度。统一执法尺度，规范自由裁量权。严禁道路运输管理机构和个人直接或间接参与经营道路运输业务，严禁以职务之便谋取私利。

总之，行业管理文化建设要总结以往行业在依法行政、市场监管、宏观调控、结构调整等行业管理经验，在强化安全、保持稳定，管理创新、科技进步，公共服务、应急处理等方面的行业管理基本规律，依据行业市场主体和从业人员的经营服务特点，认真提炼和总结适合道路运输行业的管理文化。同时要加快推进行业管理由传统的管理模式向现代管理模式转变，由粗放式管理向精细化管理转变，要大力加强行业文化建设的步伐，促使行业管理从以制度管理为主向制度管理和文化管理相结合的行业管理新思路迈进。

三、安全文化建设

确保安全是提高道路运输服务能力与水平的最高价值判断标准，是践行科学发展观，切实以人为本的基本要求。

道路运输安全文化就是借助行业文化的成果，充分运用文化的导向功能，把长期的生产经营和安全管理过程中形成的具有本行业特点的安全管理经验，提升到物质与精神结合的境界，成为加强和改进行业的安全管理的精神动力。它包括安全价值观念、安全生产责任感、安全道德观念、安全目标和安全行为准则等，既是一种文化现象，又是行业安全管理的一种理论创新。道路运输行业安全文化是行业文化的组成部分之一。

进行安全文化建设，首先要完善安全管理制度保障体系。安全管理是一项系统工程，安全工作要落到实处，必须有一整套制度保障体系作为基础，对各环节的安全工作流程做出清晰的规定与解释，否则安全工作势必缺乏动力和后劲。安全情况的多变、道路运输环境的复杂性等因素，也决定了要使道路运输安全管理真正纵向到底、横向到边，就必须在保证和监督两大体系的建设上下工夫。要落实运输安全责任制，形成良好的安全机制，把经济效益和单位、职工的利益结合起来，在安全上形成责、权、利的共同体，达到长效管理。坚持奖励、处罚和教育相结合，加强运输安全监督，把事故消灭在萌芽状态。

安全管理制度主要应包括安全检

查制度、安全责任制度、教学车辆安全管理制度以及突发事件应急预案等。除此之外，危货运输管理、对重点时段及节假日的安全监管等工作也应当以制度的形式固定下来，以增强安全管理效果。

其次，要培养从业人员的安全意识。道路运输安全管理的实践告诉我们，预防重大事故，必须从小事做起、从基层一线做起，最根本的是必须把安全生产的理念落实到一线从业人员身上，从业人员的安全意识是保证安全效果最为直接的要素，安全意识的培养可以从两个方面入手：

一是注重进行安全培训，重视从业人员安全素质的养成教育。其方式主要有安全常识培训、轮训、复训、安全报告会、安全例会、安全知识竞赛、安全谈心、安全帮教等。安全培训的目的首先是增强职工安全意识，其次是提高全员安全素质，使管理者和操作者都能了解事故发生规律，掌握先进的安全管理设备，具备妥善处置突发事故的本领。

二是开展多种形式的安全活动。要想使抽象的安全生产意识真正被从业人员所接受，达到入心入脑的效果，内化为他们的自觉行为，必须采用形象生动、为员工所喜闻乐见的表达方式，要根据从业人员不同工种、不同岗位、不同心理特点，从各自工作角度，设计好活动载体，围绕安全生产创一流，开展各具特色，富有成效的活动。比如，各个时期的安全竞赛，安全月、安全周的竞赛，党政领导安全动员，家属安全劝导，安全员安全监督等活动。

图15-9 治超行动

图15-10 宁夏西吉开展危化物品运输培训和事故演练（来源：http://www.119.cn）

第三，要重视持之以恒做好安全文化建设。文化的熏陶功能是不能立竿见影的，安全文化建设，要做到月有安排，季有打算，年有筹划，每年都有所提高。日积月累，安全文化才会显示其独特的功能。

另外，在长期的安全管理实践

中，注重抓安全典型的塑造，将在安全工作中表现突出的道路运输管理人员及从业人员的事迹在行业内进行宣传，并组织有效的学习活动，真正把安全习惯贯彻到实际工作当中。

另外，悠久的文明史为我国现代社会积累了宝贵的精神财富，在加强全行业安全意识方面也应充分发挥这些精神财富的作用。如我国自东汉时便有“孔融让梨”的故事，其现实意义是要人们学会谦让，保持和谐。《论语·学而》有云：“夫子温良恭俭让以得之”。由此可知,在古代就已成为圣人或君子盛世德行之一，历经千年时光洗礼,演化至今,“谦让”已充分融入世俗化的生活之中，让座于老弱病残、车辆交汇时“礼让三先”等等细微之举,无不体现着“谦让”的朴素精神内涵。这样的传统对于今天的安全文化建设有着极大的推动作用，为安全文化建设提供了新的视角。

安全管理工作对于运输集团而言是重中之重，宜昌三峡运输集团在开展道路交通安全社会化管理活动中出台多项硬性措施加强贯彻和落实安全管理方案。

明文规定“五个一律”：即凡户口在本单位的员工有机动车辆的，一律登记造册；凡是无牌照和超期未审验的车辆一律禁止上路行驶；凡是没有取得合法有效驾驶证的一律不准驾车上路行驶；凡是有机动车辆的一律按车型分别交纳300元至1000元不等的安全风险押金；凡是发生交通事故的员工一律扣除其风险押金，并责令补缴押金；与此同时，该公司还相应成立了道路交通安全社会化管理领导小组，与各二级单位签订了责任书。并对道路交通安全社会化管理实行一票否决制和百分制考核管理，划分为优秀、合格、不合格三个等次，对年终考核不合格的二级单位取消相关责任人评选劳模资格，对单位主要责任人进行诫勉谈话，连续两年考核不合格的，单位主要负责人就地免职。宜昌三峡运输集团此举特别突出了运输安全管理措施的刚性，深化了组织内成员的安全意识，为安全管理工作奠定了良好基础。

【典型】　建安全文化　铸安全品牌

山东烟台交运集团为进一步打造“烟台交运”安全品牌，以高素质、高水平的驾驶员队伍提升集团公司的公众影响力，营造安全和谐的企业文化氛围，推进安全工作再上新台阶，于2007年4月在烟台汽车总站举行了安全行车百万公里驾驶员授牌表彰仪式。集团公司借表彰仪式的契机对全体工作人员尤其是驾驶人员进行了一次深刻的安全教育。

会议宣读了集团公司《关于表彰安全行车百万公里驾驶员的决定》和

图15-11 山东烟台交运集团

《安全行车百万公里驾驶员奖励管理办法》。给予长年辛勤奔波在运输服务一线，时刻心系安全，严格操作规程，遵章守纪，敬业爱岗，安全行驶里程200万公里的战冠华、安全行驶里程100万公里的贯培艺等61名优秀驾驶员授牌通报表彰，颁发“烟台交运集团安全行车百万公里驾驶员”荣誉证书和奖金。

目前安全行车超过百万公里的驾驶员累计已达220余人，“严、稳、精”三字经、“三勤、四慢、五掌握”、“六不开、七注意、八不走”等行车经验，丰富了安全生产文化内涵。集团公司近年来投入大量的资金和人力、物力来改善运输生产经营环境，严把驾驶队伍管理，安全生产形势不断好转，给集团公司快速发展提供了保障。

受表彰的驾驶员主动与其他驾驶员交流，把良好的驾驶经验通过帮、传、带传授给大家，推进了集团公司驾驶员队伍水平的整体提高。

集团公司这种经常性的安全教育活动，一方面增强了社会对企业的信任感，同时为企业带来了丰厚的收益，这种“心头常系安全事”的作风已深深融入企业的文化之中。

（来源：http://www.chinarta.com）

四、窗口文化建设

窗口文化是道路运输服务行业主题文化的重要特征。“面子”文化是中国传统文化中的特有现象，表达了国人维护和塑造形象以完善自我的需求。“管中窥豹，可见一斑”，行业外部服务形象的展示往往成为顾客判断其整体服务状况的依据，因此一个行业也应当有展示自身良好形象的恰当方式，对于作为服务性行业的道路运输业而言，窗口服务就是一个展示自身的渠道。

所谓道路运输窗口就是指那些与群众直接面对面、服务性强、社会关注性比较强、涉及面广的道路运输单位，如汽车场站、道路运输管理运政大厅、

图15-12 沟通有声与无声世界的窗口

客车、货车等，道路运输窗口文化就是指在窗口服务过程中所反映出的精神理念及其指导之下的行为规范。公众通过道路运输窗口服务，看到的是整个行业的文明程度，感受到的是道路运输行业主管部门和从业人员的服务理念和服务水平。

塑造窗口文化首先要建立行之有效的窗口工作制度体系。为强化道路运输行业窗口工作责任、改进工作作风，提高工作效率，应完善窗口工作制度，并通过奖惩并举的激励机制调动窗口服务人员“主动服务、优质服务、争创效益”的积极性。要依据制度加强对窗口服务行为的检查监督工作，以使窗口服务沿着规范化、标准化的方向发展，真正成为社会大众了解道路运输行业良好形象的渠道。

窗口服务制度应包含窗口服务流程、窗口服务规范和窗口服务质量标准等，同时应包括对窗口服务的考核制度，如人员到岗、现场管理、业务技能、服务态度等。

其次，建设出色的窗口文化要增强窗口服务理念。道路运输行业的工作特色是通过服务窗口展现给大众的，社会对行业是否认同以及对行业的评价很大程度上取决于窗口服务水平，因此必须提升服务品位，创新服务特色，提出并落实具有行业特色的窗口服务理念，公开全新的服务承诺，不断尝试推行各种人性化的、体贴入微的服务方式，让窗口成为“演绎文明、建设文明、传播文明”载体。

第三，行业内应注重推广窗口服务形式的创新。窗口既是具体的，又是抽象的，不仅包括固定的、看得见的服务场所，也应包括各种流动的便民服务方式。在建设窗口文化过程中，既要进一步完善有形的窗口，又要积极探索无形的窗口，在行业内倡导一种“哪里有需要就把窗口办到哪里”的窗口服务理念，使社会大众时时刻刻都感觉到道路运输服务就在他们身边，道路运输服务处处都有窗口，将服务的触角伸向四面八方，充分展现道路运输行业为社会大众真诚服务的本质属性。

图15-13 六安汽车站

【典型】 塑文明示范窗口 创优质服务品牌

安徽省六安市汽车站以创建文明窗口为突破口，促进行风建设，在服务态度、服务环境、服务质量、职业道德、监督制度等各方面狠抓落实，使站容站貌发生了很大变化，为旅客营造了良好的环境，受到社会的普遍好评。

走进六安汽车站，候车厅宽敞整洁、车场秩序井然，还有"评行风，社会监督促发展；六汽人，不用扬鞭自奋蹄"的宣传标语，六安汽车站以全新的面貌迎接八方旅客。

六安汽车站结合本站实际，对照优质规范服务标准，要求全站职工着装整洁，配证上岗，做到对旅客有问必答，礼貌待客。努力改善服务环境，增加十名清洁工全天候进行卫生保洁，同时每天早晨上班前都有领导亲自带职工一起打扫卫生。对30块陈旧破损的公告牌、班次牌进行了更新，建造了100多米的花坛，种植了3000余株黄杨、月季等花木，添置了部分盆景。在效益不好、资金困难的情况下，倡议职工从家中捐献了百盆花木，力求达到站内外绿化美化，环境优美。全站上下营造了"爱站如家"的良好氛围。

评行风，服务质量是关键，该站从提高站务人员素质出发，定时定期组织职工参加政治业务学习，搜集各类资料，包括其他省市的全国文明车站宣传片、照片等内容作为示范，取他人之长，补自己之短，适时对站务人员进行考核，不合格、不达标的不准上岗，千方百计地提高服务水平。针对车站地处环境复杂，车辆混杂，管理难度大的薄弱环节，该站采取死看硬守、增加管理人员进行现场管理，按车型、线路有序停放，对不服从管理的车辆以及"三无"车辆坚决拒之站外，使车场秩序井然，上下有序。

车站是文明窗口单位，站务人员的一言一行代表着企业形象和职业水准，加强职工的职业道德教育是该站常抓不懈的一项工作。该站制定了一系列方案和奖惩措施：对受到旅客来信表扬的工作人员，给予50元奖励，受到新闻媒体表彰的给予100元奖励，对见义勇为、弘扬正气受到好评的同样给予物质和精神奖励，使职工爱岗敬业，恪守职责，乐于奉献。

六安汽车站以文明、优质、规范服务，树立了行业新风，赢得了社会的好评。六安汽车站上下一心、不断开拓进取，所有员工深深相信，“服务好就是品牌”。

（来源：http://ah.anhuinews.com）

【典型】 建设窗口文化 创新服务内容

湖州市运管处各窗口坚持高标准、严要求，根据单位实际，坚持实事求是，积极探索和创造性地开展群众喜闻乐见和具有窗口特色的个性化服务创建活动，进一步丰富了活动内容，拓宽了活动领域，增强了活动的针对性、实效性。

处办证服务中心：一是完善工作制度。实行“一门受理、全程代理、内部运转、限时办结”办理模式，严格按“三个五”运行模式；全面落实《一次性告知制度》、《首问负责制》、《AB岗工作制》、《值班长制度》、《行政许可统计制度》、《窗口巡查制》等制度；推出行政许可“绿色通道”，为申请者提供方便快捷的服务，缩短审批时间。二是强化外部监督。坚持窗口“一事一评”制度，在窗口设立监督评议箱。三是推进政务公开。在原有触摸屏、公开栏的基础上，以门户网站为平台，及时更新行政许可有关政策法规、办事要求、办事程序、办事指南等，方便群众网上查询。四是优化服务环境。全面开展“巾帼示范岗”创建活动，推行微笑服务、诚信服务和亲情服务，重视环境服务设施建设，确保便民设施设备完好，努力为群众提供方便舒适的办事环境。

处违章处理中心：一是严格行政执法责任制。注重建章立制工作，先后制定出台《行政执法监督检查制度》等行政执法十项制度、《行政处罚自由裁量权实施办法》，编写《常用案例汇编》，强化内部执法监督机制。二是完善行政处罚三分离制度。实行“检查部门和处罚部门相分离，检查人员和处罚承办人员相分离，罚款和缴款相分离”，形成检查人员不处理、处理人员不检查、罚款人员不收款，确立缴款交到银行的互相配套、互相监督、互相制约的行政执法运行机制。三是规范执法程序。执法办案方面重“五查”（查处罚依据、查裁量幅度、查文书填写、查办案结果、查有无违法违纪行为）把“四关”（立案关、取证关、处罚关、备案关）。四是彰显人性化执法。

96520举报投诉服务热线：一是加强岗位培训。二是规范热线受理。先后制定《96520举报投诉服务电话工作规范》，《值班人员守则》、《举报投诉机构工作制度》，明确96520管辖范围和职责，规定举报投诉案件的受理和处理，严肃工作纪律。三是及时反馈信息。每季在稽查例会上进行情况通报当月96520的交办、反馈的情况。四是拓展热线功能。2007年被列为“市长热线直接交办点”；协助市纠风办建立了96520“公路三乱”举报快速反应机制，承担省市两级公路“三乱”的举报受理、上报工作。对各类举报投诉，中心做到快速反应，快速处理、快速答复，坚决做到有投诉必受理、有举报必查纠。

基层站点：一是强化市场监管。成立湖州、南浔、织里、高速四个大队，整合稽查力量，构建全市行业管理综合稽查体系；建立联合执法机制，针对高速公路运输违章高发势头，与公安高速交警联合执法，维护高速平安畅通，强化安全管理。二是引入形象识别系统。率先在全省推行CIS形象识别系统建设，目前已初步建成公路稽征系统CIS形象识别体系建设中的VI视觉形象识别体系，以黄、白两色为基本标志色，并在双林站进行试点工作。三是健全监督机制。将服务标准与承诺、工作人员“四条禁令”、工作职责、处罚标准与依据、监督电话等内容公示上墙，自觉接受社会监督。

（来源：http://www.hzygw.com/）

五、品牌文化建设

品牌文化建设是道路运输行业服务文化建设的战略选择。“好酒不怕巷子深”，优质的品牌始终能将大量的消费者聚集到它的身边，有时甚至是“桃李不言，下自成蹊”。

如果把行业文化比作是树的根的话，那么品牌文化就是果。行业文化追求的是内部效应，而品牌文化追求的更多是外部效应，它是文化建设的集中体现，也是行业的无形资产。

品牌文化是指通过赋予品牌深刻而丰富的文化内涵，并充分利用各种强有效的内外部传播途径形成消费者对品牌在精神上的高度认同，创造品牌信仰，最终形成强烈的品牌忠诚。道路运输品牌文化的核心是指道路运输品牌所凝练的核心理念以及品牌管理过程中的行为规范。

进行品牌文化建设，首先要完善道路运输品牌管理制度。品牌管理制度是为了进行有效准确的行业宣传，统一行业形象，积累品牌价值而专门制定的品牌塑造、品牌维护制度，其内容主要包括视觉识别系统的建立、推广以及实施监控；服务品牌的设立和审核；服务品牌的宣传和推广工作的管理；行业形象和产品服务品牌的公关工作管理；品牌发展策略和规划等。

其次，要建设富有生命力的品牌文化必须科学提炼品牌的核心理念。整个品牌文化建设的过程都要围绕品牌核心价值的主线进行演绎，改变或偏离这条主线就会使消费者雾里看花，对品牌认识产生错乱，自然难以积淀成深厚的文化内涵。道路运输品牌的核心是服务，所以整个行业的品牌塑造或行业内组织的品牌塑造就应围绕这一主线进行，无论是强调“情”，还是注重“标准”，都不可脱离“服务”这一核心理念。青岛交运集团塑造的“情满旅途”就是一个定位清晰、易于引人共鸣的品牌。塑造品牌文化不要过大过空，一颗子弹想打下树上所有的鸟，最终是一个也打不到，一种品牌文化想打动所有人的心，最终也只能是一句空话，大而全的品牌文化就是没有文化，深入人心、引起共鸣更是无从谈起，品牌文化从来都是细小之中见伟大。品牌文化还要有清新而独特的内涵。最能打动人心的往往是清新而独特的东西，就像清水之中的芙蓉，东施效颦、故作姿态往往只能适得其反。“兔兔快运”展现给人们的是一个反应神速、勤快可爱的清新形象，自然能博得大众的喜爱。品牌文化必须满足大众的人性需求。品牌文化虽由行业或其内组织建设培育，却由社会大众需求而定。道路运输品牌文化的演绎应洞察大众的内心世界，满足其人性需求。“金孔雀快客”、“金鹿物流”是在金孔雀运输企业集团的品牌文化滋养下成长起来的两大品牌，目前已成长为非常深入人心的知名品牌。

第三，建设道路运输行业品牌文化要增强品牌意识。未来的行业及企业间的竞争是品牌的竞争，更是品牌文化之间的竞争。只有将道路运输服务的价值转化为品牌价值，才能赢得广大的消费者持久的信赖与忠诚。道路运输行业内每一个人都是品牌塑造者和品牌管理者，所有人员都必须有一种品牌意识，时时处处为大众着想并为他们提供高质量的服务，并尽一切力量来维护道路运输的品牌，最终使得道路运输服务品牌在大众的心中生根发芽、枝繁叶茂，为行业带来更大的发展空间。

最后，品牌文化的建设还要使用多种形式的传播手段。道路运输自身的窗口服务是最直接同时也是最有影响力的传播途径，这种方式决定了社会大众对于道路运输品牌的认同。除此之外，道路运输行业广告也是有效的传播方式，对于树立行业在大众心目中的良好形象能够起到锦上添花的作用。另外，行业管理机构或组织还应善于通过公益活动、新闻宣传和赞助活动等途径向社会传达自身的品牌理念，使道路运输品牌深入每一位旅客的心中。

【典型】 速递您的商情、亲情、友情、爱情

“兔兔快运”是隶属于山东省交

图15-14 兔兔快运的形象标志

通运输集团公司，依托于济南长途汽车总站密集的班次网络发展起来的货运体系，具有快速便利、承载能力强等特点。“兔兔快运”充分利用和挖掘现有资源，最大限度地为客户节约更多的人力、财力、物力，用最少的投入获得了最大的经济效益。

兔兔快运为广大客户提供各类同城、异地快速货运、信息跟踪、情意速递、零担、整车运输、中转运输、货物包装、仓库管理、上门接送等高效服务。开展第三方物流、第四方物流的货运代理业务，为大中型企业提供物流方案及具体操作流程。

目前，兔兔快运拥有员工200余人，营业网点10多个，业务范围覆盖全省各地、市、县及邻省92个地区。日发货量3600余件，高峰时日发货量高达7000余件。兔兔快运充分发挥快速、便利、安全等得天独厚的优势，已发展成为快运行业的知名品牌，并为山东交运集团荣膺“中国百强物流企业”立下了汗马功劳。

（来源：http://www.ttky.com.cn/）

【典型】 北京的靓丽名片 奥运的文明使者

2005年8月21日，星期日。早上，一个电话打进了北京首汽股份有限公司：“我是一个外地人，到北京出差，今天想趁着休息去八达岭长城看一看。我对北京不熟，听说你们公司的于凯车队服务好，讲诚信，我很希望他们拉我去长城！”

图15-15 兔兔快运工作人员正在服务中

于凯是谁？他是首汽公司一名普通出租车司机：1976年入伍，1982年入党，1985年复员后到首汽开出租车，一干就是20年，累计行车100多万公里，安全无事故，也从来没有服务投诉，先后荣获全国五一劳动奖章、全国用户满意服务十大明星、北京出租车行业“百优”司机、全国劳动模范等荣誉。

于凯车队又是咋回事？是首汽公司的模范群体：2002年2月5日，首汽公司三分公司八队被命名为于凯车队，这是全国第一支以劳模名字命名的出租汽车车队，现有153名司机，其中党员18名，绝大部分人行车在100万公里之上。

“出租车是乘客们在路上的另一个‘家’。我们每一天都要细心照看好这个‘家’，为来这个‘家’的乘客服务，让他们感受到温暖与真情”。

于凯车队有一个口号：出车——与乘客共享美好旅程。车队的153位师傅驾车穿梭奔驰在首都街头巷尾，日复一日地以敬业的精神、文明的礼仪、真情的服务，诠释着他们对“礼仪北京、人文奥运”内涵的理解。他们把于凯精神与出租司机的服务规范相结合，概括成“四个做好”：“做好应该做到的事”，是指“车净、人和、不绕路、不砍价、不拒载”；“做好乘客满意的事”，就是“千方百计方便乘客，尽心尽意满意乘客”；“做好不留遗憾的事”，就是“珍惜每一次为乘客服务的机会，不给乘客留下遗憾，也不给自己留下遗憾”；“做好无人知晓的事”，就是“人前人后都不做违反职业道德的事，自觉维护行业形象和首都形象”。

徐永良师傅平常不善言谈，可提起为乘客服务来，却一点也不打马虎眼。今年夏季的一个下雨天，一对老夫妇在复兴商业城附近上了徐师傅的车，老大爷说：“小伙子，今儿天不好，我们腿脚又不灵便，也没带雨伞，您可一定得把我们送到家门口啊！”徐师傅一口应承下来。可到了老人住的小区，徐师傅犯难了：临近老大爷家楼门口的路面很窄，路两侧还横七竖八地停放着好些自行车，汽车根本没法开进去。徐师傅下了车，冒着雨将自行车一辆辆挪开，坚持将车开到老大爷的楼门口，搀扶着老两口下车进了楼，这时他自己全身已经淋湿了。

图15-16 于凯在工作中（来源：http://news.sohu.com）

有一次，一位外宾在国际展览中心上了于凯的车，先到琉璃厂，再到古玩城，然后去机场。车快到琉璃厂时，下起了小雨，一身西服的外宾露出了失望的神情。车刚一停稳，于凯就递过一把雨伞，让外宾喜出望外，随后他不慌不忙地逛了琉璃厂和古玩城。到机场后，外宾让于凯稍等一下。一会儿，他和一位服务员走了出来，通过服务员告诉于凯，他是第一次来北京，是于凯友好细微的服务使他对北京和中国留下了美好的印象，他想用刚买的一把新伞换取于凯的那把旧伞留个纪念。“中国好！北京好！你好！”握别时，外宾用很生硬的中国话说。

其实，远不止这几位师傅，也远不止这几件事儿，类似的事情，于凯车队的许多师傅都能说出一串串来。谈起这些事，于凯说：“经常有人问我，出租车是什么？我总是说，出租车是乘客们在路上的另一个‘家’，我们司机就是常住在这个‘家’里的人。所以每天都要细心照看好这个‘家’，精心经营好这个‘家’，为来这个‘家’的许许多多乘客服好务，让他们感受到温暖与真情，这样我们就能给社会多增添一份美好。”

“开出租不难，但要开好出租也不简单，得当成学问，用心去钻研。用心去做一件事，简单的也会有高境界”。

开出租车近20年，于凯以优质服务受到众多乘客由衷称赞，他却一直琢磨着，服务不能老停留在“微笑服务、扶老携幼、拾金不昧”上，应该与时俱进，赋予鲜明的时代特色。

2003年的一天，中国人民大学一位老教授坐了于凯的车。老教授和他聊天时说，服务的最高境界是无痕迹服务，把内心刻意追求的服务热情转化为自然的、乘客察觉不到的行为，让乘客在不知不觉中感受到真诚，得到最需要的服务。听了老教授的话，于凯豁然开朗。

打从这次谈话起，于凯总是在言语和行动上尽量弱化“为您服务”的痕迹。他认真分析各类乘客的心理，区别不同情况，把乘客最需要的服务送到他们身上：遇到老人上下车时，他耐心等待从不催促；遇上行李多的乘客，他提醒关好车门和别忘拿好东西；儿童上车爱抢前座，为其安全，他总耐心将其哄到后座或让家长看管。虽是小事和细节，却能温暖乘客的心。

图15-17　于凯车队的队员们（来源：http://news.tom.com）

“无痕迹服务”在于凯车队中静悄悄地推广开了。要想乘客所想，急乘客所急，甚至要想在乘客之前，急在乘客之前，无痕迹服务才能真正不留“痕迹”。

日夜不停、穿梭奔驰在首都街头巷尾的6．6万多辆出租车和10万司机是首都“窗口”中的“窗口”，于凯出租车队的153位师傅，以他们的一言一行，给首都增添了一抹抹亮色。

于凯和他的同事们献给乘客的是真情，也得到了乘客们的真情回报。2004年，车队收到表扬信89封，接到表扬电话上百个，服务零投诉。对此，于凯保持一颗平常心：“在社会主义市场经济下，不能样样都讲钱，我们每个人应该多献给社会一份责任与奉献。我们都是平凡人，就要努力做好平凡事，实现自己的追求与价值。”

（来源：http://news.tom.com）

第十六章　道路运输业务文化建设

道路运输不同的业务领域其文化建设又有着不同的内容、特点与要求，因而文化建设在价值取向、实践载体和实施途径等方面也有所不同。

一、客运文化建设

客运行业作为城市文明的窗口蕴藏着其特有的文化内涵。客运文化建设首要的是构建客运服务文化，提供满意服务。客运工作的宗旨是全心全意为旅客服务。要坚持把旅客的需求和利益作为第一信号、第一选择、第一考虑、第一标准，积极建设客运服务文化。规范服务流程，更新服务理念，提升服务内涵，优化服务形象。客运文化建设必须坚持培育品牌。客运文化是各项客运工作的总体投射、凝结和反映，是一个细致而复杂的体系。在这个体系中最富有鲜明时代特色和行业特点，最能体现精神理念、价值观念等意识形态领域的组合，就是客运文化品牌。建设客运文化必须树立一个观念：不仅要培育客运服务品牌，还要培育客运文化品牌。客运企业应致力于创建本企业的品牌，把它作为企业最有价值的资产。通过树立品牌意识、拓展管理思路、规范员工行为、进行人本管理等方式，强化企业品牌的感染力。客运文化建设必须坚持以人为本。客运文化建设的主体和客体都是人，客运文化建设既要依靠人来施行、来推动，又是为人服务、满足人的需求，因此，人是客运文化建设中最活跃、也是影响客运文化建设成果的一个最重要因素。要充分发挥和调动人的积极性，团结和引导广大站务人员踊

图16-1　青海长途客车的文明服务

跃参与客运文化建设，积极为文化建设出谋划策，使他们在客运文化建设中获得全面发展。要充分关注和适应人的思想、心理、精神，设计、制定、实施广大职工喜闻乐见的客运文化。只有遵循以人为本的原则，客运文化建设才能真正得到全站人员的支持和参与，才能真正取得积极成效。

【典型】"情系旅途，温馨处处"广西壮族自治区"十佳"乘务员"巴姐"何文静

在纵横南北的高速公路上，在泰禾快班宽敞舒适的车厢内，一个人用自己勤奋与善良，用自己对泰禾快班文化的理解与诠释，书写了一篇篇青春的激情，飞舞的梦想，留下了一串串青春的赞歌，闪光的足迹。她就是广西钦州泰禾运输集团有限责任公司客运分公司优秀快班乘务员——何文静。

何文静，一个年仅18岁刚从学校毕业出来的漂亮女孩子，于2006年初通过层层严格筛选应聘到泰禾工作，在短短的9个月的工作中，她凭着对企业的忠诚、敬业、奉献和尽职尽责、锲而不舍，出色地完成了工作任务，成为一名优秀的乘务员，多次受到旅客的表扬，2006年9月底，何文静被自治区运管局授予"十佳"乘务员称号。

(一)真情播车厢　爱心献乘客

小何在客运分公司当上快班乘务员之后，她虚心向老巴姐请教，学习业务技术和泰禾快班的服务理念，尽自己最大的努力满足乘客的需求。一次，她去桂林的班车上碰到了一对母女，孩子因为晕车，不但吐到了车上还吐在了她妈妈的身上。小何强忍着恶心用抹布擦干净了孩子身上、孩子妈妈的身上及自己身上的吐迹，并同时擦干了地板。本想当妈妈的肯定会说声谢谢什么的，可是没想到那位妈妈看都没看她一眼，小何当时觉得自己付出的根本就没有得到回报，心里感到很不平衡。不过马上又想到自己是一名乘务员，这是应该做的事，不应该要什么回报啊！小何就像一名爱心大使，把真情播撒车厢，把爱心献给广大旅客，让旅客沐浴在温馨的家里，忘却旅途的辛劳。

(二)以优质服务　塑泰禾形象

"泰禾快班"是企业树立的品牌，维护品牌的良好声誉全靠服务质量作保证。"安全、舒适、快捷、方便"是泰禾快班的服务理念，为乘客提供良好的乘车环境和优质的服务是每个乘务员工作的职责，在出车前，小何总是把车厢打扫得干干净净，各种所需物品全部清点清楚，处理得有条不紊，旅客们时刻能感受到温馨、贴心的乘车环境。特别是在她的精心布置下，车内时刻充满清新、淡雅的花香，那是配备在车厢里的固体清新剂散发的清香。乘客上车后，她不厌其烦地提醒乘客各种注意事

图16-2 钦州“泰禾快班”（来源：http://www.gxbnet.cn）

图16-3 钦州“泰禾快班”的快班服务

项，并帮助乘客放好行李。行车过程中，她随时注意乘客的动向，一旦发现哪位乘客不舒服，或者有什么要求，她都能及时帮助乘客解决。到站后，她细心地清点乘客的行李，并维持好秩序，保证每位乘客上车时安心，乘车时舒心，下车时开心。

在快班车上，小何会认真地照顾好“六种人”（老、弱、病、残、孕妇、抱婴者），耐心地解答每一位乘客的疑问，为年纪大的乘客提物件、找座位，为残疾人提供援手作拐杖，替孕妇当护士，帮抱婴者抱小孩。由于她工作的细致周到，给许多乘客留下了良好的印象，凡是经常乘坐过她服务的车的旅客，每当提起何文静的名字，没有不夸奖的。

服务就是由一点一滴组成，都是看似一些微不足道的东西，做好了，才能真正地体现无微不至的服务，何文静正是这样，工作中每一个细节，她都能顾及到，保证不会出任何差错。

（三）司机的好助手　企业的好员工

为了搞好服务，小何积极配合司机，把平安和优质服务送给每一位乘客。每天早晨到车队后，她都主动搞好车上清洁卫生，协助司机做好出车前检查工作。行车中，提醒旅客系好安全带，发现车速过快或路难走时，就及时提醒司机注意安全行驶。在她的配合下，她所服务的车辆从未发生过安全事故。

有一次，小何清扫车辆卫生，干得特别卖力，都累坏了，可领导检查说不合格。怎么会呢？我干的特别认真啊，小何回家后向母亲诉说。母亲鼓励她说，“领导说不合格，那肯定是你的工作没有做到位，这么办，你把车厢看成是你的家，如果那是你的家，你还马虎大意吗？只要你用心去做，仔细地打扫，领导会满意的。”第二天小何便不再用拖把擦地了，而是用抹布擦，擦到车座底下的时候，她就跪下来擦，并且她做到了每天都坚持跪着擦。此举不但受到了领导的赞赏，也得到了同事的钦佩。

（四）火热的青春　无悔的选择

刚参加工作时，小何面对繁忙而单调的乘务员工作也曾有过畏难的情绪，但她并没有退缩，用她的话说："我执着的追求就是因为选择了这一职业，决不后悔。"小何家在市区，毕业时她同时应聘了三个单位，但最后还是放弃了移动公司和车辆检测中心这两个相当有实力的单位，而选择做一名快班乘务员。问及她为何有这样的选择时，她笑笑说："喜欢搭车看风景的感觉。"就这样简单，让人意想不到。说到有什么心愿时，小何闭上眼睛一会儿，深深地吸一口气说自己最大的心愿就是一心想做好自己的工作，让乘客旅途愉快。她火一样的工作热情不但擦亮服务这扇窗，同时也为泰禾赢得了良好的声誉。

"雄关漫道真如铁，而今迈步从头越"。作为泰禾快班的一员，小何体验到了工作的艰辛，也在自己深爱的事业中品尝到了成功的快乐。每天在平凡的服务过程中，她就像一个家庭的主人，用热情款待来自远方的宾朋，真诚、关怀之心荡漾在眼神中；感动在每位旅客心中；每个人都沉浸在温暖、惬意的家的氛围中，忘却了旅途的辛苦与疲倦。

（来源：http://www.qzrb.cn）

二、货运文化建设

货运企业文化建设要秉承"以科技为先导，以服务为宗旨"的经营理念，将企业的服务精神带给各方客户。

在文化建设的过程中，货运企业要依靠科技进步，提高管理水平。要充分运用先进的车载卫星定位系统，加快货运企业网上销售系统的开发和运用，尽快建成与协作单位之间的电子商务平台，提高信息传输的准确性和快捷性，提高货物运输的劳动生产率。另外，在文化建设过程中要把客户满意作为检验货运企业运输服务质量的优先标准。通过在员工中牢固树立"客户是我们收入的唯一来源"的观念，切实提高服务水平，把提高员工素质、业务质量、运输质量，提供技术保障、确保安全生产等各个方面，作为一项系统工程。逐步形成以客户为中心、让客户放心、使客户称心、一切为客户服务的价值理念，以确保运输准点率、强化车辆的实时监控，做到货运企业与客户同步掌握运输服务信息，及时解决运输突发问题，使客户对货运企业所提供的员工服务、信息服务、货运服务均表示满意。

要注重打造优质品牌，扩大货

图16-4 西宁市机动车驾驶人管理信息IC卡

运企业知名度。货运企业要积极实施品牌经营战略，申请注册内涵丰富的商标，着力在“服务”上狠下工夫。通过开展“优质服务月”、“驾驶标兵”、“售票标兵”、“公营车优秀乘务员”等争先创优竞赛评比活动，采取规范服务用语、改善服务态度、加强与客户沟通等措施提高服务质量，扩大企业知名度。通过规范着装，统一工作流程、形象标识，司乘人员队伍、车容车貌、车辆技术性能等措施，在社会上树立了良好的企业形象。

图16-5 浙江速达大件运输（来源：http://www.zjsuda.com/Company/）

【典型】 行天下之道 让天下知道

（摘自《运输经理世界》2008年第01期 作者：马美红等）

上海佳吉快运有限公司成立于1994年，是一家以公路运输为主的全国性网络运输企业。该公司充分利用现代信息技术，加强公司文化建设，实施“万人齐步走”的战略，让佳吉快运遍布全国的1000余个营业网点实现业务统一、服务统一、管理统一的“三统一”。使得无论是经济高速发展的城市还是地处偏远的农村，佳吉快运的每一个营业网点的每一名员工都能够保持统一的服务水准，都能够第一时间了解到公司的业务与管理要求，都能在同一时间明白该做什么和该怎么做。

佳吉快运通过对企业文化不断修缮提高，将管理技术和信息手段完美结合，以市场为导向，将服务理念不断更新与提高，逐步使公司成为国内同行业中最出色的企业之一。

目前全球都在提倡绿色物流。佳吉快运认为公司业务的核心就是以降低对环境的污染、减少资源消耗为目标，就是通过利用先进物流技术来规划和实施运输、仓储、装卸搬运、流通加工、配送、包装等物流活动。佳吉快运很早就提出了关于绿色物流的运输信息化这一概念，通过信息化，使得每一辆车的仓位用足，减少空驶率，使得最小的运力完成最大的货量，提高运输效率。这样不但会使企业成本降低，使公共设施如公路等的占用量大为减少，对环保也是有利的。现在，佳吉快运已经实现了送货收货的GPS调度，大大地减少了汽车的空驶率，相对的油耗、废气排放、公路占用时间等都大大地减少了，于环保于企业都十分有利。

物流信息化水平高一直是佳吉快运的亮点。佳吉快运高度重视企业的信息化建设，进入21世纪后，公司相继开发出第一代与第二代信息管理系统，为公司从无到有、从小到大奠定了基础。第三代物流系统是在第二代系统的基础上，更加强调了数据容量的拓展、管理的智能化程度，通过对管理的自动化监控来实现先进性。另外，信息化不但提升了企业的管理水平和经营能力，对企业的文化建设提升也同样具有十分重要的推进作用。

企业文化是企业持续健康成长的决定因素，其内涵是公司管理技术要不断进步、服务理念和能力要不断提高。在信息化平台之上，佳吉快运企业文化评价体系十分透明，企业目标十分明确，公司努力创造一种环境，就是在建设学习型企业的气氛熏陶下，让所有员工跨越纵向和横向的边界，进行坦诚的沟通，共同享有相关信息和知识，在开放环境中，在功能正常的冲突中，使异质的、自主的个体团结成一个整体。使所有个体放弃个人利益和局部利益，为实现组织的共同远景而协同工作、密切配合，进而产生强大的凝聚力。

三、站（场）服务文化建设

站(场)服务文化建设工作必须坚持以经济建设为中心，脱离了站（场）的安全生产实际，文化建设也就失去了存在的意义。

站(场)服务文化建设要突出“三个结合”：一是与安全工作相结合。将精细化管理导入安全管理之中，大力倡导“安全重于泰山，不安全不生产”的安全理念。建立“预防为主，层层落实，齐抓共管”的安全管理模式。做到管理求严，作风求深，检查求细，制度求全。通过不断加强和改进企业安全生产基础工作，建立健全企业安全生产制度体系和责任体系，使安全生产主体责任

图16-6 繁忙的春运

寓于企业生产的每一个环节。

图16-7 “回家热线”温暖人间

二是与经营管理相结合，靠诚信服务创造效益。要确立“一切为顾客着想，为顾客提供主动、专业、快速、周到服务”的服务理念。强调服务是企业生存的基石，顾客是企业发展的源泉。把车方的要求作为努力的目标；把旅客的需要，作为努力的方向。通过营运车辆的稳步增加和进站旅客的日益增多为企业经济效益的不断提高提供了可靠保证。

三是与站场稳定相结合，积极维护员工权益。如何最大限度维护员工的合法权益，保持站场稳定，创造一个和谐的企业发展环境，是一项紧迫而繁重的大事，也是打造精品企业文化的重要任务。站(场)经营需要不断用振奋人心的发展目标、激动人心的发展成果激励人、鼓舞人、教育人，千方百计为职工群众办实事，解难题，从而激发了职工主人翁责任感，在各自岗上尽职尽责、拼搏奉献。

【典型】 上海长途客运总站:春运实现零滞留

（摘自《运输经理世界》2006年第2/3期 作者:杨玲）

偶然间听到有人给火车站的票贩子点歌——陈小春的《算你狠》，不禁苦笑。春运期间的“一票难求”成为近年来新上海人返乡的心结。记者顶着春运大潮，走访了上海市的几家长途客运站，发现总站在很大程度上缓解了上海市的春运压力。

图16-8 上海长途客运总站候车大厅

1. 总站助力春运

春运＝排队？这一直是春运的头等难题。外国人眼中，中国的春运更是一大奇观。“回家买票身先挤”也好，“乘车购买尿不湿”也罢，春节是中国人难以更改的情愫，一年一轮回，恋乡回家是游子的夙愿。

2006年，上海春运的特点是“到

达量超过发送量”。由于节前学生流、探亲流、务工流出现高度重叠，形成客运高峰，使春运面临前所未有的挑战。有人曾用“春运期间搬走半个上海”来形容该时期巨大的客流量。因此，为了应急春运，总站调配了大量运力，要在上海打一场春运攻坚战。

总站在要求确保安全的前提下，动员客运企业在原线路上加班；致函外省市车辆公司放空车至上海；并与上海市的品牌企业如锦江商旅合作，调派旅游车辆支援春运。

比如，上海到武汉，由于客流量猛增，所以总站根据客流需要，节前每天加班16班。如内蒙古、河南、广东、安徽等方向的旅客，由于买不到火车票，不得不转向公路，正好公铁互补。于是，总站及时地增加了加班车，满足了这些乘客的需求。

总站通过运力的调配，共加班4642班次，其中返程倒加班2415班次，使上海在春运期间，即使客流量达到历史新高，也未出现旅客滞留的现象。

2. 零滞留的背后

1）解决购票难

2005年12月26日，总站推出了春运团体票预约措施；在原有22个售票窗口的基础上增设23个售票窗口，做到排队15分钟就能买到当天的客票；半个小时至一个小时就能买到预售票；晚上8:00以后，5分钟就能买到票。如此，在2006年1月14日至20日7天中，共计售出预售票20万张。并且在春运高峰日里，每天安排200～300班次的加班车，基本满足了旅客乘车要求。

2）增扩候车室面积

客运总站原有候车大厅3600平方米，扩建1300平方米，预备应急候车大厅1200平方米，还有沿中兴路2000平方米的商铺临时改作候车室。春运期间，上海遭遇了阴雨天气，外省市也不同程度地遭受了雨雪天，而大面积的候车大厅和2万余平方米地下室可应急安置旅客。且自1月14日始，总站24小时开放候车室，同时免费供应开水和空调，以及全天候开放小卖部和快餐厅，放映DVD电影。如此，滞留的旅客也有容身之所，耐心等待回家的班车。

3）信息及时发布

总站投资350万元，扩建了电子显示屏120平方米，通过电子显示屏24小时滚动显示班线信息。此外，还利用广告、广播不断发布加班信息，印刷了20万份班车时刻表免费赠送，使旅客对发班情况一目了然，第一时间了解到发车时间。

4）人性化服务

在人性化服务上，总站也给进出站的旅客们留下了很深刻的印象，他们组建了一支46人的“红帽子”队伍，帮助旅客搬运行李；推行“死票”变“活票”制度，给那些错过乘车时间的旅客一个机会，让他们改乘下一班或者退票，让旅客得以及时返乡。

5）应急预案保安全

春运期间，总站实行“红、黄、绿”三色应急预案，根据客流量来加大维护和保障力度。为了能够保障春运安全，总站在春运前招聘了50名新职工。

四、机动车维修服务文化建设

21世纪的汽车维修企业是以计算机为主体的高科技型的服务行业，正是发展的黄金时期。传统的维修模式、经营方式、管理方法远远不能适应时代的发展。

维修企业文化建设必须包括以下两个方面：一是全新的资讯观念和仪器设备观念。现代汽车维修的车型复杂，技术含量高，更新快，必须建立和完善现代汽车维修的技术数据库及新科技资

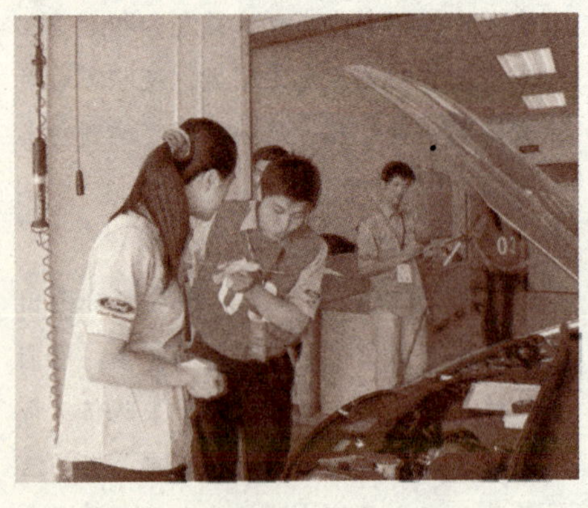

图16-9　汽车维修检测（来源：http://news.csp360.com）

图16-10　车辆保养维护（来源：http://bagua.chinacars.com）

料库，这是维修业能否在行业中保持技术领先的关键。现代汽车维修是高技术的维修，必须是科学诊断为基础，诊断正确时，就会省时、省力、省钱；判断错误，必然造成浪费时间、浪费人力和财力。二是树立全天候、全方位、全过程的服务观念。维修业属于服务行业，那么就应该遵循全天候的原则，24小时服务，没有节假日，这样才能从时间的服务上取信于客户、车主。车辆从进厂维修、出厂售后服务、跟踪至下次进厂，整个过程的方方面面都要有严格的科学管理制度，都要建立一个动态的管理服务系统，给客户有一种安全感和信任感。

【典型】“北京骄傲”首推平民英雄　汽修工危机现场展身手

（文章来源：北京晚报　作者：安然）

2007年4月份之前，身为普通汽修工的冯华兴、冉繁兴绝对不会想到，自己将冒着生命危险参与一次重大的抢

险，而且竟有那么多人的生命安全决定在自己手上。在2007年“3·31”液化石油气罐车撞桥泄漏事故中，正是因为这两个人的出色工作，为最后的成功抢险创造了条件。他们也因此成为今年“北京骄傲”的第三批候选人。

罐车卡桥液化气泄漏

2007年3月31日夜，一辆运载23吨液化石油气的罐车卡在衙门口桥下，罐车顶部撞在桥洞上，石油气大量泄漏，只要遇到丁点儿火花就会发生爆炸。接到报警后，消防、公安、安监、运管等多部门先后赶到现场抢险。经过现场勘察，抢险指挥部决定，给被卡车辆的轮胎放气，降低高度后拖出桥洞。

抢险人员很快发现，罐车被卡后，轮胎已经抱死，每个轮胎上制动的力量高达7.5个大气压，任何拖车都根本不可能拖动这个总重40多吨的庞然大物。为了解除刹车装置，有关部门想到了能够专修斯太尔系列货车的首运物流公司，于是立即要求该公司派出两名优秀技工前来帮助抢险。

修车技工临危受命

凌晨3时，两名技工在公司领导的带领下赶到了现场。从来没参加过任何抢险工作的冯华兴和冉繁兴见到眼前的场面顿时紧张起来。消防员告诉他们，解除刹车时，工具无论如何不能碰出一丝火花，否则很可能立刻引起爆炸。为了避免工具和车体碰撞产生火花，消防员们拿出了专门的防火花工具，而这种东西对于修车而言相当不顺手。

接受了紧张的现场培训之后，冯华兴和冉繁兴在消防员的陪同下一起走到车旁。这里的石油气已经呛得人无法正常呼吸。两人首先钻到车身后部，或蹲或躺在地上，解除最后面两排轮胎的刹车装置。只要一动扳手，旁边的水枪就会喷射过来。冰冷的水流冲到脸上，两人的眼睛几乎无法睁开。

冉繁兴告诉记者：“当时周围空气里全是液化气，稀释液化气的时候大量吸热，结果空气就越来越冷，车身底下都结了冰。最后冻得我们工具都握不紧。”需要解除的刹车装置一共有6套，平时只要20分钟就可以完成，而这回，他们用了将近一个小时。

天快亮了，刹车装置终于解除完毕。两人在规定时间内给轮胎放掉了气。随后，消防员将车拖动几米，用堵漏工具堵死了泄漏点，抢险工作圆满完成。

（来源：http://www.yunzheng.org/）

五、机动车驾驶员培训文化建设

机动车驾驶员培训市场是道路运输大市场的重要组成部分，提高驾驶员培训质量，确保驾驶员队伍素质是保障道路运输安全的根本所在。

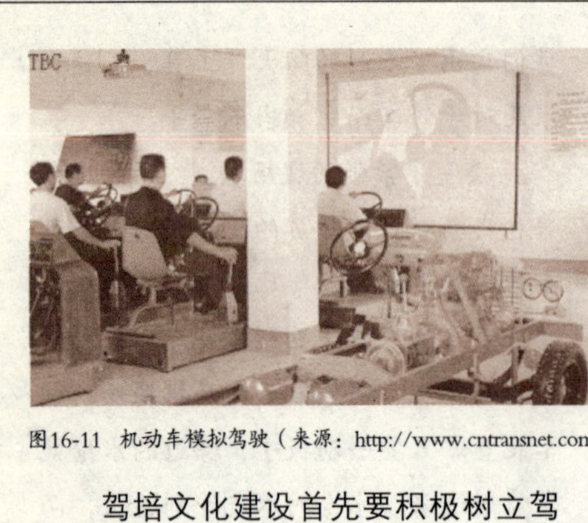

图16-11 机动车模拟驾驶（来源：http://www.cntransnet.com）

驾培文化建设首先要积极树立驾校品牌形象。要从设施设备、培训质量、教学管理、组织机构、经营行为等方面，查找不足，纠偏补差，积极树立良好品牌形象，以及对社会的服务意识。要公开承诺服务质量，诚信服务，依法经营，增强诚信经营意识，实现服务规范优质化，打造驾培品牌。其次，要全面开展教员培训工作，提高教员执教水平。以抓教学人员素质为重点，以规范教学行为为目标，是驾校的一项长期工作。要积极聘请从事汽车相关专业、具有丰富理论知识和实训经验的专家、技师进行系统授课。通过培训、考核来不断提高教学人员的执教水平。第三，要牢固树立“安全第一”的思想，狠抓安全教学不放松。要贯彻国务院和交通部关于安全生产的各项政策，坚持全面落实“安全第一，预防为主”的方针。只有狠抓驾校的安全教学和管理工作，才能保障广大培训学员的生命和财产安全，才能有效防范了安全事故的发生。最后，要不断探索科学管理模式。通过驾校学员电子档案管理系统，规范驾校学员学籍管理，逐步实现培训记录、学时管理、学籍管理、结业证核发等基础管理工作的计算机管理。要大力引进驾驶模拟训练器、电化教学示教板、教学用闭路电视系统等一大批现代化教学设备，来不断提高培训教学质量，实现社会效益与经济效益的“双赢”。

【典型】 创造一流驾培品牌　打造驾培“后花园”

1. 概况

山东交院机动车驾驶培训有限公司的前身是山东交通学院机动车驾驶培训中心，始建于1956年，最初教练车主要来自抗日、解放战争战利品的美国GMS、苏联吉斯、日本丰田、尼桑等车型。时光如水、岁月如歌，几经风雨走到了50年后的今天。截止到目前，共完成山东交通学院学生驾驶实践教学人数达3万人次，为社会培训各类驾驶相关人员达到5万余人，为我国驾驶人才的培养作出了较大的贡献，受到社会各界的好评。目前该公司现有人员80余人。具有工程师及以上职称6人，中专学历以上达73.5%；教练车60部，有大客、大货、小型车等供学员训练。

2. 标准化建设、规范化训练，创造一流驾培品牌

在标准化建设上，有标准、完善、先进的大型教练场和自动化考试场和待建的经营性教练场，其科目和道路完全按照JT/T433《机动车驾驶培训机构资格条件》、JT/T434《教练场技术条件》和JTGB01—2003《公路工程技术标准》设计和施工。先后获得交通、公安、人事等部门的非职业与职业驾驶员培训资格、省直机关技能鉴定资格以及公安的驾驶员考试资格等。

在规范训练上，主要突出“教学规范化”、“管理规范化”和“服务规范化”。在“教学规范化”上，建立激励制度，鼓励员工在教学的同时进行教学方法的研究，探讨新方法、新思路、新途径，如“个性教学”、“因材施教”等，组建学习型团体，增强凝聚力，提高团体战斗力和市场竞争力；在管理方面提出“事先计划、优化组织、有效激励、安全运行”的管理理念。按照国家标准配设教学、教员、学员、质量、安全、结业考试和设施设备等管理组织；有完善有效的岗位职责和管理制度，注重“严守制度、按章办事”；严格教练员录用制度和使用制度。在服务方面提出“了解学员、用心服务、满足需求、增值服务”的服务模式。

曾经先后多次获得地方各级部门的奖励以及“中国质量万里行质量信誉工作先进单位”等称号。

3. 注入科技力量、构建研究型团体，打造驾培“后花园”

依靠山东交通学院交通人才优势和驾培教学经验优势，按照专兼职相结合的原则，组建驾培专家团，积极参与驾培科技研究和驾培教学研究。10多年来，先后主持与参与省、部级驾培课题5项，主编与参编教材10余部，撰写论文40余篇。培训教练员达1万余人。先后参与审定交通部《中华人民共和国机动车驾驶培训大纲》和JT/T433-2004《机动车驾驶培训资格条件》和JT/378-2005《汽车驾驶模拟技术》。起草由交通部递交、由劳动和社会保障部审定的《机动车驾驶教练员新职业建议书》以及起草全国性驾培活动（如“全国百强驾校论坛”）等。

全国交通行业“一汽解放、捷达杯”汽车驾驶学校教练员职业技能竞赛山东队集训2007年7月由该公司独立承担。2007年7月17～19日在哈尔滨经过激烈角逐，山东代表队获得了全国大型货车个人全能赛第四名（马成林，本公司教练员）的好成绩，该选手同时获得“全国交通技术能手”称号，本公司获得了竞赛“优胜单位奖”。

图16-12 “一汽解放、捷达杯”“优胜单位奖”

第十七章 行业文化建设方案

“千里之行，始于足下。”当我们肩负文化建设的重任迈向新的征途；当我们亲手将文化建设之书一页页翻开，并书写着属于我们自己的故事；当我们用行动实践着掷地有声的诺言，那一幅充满活力、异彩纷呈的美好愿景，已悄悄来到我们身边。

一、文化建设操作程序

道路运输文化建设工程宏大，其间涉及到的工作繁多、艰巨，从宏观上讲可分为如下六个阶段：

第一阶段：建设立项阶段。这包括确立建设目标、确立建设原则，组建建设制定委员会，拟定建设日程，落实建设费用以及制定建设方案书等。其中最主要的是成立有效的组织领导机构。

第二阶段：调查研究阶段。这包括拟定文化建设调研内容、确定调研对象、选定调研方法、确定调研程序、确定调研时间、形成调研成果等。

第三阶段：核心工程建设。这是在调研基础上对道路运输文化的理念识别系统、行为识别系统和视觉识别系统进行提炼、总结和设计。

第四阶段：总结提炼特色。在建设道路运输行业三个核心工程的基础上，把最能反映道路运输行业特色的文化总结和提炼出来，为下一步的实施阶段奠定良好的基础，使得道路运输文化建设越来越充实，特色越来越鲜明。

第五阶段：贯彻实施阶段。有了好的设计和特色文化，还要实施好、贯彻好。要有一系列的推行、贯彻、实施工作，让广大员工认同、信奉和实践。这包括对手册内容作出规范解释、推行传播、培训骨干、搞讲座、抓典型，要把手册作为行业管理人员、广大从业人员的基本教材，达到人人熟知。

第六阶段：总结提升阶段。行业文化建设并非是一劳永逸的，过一两年应有所总结、调整、分析、修改、补充，从而达到文化随着行业发展而不断创新、提升的效果。

图17-1为文化建设流程示意图。

道路运输文化的建设是一个系统工程，应当按照系统思考的方式来组织开展，但是道路运输文化的建设又是一个多层次多方位的活动，具体操作时，要做到一切从行业自身实际出发，在此

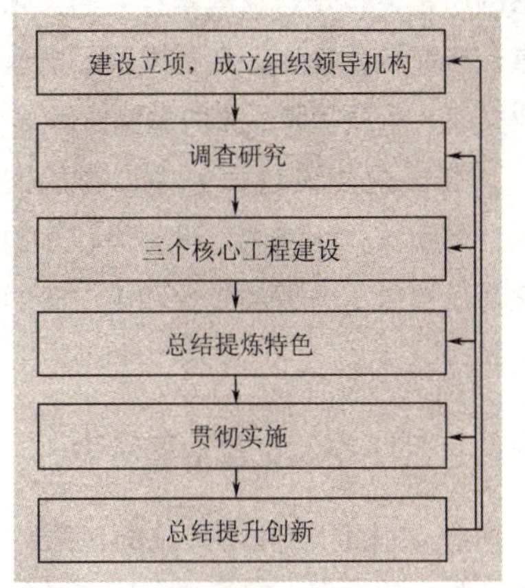

图17-1 道路运输文化建设流程图

基础上创造、总结。

二、道路运输文化建设实施

“言必行，行必果。”

文化建设实施是将文化设计结果付诸实施的过程，这一过程主要包括编制文化手册、建设文化网络、组织文化培训活动、文化传播等环节。

（一）编制文化手册

“一册在手，规矩全有”。在文化建设中，人们重视塑造、设计的整个过程，当然也要重视塑造和设计的最终成果。这个最终成果，就是以文字、图片形式表现出来，形成作为实施文化战略的文本。这个文本又叫“文化手册”。文化手册是文化建设中集体智慧的结晶，其间凝聚着复杂而又艰辛的创造性劳动。文化手册的编制，意味着重新塑造的行业文化正式开始实施和运行，它将在以后相当长的一个历史阶段，指导着行业文化活动，推动着行业的发展。

文化手册大致包括以下各项目：

（1）序言部分。序言或概论简要概述行业的发展历程，当前的发展态势，今后的发展规划，特别阐述文化的重要意义。

（2）总论部分。总论部分着重阐述组织独具特色的文化实质、文化特征、文化宗旨以及文化建设的总体目标、实施步骤和保障机制等内容。

（3）主体部分。主体部分详细全面地阐述精神价值理念（即理念识别系统）、行业行为规范（即行为识别系统）以及行业形象标志（即视觉识别系统），另外也可以包括宣传用语、歌曲、誓词等相关内容。

（4）附则。附则是说明性内容，如执行时间、解释权、手册修订等。除上述部分之外，还可以将人生格言和座右铭等内容加入进去，以增强手册的感染力。

（二）建设文化网络

文化网络，主要是指行业内部的报纸刊物、广播电视、图书室、展览馆、俱乐部、体育馆等文化传播和文体活动设施。

图17-2 西藏交通画册（来源：http://tspl.xzcn.com）

行业的文化网络和文化活动都可以为文化建设服务，成为行业文化的重要载体。通过健康、愉快、生动、活泼、丰富多彩的文化活动，可以使人们得到高尚趣味的精神享受，这也是提高人们整体素质，振奋行业精神，实现行业目标的一个重要途径。

文化网络是维系员工对行业认同

图17-3 福建泉州海外交通史博物馆（来源：http://travelguide.tripc.com）

感的纽带，也是行业联系社会的文化通道，在文化建设中，日益发挥着塑造行业文化、承载品牌形象的重要作用。

在文化建设过程当中，应加大投入，重视文化网络的建设，为职工的文化活动提供更方便的条件和更广阔的空间。

（三）组织文化培训活动

在文化建设付诸实施的过程中，在编制文化手册、建设文化网络的基础上，应加强对员工的培训。

文化培训是通过宣讲、研讨、组织学习等方式，将已确立和倡导而且必须付诸实施的价值理念，渗透到员工头脑中去。因此，文化建设的实施就是要加强文化建设的培训，也就是要用行业文化去影响员工的思想，让所有的员工都必须认可行业文化，并用这种文化在现实中指导自己的行为。所以，文化建设的培训，是实施文化建设战略的一项很重要的工作。

文化建设的培训，应让全体员工参与。但在文化建设初期，由于员工数量较大，可先培训骨干，然后再由骨干对其他员工进行培训和影响。

文化建设培训的主要内容包括：宣讲行业的价值理念；学习行为规范规则；演练行为规范、教唱行业歌曲等。

1. 文化培训的主要方法

（1）反复强调。举办隆重仪式，向

员工庄重发放《文化手册》。并利用各种视听形式，如宣传栏、广播、各种会议等形式反复强调已确立的价值理念和行为规范。在例会和升旗仪式上教唱和播放行业歌曲。

（2）耳濡目染。在环境布置中，包括运输工具、办公室、站场、生活区等地，均要以新确立的理念系统和视觉系统重新布置，在重要位置突出体现核心价值理念，使其深入人心，潜移默化。

（3）典礼仪式。典礼仪式是行业文化的一部分，是一种传播和培育行业精神的好形式。它主要是在行业重大活动中，包括庆典纪念日、颁奖仪式、各种表彰会议和年度总结等，进行升旗、唱行业歌曲、佩戴统一标志、统一着装等标志性礼仪活动，通过典礼仪式的训练使员工产生对文化的认同感。

（4）榜样示范。榜样的作用是无穷的。在培训活动中要有意地运用典范人物的事迹去教育和影响员工的思想与行为。

2. 文化培训的主要形式

（1）组织学习。通过多种形式的学习活动，全面系统地宣传行业文化，并在学习活动中对重点问题进行分析研讨，让每个人都了解行业文化。

（2）专题讲座。邀请行业内专家学者与知名同行业企业家举办专题讲座，通过专题讲座提高员工的文化素养。

（3）演讲活动。围绕文化建设在员工中组织开展演讲活动，加深员工对行业文化的理解。

【典型】 加强文化培训 传递行业精神

2007年5月25日，焦作运输集团“立足岗位建功业、铸就交通辉煌与跨越”巡回演讲活动在汽车站二楼会议室拉开帷幕，这是焦运集团进行文化培训活动，庆祝交通局成立50周年的一项重大举措。巡讲活动旨在活跃基层文化，提高基层广大干部员工对深入学习谢延信精神的认识，树立“立足岗位建功业、铸就交通辉煌与跨越”的理念，为实现企业经济又好又快发展作出积极贡献。

为使巡讲活动产生延伸效果，焦运集团号召广大基层干部员工要以此次巡讲活动为契机，深刻领会学习谢延信

图17-4 规范化服务培训（来源：http://www.yz.ha.cn，作者：李新刚 曹玉生）

精神的内涵和基本要求，立足岗位，自觉树立和践行社会主义荣辱观，不断提高个人的道德修养和精神境界，始终保持蓬勃朝气、昂扬锐气和浩然正气，积极投身公司改革发展的大潮中，为建设优秀的行业文化、构建和谐企业，实现企业跨越式发展作出新的贡献。

（来源：http://www.yz.ha.cn）

【典型】 湖州运管处成立文体活动兴趣小组 促进交通文化建设

为丰富和活跃干部职工的业余文化生活，培养干部职工健康、向上的思想情操和业余爱好，湖州市运管处工会2007年制定了一系列活动计划，通过开展业余兴趣班、组织互动活动以及开展智力竞赛等形式，切实把加强交通文化建设的工作要求落到实处，力争逐步建立起富有运管特色的和谐文化、创新文化、效能文化和正气文化。

图17-5 湖州市运管处的教育活动（来源：http://www.hzygw.com）

近日，该处根据每个干部职工自己报名参加的兴趣爱好情况，确定了乒乓球、羽毛球、篮球、书法、摄影等8个兴趣小组，4月11日，该处首个瑜伽健身兴趣小组顺利开始了活动。处工会对每个兴趣小组给予了一定的活动经费补助，并将对各兴趣小组活动开展情况进行督查，年终组织经验交流和成果展示。

同时，处党委对文体兴趣活动的开展也给予了极大的关心，要求文体活动兴趣小组的成立和发展要树立稽征文化品牌意识，要在不断发展体育健身活动的同时增强单位的凝聚力；要求各个文体活动兴趣小组因地制宜地开展活动，构建温馨、和谐的运管环境，营造出积极进取的交通文化氛围。

（四）实施行业文化管理

管理也是生产力，管理在道路运输行业中的重要性越来越大。伴随着道路运输行业快速发展，我们需要对传统的行业管理模式进行改革，引进先进的管理思想、方法和手段，尽快建立起新型的管理模式。当前我国道路运输行业已经从原始的经验管理阶段逐步过渡到制度管理阶段，现在正在开始向更加成熟的文化管理阶段过渡（这三种管理方式的内涵对比见表17-1）。

道路运输管理文化应该把行业在

三种管理方式的内涵对比　　表17-1

内涵＼管理方式	经验管理	制度管理	文化管理
管理核心	无	制度大于一切	以人为本
管理特点	随意性强 被动	刚性大 被动	强调自觉 主动
对人的认识	“经济”人	“经济”人	社会人
管理的中心	物、事	物、事	人
竞争力来源	经验加运气	严密的管理制度	优秀人力资源
组织氛围	不确定	强调遵守	强调学习
组织特点	松散型组织	直线职能型组织	学习型组织

长期管理过程中形成的具有道路运输行业特点的管理经验，提升到物质与精神结合的境界，成为加强和改进道路运输业管理的精神动力。同时，要积极吸取当代最新的管理理论，如学习型组织、核心竞争力、标杆管理和执行力理论等，在这些理论中吸取精华，充实到管理文化建设中，通过加强管理文化建设，从激励人入手，来树立行业形象，就可以充分调动人的积极性、主动性和创造性来促进道路运输行业又好又快发展。

在行业管理的实践过程中，要积极促使制度管理与文化管理有机结合，共同推进行业管理水平，提高行业的整体素质。制度管理作为一种硬管理

道路运输行业管理吸取最新管理理论的角度分析　　表17-2

名称＼内容	可吸取的内容
学习型组织	通过培养弥漫于整个组织的学习气氛、充分发挥员工的创造性思维能力而建立起来的一种有机的、高度柔性的、扁平的、符合人性的、能持续发展的组织
核心竞争力	培养为社会公众带来特殊利益的一种独有技能或技术
标杆管理	瞄准一个比其绩效更高的组织进行比较，以便取得更好的绩效，不断超越自己，超越标杆，追求卓越，进行组织创新和流程再造
执行力理论	组织在达成目标过程中所有影响最终目标达成效果的因素，对这些影响效果的因素都进行规范、控制及整合运用

方式主要是通过管理纪律、条例来进行管理，侧重于行业中的组织因素，强调正式组织的作用，强调明确分工、职责范围、纪律、服从等。而文化管理作为一种软管理方式则侧重于行业管理过程中人的因素，从激励人入手，来树立行业形象，调动人的积极性、主动性和创造性来促进硬管理的有效实现，强调人的自觉性，内化于心。行业文化具有很强的应用性和实践性，因此它只有与行业管理有机结合才会有强大的生命力。如果仅仅把行业文化理解为一种文化活动，而与行业管理相脱离，就失去了行业文化建设的价值。当前，要把上述二者结合起来，关键是要在行业内逐步推行“四化管理”的理念。首先，要在道路运输管理实践中，通过制定和实施标准化管理，达到统一、规范，以获得最佳管理秩序和实现较高的管理效益。其次，要按照“职责清晰化、业务程序化、形象统一化”的要求实施规范化管理，科学合理地制定本系统、本单位、本部门的外观展示、基本制度以及各类管理事务的作业流程(包括各类报表、图表、CI规范等等)，以形成统一、规范和相对稳定的管理体系。第三，要以和谐、集中、高效为价值取向实施集约化管理，通过科学有效的管理手段，优化要素和资源配置，以行业的人力、物力、财力投入，获取最大的管理效益。第四，要坚持以人为本理念为前提，以管理的主体和客体为对象，以满足人的正当需求为中心，积极促进管理目标人本化、管理过程和服务方式人性化，实施人本化管理，从而最大限度地激发干部职工积极进取的主观潜能、提高公众满意度和交通公信力。当然，在推行上述四化管理的过程中，要始终把行业文化建设融入其中，行业管理才能取得持久、良好的效果。

1. 行业文化建设与行业管理相结合

1）行业文化渗透到行业管理的各个环节中

行业文化受多方面因素的制约，同时又受到行业管理内容与管理目标的制约，因而行业文化的目标有多元性。既要树立为行业服务的价值观念，又要培养行业职工的精神境界；既要塑造行业形象，又要培养群体竞争精神，这就要求行业文化建设必须渗透到行业管理的全过程之中。海尔文化的成功设计正是做到了这一点，在技术进步和营销体系的各个方面都渗透着其文化，通过名牌产品的创造和宣传，推动其市场的开拓。在道路运输行业文化的建设中要借鉴海尔文化建设的经验，努力把行业文化创新与行业管理紧密结合起来。

2）重视行业文化建设目标的统一性

从一般意义而言，道路运输文化建设不能脱离行业发展的实际，行业文化建设是为了促进行业管理，从而进一步提高行业的服务水平。因此，行业文化建设的目标要有统一性，要统一于行业发展和企业服务水平的提高。在文化的创新中，要紧紧围绕着经济效益和服务水平的提高来进行文化的创新。在出发点上，以实施名牌战略为出发点，把文化建设贯穿到名牌创建的过程之中。在文化内容方面，把文化建设与管理制度紧密结合，在管理中实施服务质量意识，加强全面质量管理，以良好的质量和信誉在社会上树立自己的形象。在文化创新的特点方面，以文化为指导，以创品牌形象为内容，加快文化建设的社会化。在道路运输文化创新中应克服行业文化建设与行业管理和行业发展相脱离的现象，努力把行业文化建设与行业管理制度的创新紧密结合在一起，通过行业文化建设推动行业管理和企业服务水平的提高，建设具有特色的现代行业文化。

2. 行业文化管理实施步骤

行业文化建设是一个不断充实、不断调整、不断改进、不断提升的动态发展过程，这个过程实际上就是行业文化充实、升华和熔铸的过程，自然也是行业文化管理的实施、总结和提高的过程。进行行业文化管理，要有足够的决心，要对行业文化进行不断地积累、充实、更新、提炼，要有一个量的积累和质的变化的过程，它需要坚持不懈地进行教育，需要从小事做起，通过潜移默化的过程和手段，加强行业员工对道路运输文化的认同。具体地说，加强行业文化管理的基本步骤是在行业文化培训基础上进行进一步的学习、领悟、实践和总结，图17-6所示是一个循环往复的过程。

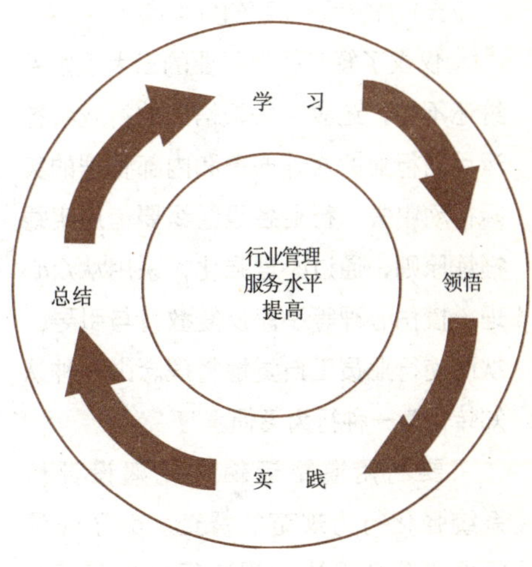

图17-6 行业文化管理的基本步骤

1）组织广泛的员工学习

在培训的基础上学习行业文化建设方案是开展行业文化管理的第一步。要使行业的核心价值观和文化真谛内化为行业员工的信念和自觉行动，必须组织学习、讨论，让全体行业员工知晓行业的价值标准、基本信念、行为准则、规章制度，以便达到共识。

2）领悟行业文化建设的真谛

领悟行业文化建设的内涵与外延

是认知、把握和实践文化管理的更高阶段。行业员工学习行业的行业三大识别系统的具体内容，只是三大识别系统实施过程的起点，要让员工从表层接触深化到心灵契合，要求对行业文化建设内容从学习阶段上升到领悟阶段。

3）开展文化建设的实践

仅仅了解和领悟行业的三大识别系统还不够，还应当将领悟到的行业精神运用到行业的对外服务和内部管理的实际行动中去。行业各级组织要运用实践锤炼原则，通过心理强化，采用从众心理、模仿心理等手段反复教育与引导，从而使行业员工自觉地将理念由一种认知转化为一种行为习惯。

要利用道路运输文化建设评价系统强化行为规范的督查。为了保证行业文化建设达到规范行业员工行为的目的，行业以及行业的各级组织要制定完备的督导制度，对行为规范的执行情况进行检查、考核、督导，以便及时发现问题，纠正偏差。行业应专门成立行业从业人员行为规范督导部门，执行检查工作，做到日常有抽查、每季一次全面检查，适时组织联合检查、交叉检查，要通报检查结果，表扬先进，批评不足，限期整改，狠抓落实，使行业员工的行为从开始时的强制执行演变成为一种自觉行动。

4）坚持及时的总结提高

在行业文化管理过程中，要及时总结经验，进行交流，根据实际情况，修改发展行业目标和具体的规章制度，以完善、提高行业文化建设的成就。通过不断实践、不断修改、不断总结、不断完善、不断提高，建设优秀的行业文化，实现服务大众、发展自身的良性循环。

（五）文化传播

文化传播具有为行业创造文化品牌、增强行业社会影响力等作用。道路运输文化传播的主要渠道有大众媒体传播、公共关系传播等方式。

大众媒体可分为四种媒介：报纸、广播、电视、网络媒体。在利用大众媒体进行对外传播时，上述四大媒介都具有各自的优势，行业应依据自身的资源水平选择合适的媒介进行对外的文化传播。

图17-7　江西省交通运输与物流协会网站正式开通（来源：http://jiangxi.jxnews.com.cn）

公共关系对行业文化的传播，主要采用两种形式，一是专题活动，二是公益活动。专题活动也叫制造新闻，是公关传播中最常用的宣传手段。它是在已有的事实基础上，利用创造性思维设计出能引起轰动效应的专门活动。把行业文化与公众关注的话题联系在一起，与名人学者专家联系在一起，并结合大众媒体的传播，达到宣传行业文化的目的。公益活动主要包括捐款助学、赈灾扶贫、环境保护等，公益活动近年来也越来越受到社会的关注，一个具有关爱社会大众以及生存环境的行业，是很容易被社会所接受的，也容易展现出良好的社会形象。

（六）实施案例

1. 建文化　创品牌　出实效

常德市运管处通过各种有效途径，打造行业文化，塑造了道路运输行业的良好形象。

首先是通过宣传途径，打造行业文化。其实，很多的先进典型并不在于有什么惊天动地的事迹，经验往往要通过总结才能得到升华。“干得好也要说得好”，宣传与总结是扩大道路运输行业知名度重要渠道和手段。近几年，常德运管处都在《常德日报》推出系列报道，对宣传道路运输工作起到了一定作用。同时他们通过一些老百姓喜闻乐见的形式推出了一系列具有感召力、凝聚力而且通俗的行业文化，使社会对运管工作和运输行业有一个鲜活明了的概念，让社会对道路运输工作多了一份了解与支持。他们分别在客运、货运、维修、驾培推出不同特色的行业文化，在此基础上让更多的人了解运管工作。

其次是借助活动载体，创建行业文化品牌。常德市出租汽车发展初期存在很多问题，“上车十元不找零”、“脏乱差车满街跑”、“拒载宰客耍手段”等现象屡见不鲜，社会反映十分强烈。于是他们组织召开了出租汽车行业创文明窗口迎香港回归誓师大会，推出“文明示范车”80辆，80名出租车司机打着“我就是常德，我就是‘雷锋’司机，我就是文明使者”的横幅，庄严宣誓：“文明经营，优质服务，树行业新风，塑常德形象”。同时，运管人员也庄严宣誓“司机为乘客服务，我为司机服务”。城区出租汽车行业优质服务竞赛活动就此拉开序幕，出租汽车行业的文明风气一年比一年浓厚，出租汽车成了常德古城一道流动的风景线。运管也被出租车司机亲切地称为“娘家人”，出租汽车运政投诉电话“7717361”变成了服务电话和表扬电话，他们提出的“乘坐出租车、赞美常德市”等口号变为现实，运管对出租汽车的管理与服务得到社会各界的高度肯定。

常德运管处还在全市道路客运

行业组织开展争先创优活动，活动中各客运企业、车站均推出了不同特色的行业文化品牌。如：万昌集团开展的“五心服务”（行驶放心，乘坐舒心，价格称心，解答耐心，服务贴心），常德汽车总站推出了做“四有心人”（接待乘客热心，解答问事耐心，接受意见虚心，工作认真细心）等，对加强道路运输行业精神文明建设起到了一定的促进作用。运管处对这些各具特色的行业文化品牌在社会上进行大肆宣扬，在车站最醒目的位置推出永久性宣传横幅，并打上运管监督电话，让广大旅客进入车站就对客运行业有良好的第一印象。

近几年，运管处在汽车维修行业也开展了“文明经营、诚信服务”活动和技术比武活动，建立了汽车维修企业质量信誉排行榜制度，各企业推出了“诚信为本，品质至上”的经营理念和“规范、满意、创新”的企业精神。

（来源：http://www.changde.gov.cn）

2. 以改革促进高效　以文化构建和谐

湖南龙骧交通发展集团有限责任公司认识到，企业文化建设必须有一个良好的平台和有力阵地。企业内部报纸及时将上级的会议及指示精神传达到每个职工，将本企业在三个文明建设中的各项成绩及时让每位职工知晓，为职工反映心声、业余创作提供了园地，从而使报纸成为联系职工群众的纽带，成为企业的宣传喉舌，成为宣传企业的一个窗口，不仅增强了企业的凝聚力，而且提升了企业的整体品位。从2002年开始，投资200多万元建设综合信息管理系统，同年在全省同行企业率先开辟企业网站，经过几年的不断建设和完善，如今的龙骧网站几乎涵盖了公司的各个方面，包括无纸化办公、制度大成、安全生产、营运状态，支部、工会、共青团建设、电子企务公开、国际国内企业新闻、干部职工管理等等，使网站成为一个综合性的功能强大的网站。龙骧集团通过搭建企业文化平台，不仅巩固企业文化阵地，而且还促进了整个集团管理的水平，龙骧集团董事长龚乐群也被评为中国交通企业管理2006年十大杰出人物。

3. 文化品牌带动管理创新

山东省交通运输集团内部其他单位在试点单位的带动下，全集团各单位、各部门均结合各自的实际情况，不断规范、深化学习型企业文化建设活动。如作为山东高速客运排头兵的“济宇高速”公司，在服务模式上实现了由“航空式”服务向“全新服务”模式的转变，该公司金牌乘务员在工作程序多、劳动强度大的乘务工作中，用心观察、用心思考，推出了“六个一”家庭式特色服务，即：见到老、弱、病、残扶一扶，见到小餐板上有脏物擦一擦，见到旅客看书把阅读灯开一开，见到有特殊旅客主动问一问，见到旅客睡着时用毛毯盖一盖，见到地上有污物捡一捡，受到了广大旅客的好评。此外，济宁高速还开展了“星级职工创优评先”活动，以济南至青岛线路为代表的文明线路创建活动，以及提炼总结的以绩效考核为基础的岗次管理法等。山东交运物流公司开展的“外学许振超，内学王焕晓”的系列竞赛活动；汽车保修厂开展的“安全质量竞赛演讲”活动、大人才观的建立等。取得“重点突破”的成果之后，整个集团学习型企业文化全面展开，建设效果显著，整个集团的文化建设水平都提高到了一个新的层次。

山东省交通运输集团启动学习型企业文化建设时，各单位情况差别较大，如果不顾实际情况，全面展开，硬性推广，很可能使工作流于形式，导致事倍功半的结果。为此，集团确定了以各方面的基础条件都很好的济南长途汽车总站为试点，以点带面，逐步展开的创建方案。选择总站作试点，可以在较短的时间内取得成效，在全集团产生示范效应和引导效应，从而也能在集团总的发展战略框架内，更快地推动总站由“规模效益型”向“科技服务型”转变，打造响当当的“中华第一站”品牌。由于基础工作扎实，自下而上的自主化学习模式已深入人心，以自觉维护和提高企业形象为己任，勇于创新求效的工作理念已在总站蔚然成风。目前，济南长途汽车总站不仅是生产经营的龙头，城市文明的窗口，管理服务创新的样板，也是集团学习型企业文化建设的重要示范基地。在试点单位的带动下，全集团各单位、各部门均结合各自的实际情况，不断规范、深化学习型企业文化建设活动，取得了良好的建设效果，使创建学习型企业活动真正融入到企业的日常经营管理中。

（来源：http://www.esdjy.com.cn）

4. 关注安全、关爱生命

2006年，山东省济南市道路运输管理办公室推动安全生产监管创新发展，开展“安全文化建设年”活动，唱响了“关注安全、关爱生命”、“和谐交通、安全在先”的安全主旋律。

运管办在开展的“安全文化建设年”活动中，以“关爱生命，共享安全，安全发展”为主题，通过一系列活动，着力打造交通“安全文化品牌”。5月份结合“五一”黄金周加强运输安全工作，对《安全生产法》、《道路运输管理条例》等进行宣传。6月份组织开展“安全生产月”活动。7、8月份组织培训、举办安全文化研讨会，推动安全文化建设，开展安全生产大检查、督查活动。针对“五一”、夏季安全、防汛、“十一”等敏感、特殊时期安全生产特点，在全市道路旅客运输、化学危险品货物运输等领域，开展安全生产大检查、督查活动，采取自查、督查、抽查等方式，将活动开展得扎实有效，消除事故隐患。11月结合“安全警示月”活动，以开展“警示”教育为重点，增强从业人员的安全素质，提高执法监察人员的能力。

（来源：http://www.sd.xinhuanet.com/）

三、行业文化建设的保障体系

“兵马未动，粮草先行。”

一支没有后勤保障的部队是无法取胜的，同样，道路运输文化的建设需要有一个强有力的保障系统。只有具备健全的保障体系，才能保证道路运输文化的建设冲破重重障碍，取得最后胜利！

（一）组织保障

在道路运输行业全面深入推进文化建设，首先必须建立组织保障，加强文化建设工作的组织和领导。

（1）成立文化建设指导委员会。为了加强对道路运输文化建设的指导，应建立相应的文化建设指导委员会，对本行业的文化建设进行整体规划和部署，定期跟踪指导文化建设的进展状况，负责文化建设重要事项的组织协调。

（2）成立办事机构。在文化建设指导委员会下应设立办事机构，专门或兼职为文化建设活动处理日常事务，以保证文化建设活动能够顺利展开。

（3）实施“一把手工程”。道路运输文化建设作为一项重大的战略活动，不仅影响着行业的生存和发展，而且影响着行业的社会形象，要组织实施好这项文化建设活动，各级一把手必须在思想上高度重视，并亲自挂帅，领导开展各项文化建设活动，帮助解决文化建设活动中的困难和问题，推动文化建设活动的顺利进行。

【典型】“一把手工程”见成效

山东省交通厅道路运输局在行业文化建设中把文化建设工作作为“一把手工程”，形成了“一把手两手抓”，班子成员分工抓，党政工团齐抓共管的文化建设局面。全省道路运输系统文化建设工作基本形成了分级管理、分类指导、条块结合、责权明确的创建责任机制。各级各单位从领导到普通职工，人人一岗双责，为文化建设工作的全面落实提供了组织保障。

在山东省交通厅道路运输局进行的行业文化建设过程中，取得了明显成效，结出了丰硕成果。如开展了全省的行业视觉识别系统的设计，塑造了全新的行业形象；组织开展了全省道路运输行业的理念识别系统的征集活动；组织了多期全省运管行业的文化培训研讨班；开展了一系列的运管企业的文化成果评选活动。并组织了相关的成果展示宣传活动等。在行业内形成了良好的文化氛围，推动了行业文化的快速发展。

（来源：http://www.sdyz.gov.cn）

（二）物质保障

文化建设的物质保证，是指通过改善行业文化的物质基础、生活条件和文化设施，来物化行业的价值观，增强行业的凝聚力和员工的归属感。这是行业文化建设保证体系中的“硬件”，是文化建设的基础保证。

1. 服务设施建设

道路运输行业的基础服务设施既是文化赖以形成和发展的基础和土壤，也是精神文化的物质体现和外在表现。建设服务设施，就是要逐步改善道路运输的物质条件和为广大民众提供出更加优质的运输服务。目前要做好以下两个方面的工作：一是要加强道路运输基础设施的建设，这是道路运输物质文化发展的重要组成部分，是道路运输文化建设的物质基础，如场站、服务大厅等。二是要提升道路运输行业的科技含量，这可以保证能为社会大众提供更好的更快捷的服务，如建立运政服务网、GPS全球定位导航系统等。

2. 民心工程建设

民心工程建设，是指为满足员工的基本生活需要而进行的非生产性投资和建设。建设民心工程，就是要逐步改善员工的物质生活条件，为员工的生产和工作提供一个安全稳定、丰富多彩的生活环境，满足员工的物质文化生活的需要。民心工程建设得好，使员工亲身感受到行业有靠头、有盼头、有奔头，才能强化员工的归属感，激发广大员工的工作热情。

3. 文化作品及设施建设

文化设施建设，是指为文化建设所直接利用的文化作品或基础设施的建设。对道路运输文化建设而言，应做好以下三点：

（1）文化作品创作。积极开展各种文化作品创作，通过文学作品、摄影、绘画、音乐、舞蹈、歌曲、电影和电视等形式反映行业精神风貌和典型人物事迹，形成一批集思想性和艺术性于一体

图17-8　交通资料阅览室（来源：http://www.xabypass.com）

的文化作品，教育和陶冶职工情操。

（2）实体设施建设。陆续建设一批博物馆、展览馆、文化馆、纪念馆等重要道路运输文化设施，并使之成为传承和发扬道路运输文化的重要物质保障。

（3）举办文化活动。如文化艺术节、文艺汇演、各种形象展示、各种素质大赛等。

（三）制度保障

制度对于文化建设的作用体现在以下三个方面：一是制度可以起到规范作用，即规范相关的行业行为，使行业管理、行业服务活动进一步走向规范化；二是制度可以起到塑造作用，虽然制度建设不是文化建设的必要条件，但是制度在塑造管理人员和从业人员的观念和行为方式上具有不可替代的价值，完备的、优良的制度，可以有效防止“专制”和“随意”，提供行动的依据；三是制度可以起到引导作用，制度中的种种规定，可以很好地引导管理人员和从业人员向这些方向迈进，使自己的行为更好地符合制度的有关要求。

文化的建设在各个方面都离不开制度的保障，如发展目标的实现、价值观的形成、行业精神的发扬、行业风气的保持等，都需要一系列制度来保障。尤其在文化建设初期，规章制度是关键性保障措施。

文化建设的制度保障，是指通过建立和完善行业的组织制度、管理制度、责任制度、民主制度，尤其是健全其中与文化建设相关的制度，使行业行为更趋规范化、合理化，从而保证文化的形成和巩固。

【典型】 完善制度保障 培育工作作风

成都金沙运业有限责任公司确立了以现代企业管理和“半军事化管理”为主要内容的金沙文化建设制度保障体系。制度管理，把现代企业管理与军队传统管理有机结合，形成适合窗口单位的管理制度。金沙运业员工来自国有企业，且文化低、年龄偏大，他们深受原国企思想和旧的传统管理经验的束缚。为此，金沙运业在实践中，勇于探索，不断总结，研究制定了安全、经营、财务、思想政治工作四大系列86件规章制度。

公司总经理是一个具有20年兵龄的“老兵”。公司在管理中“向解放军学习”。把革命老区的“自力更生，艰苦奋斗”和军人个个要牢记的“三大纪律、八项注意”的光荣革命传统渗透到金沙运业的管理中，激励企业的每一位员工。在创业的特定阶段，公司为适应窗口单位服务标准化、规范化的要求，对一些部门实行两会(科务会、班前会)一操(队列操)，并进行处理应急事件的应急方案演练。几年来，从未间断。通过半军事化训练活动的开展，有效地培养了员工令行禁止，步调一致，办事雷厉风行的良好作风；同时也使员工增强了体质，磨炼了意志，强化了纪律观念和增强了员工建设好企业的责任感和使命感。

金沙运业以其严格有效的管理制度养成了组织内员工的良好作风，为塑造自身形象、培育特色文化提供了有力保障。

四、道路运输企业文化建设

“人本是散落的珠子，随地乱滚，文化就是那根柔弱又强韧的细丝，将珠子串起来成为社会。”对于企业而言，企业文化是一根无形而强韧的纽带，将所有员工紧密团结凝聚在一起，形成克难攻坚的合力，使企业在追求最大的经济效益和社会效益的过程中，勇渡难关，经得起方方面面的考验，从而保障企业长期走在可持续发展的道路上。因此，在企业里建立一种适合本企业的、强势的企业文化，是每一个渴望做强做大的道路运输企业所面临的重要课题。

道路运输企业是道路运输行业的基本单元。道路运输企业文化建设是道路运输文化建设的重要基础。面对新的形式、新的环境，道路运输企业要在同国内外激烈的竞争中求生存、求发展，就必须坚持以培育企业精神为重点，以人本管理为核心，以诚信经营为基石，以学习创新为动力，加强企业文化建设，使具有时代特征和本企业特色的企业文化转化为企业的凝集力、向心力和竞争力。因此，道路运输企业文化建设，是道路运输企业深化改革、加快发展、做强、做大的迫切需要，是道路运输企业提高管理水平、增强凝聚力和打造核心竞争力的战略举措。

近年来，随着交通事业加快发展，道路运输企业的凝聚力和战斗力得到加强，经济效益和社会效益得到提高，道路运输企业广大职工的思想观念和精神面貌发生了巨大变化。各道路运输企业在开拓市场、强化管理、改进经营过程中，把文化建设纳入企业发展战略，不断推进企业文化建设，形成了反映时代要求、各具特色的企业文化，在培育企业精神、提炼经营管理理念、推动制度创新、塑造企业形象、提高员工素质等方面进行了广泛的探索，取得了丰硕的成果，涌现出了青岛港等一批优秀企业和青岛交运集团“情满旅途”等一批知名服务品牌，涌现出了李瑞、苏雪芬等一批行业楷模，为道路运输企业乃至全行业的文化建设树立了榜样，提供了经验。

道路运输企业在文化建设过程中做到以下几点：

（一）提高认识，精心组织

企业文化是企业的生命力之源。道路运输企业要从贯彻落实党的十六届六中全会精神，充分认识道路运输文化建设的重要性、必要性和紧迫性，加强领导、精心组织、狠抓落实。要落实机构，落实任务，落实人员，尽快拟定企业文化研究大纲，明确研究总体思路、研究范围和研究重点。

（二）博采众长，突出特色

开展道路运输企业文化建设研究，要以开放、学习、兼容、整合的态度，坚持以我为主、博采众长、融合创新、自成一家的方针，广泛借鉴国内外先进企业的优秀文化成果，大胆吸取世界新的文化、新的思想、新的观念中的先进内容，取其精华，扬长避短，为我所用。开展道路运输企业文化建设研究，要注重培育和创造特色道路运输企业文化，注重对不同的道路运输企业文化建设成功案例进行分析研究，通过相互比较和借鉴，突出特色，体现共融。

（三）继承传统，大胆创新

企业文化是一个文化继承和不断创新的过程。继承是创新的基础，创新是辩证的扬弃。只有创新的文化，才是反映时代精神的文化，才是体现时代发展方向的文化，才是保持企业生机活力的文化。开展道路运输企业文化建设研究，一定要从国情出发，充分体现我国的民族精神和优秀文化传统。要善于总结道路运输企业的优良传统、企业精神和典型经验，要注意吸收其文化精髓，着眼未来发展的需要，适应构建和谐交通、实现交通事业又快又好发展的需要，用发展的观点和创新的思维对原有的企业精神、经营理念进行整合和提炼，赋予新的时代内涵，在继承中创新、在弘扬中升华。

（四）突出重点，务求实效

企业文化是企业长期经营实践中凝结起来的一种文化氛围，包括精神文化、制度文化和物质文化。要在研究道路运输企业文化内涵、性质，构建核心价值体系的基础上，注重研究道路运输企业文化建设中的重大实践问题，特别是如何概括和提炼更加富有个性、特色和独具文化底蕴的企业精神和价值观，如何强化企业文化建设在企业经营管理中的地位，发挥企业文化的作用，促进企业文化与企业战略、市场营销和人力资源管理等工作的融合，把全体员工认同的文化理念用制度规定下来，渗透到企业经营管理的全过程；注重研究如何实现民主管理、自主管理和人本管理。

在管理方式上要使员工既有价值观的导向，又有制度化的约束，制度标准与价值准则协调同步，激励约束与文化导向优势互补，要通过加强企业文化建设，不断提高经营管理水平。

对道路运输企业而言，文化建设一般有以下几个关键点：

1. 文化战略的提出

文化战略的提出，其动因和过程较为复杂。一方面可以是企业领导基于对形势的判断，决定以文化的力量来促进企业管理，成立企业文化建设领导小组，建立起符合企业实际的文化建设工作机制，确立文化建设的基本思路，其后遵照执行。另一方面也可首先以提高企业服务质量、创建服务品牌为突破口，待时机成熟，再以所创建的品牌为依托，明确企业文化建设的总体思路，青岛交运集团便是以“情满旅途”品牌为基础，逐步完善了企业文化建设的构想。

2. 精神文化的提炼

企业文化主要包含精神文化、制度文化和物质文化三个层次，其中精神文化建设是企业文化建设的核心内容，此过程往往需要企业高层及相关工作人员、文化研究专家以及行业内专家多方合作进行。主要包括以下三项内容：（1）对企业及行业文化现状的调查；（2）对调研结果的共同研讨及对比本企业文化理念的提炼；（3）企业文化理念的确定，这一过程需要依据行业已提炼出的文化理念和行业特点作为依据。

3. 企业文化的执行

文化理念确定后，企业应把文化理念作为全局工作的指引，重点在制度文化、行为文化上下工夫，确保理念的落地生根、开花结果。

首先要做的工作是加深企业员工对理念的理解，并迅速深入人心。可以专门起草类似《企业理念释义》的小册子发给员工，或以宣传画、歌曲等形式，以培训班、演讲比赛、知识竞赛、动漫设计等方式促进理念的宣贯，以增强企业的凝聚力、向心力。

其次，在新的理念指导下，企业应遵循一定的原则，积极进行管理文化创新，以管理的人本化、规范化、简约化、科学化来促使文化理念发挥更大的作用，在建立健全企业各项管理制度和公共行为制度的同时，把目光紧盯企业生产经营，不断丰富和创新企业文化，尤其是服务文化、安全文化等方面。

最后，企业应建立起自身的视觉识别系统，借助表层文化向社会传达企业的文化理念。在广发征求意见，汲取原有标识精华的基础上，委托专业公司，精心设计企业视觉系统。同时，搭建文化平台，将视觉系统传达出去，展示良好企业形象。

4. 企业文化的提升

企业文化不是空中楼阁，而是必须与企业实际和企业发展紧密结合，不断创新形式和丰富内涵，否则就会成为无源之水、无本之木。

首先应以建立学习型企业、提高员工队伍素质为契机，从根本上加强企业文化建设的内在动力；其次要结合开展群众性文明创建工作和企业技术创新活动，塑造企业良好的品牌形象；另外，还要借企业加强标准化管理、加强内部控制制度、完善企业服务流程，将企业的文化建设推向更高的层次。

【典型】　创建特色文化,推动企业发展

邯郸运输集团自2000年开始，针对当时企业严重亏损的现状，谋划制定了《2000～2004年五年经营发展纲要》，并深入开展企业文化建设，走“文化兴企”之路，短短5年时间，邯运企业文化建设从起步到全面提高，并最终升华为容纳和规范全员思想和行为的“以人为本，感动为魂”的感动文化。通过构筑感动文化，打造邯运品牌，提升企业形象，提高企业效益。邯运企业文化在企业扭亏和发展中发挥了巨大作用，使邯运集团从一个年亏损1000多万元的亏损大户，一举扭亏为盈，2004年实现可比利润1300多万元，企业驶上了健康发展的快车道，这是文化建设取得的实效。

邯运集团企业文化建设五年分为四个阶段。第一个阶段（2000～2001年）是邯运企业文化建设的起步阶段。针对当时企业亏损现状，重点抓好员工思想观念转变；第二个阶段（2002年）是邯运企业文化建设搭建框架阶段。通过广泛发动群众，公开征集和聘请专业策划公司帮助设计两种方式，确定企业理念、行为、视觉三大识别系统，并印编成册；第三个阶段（2003～2004年）是企业文化深入贯彻实施阶段。通过编写培训教材，培训师资，开展全员企业文化知识学习培训考试，以活动为载体，开展形式多样、生动活泼的企业文化知识宣传活动，制定严格考核办法，加大检查力度，推动了企业文化建设的深入开展，企业形象与员工精神面貌发生了根本性的变化，有力地推动了企业生产经营的快速发展。第四阶段是邯运文化提升品位阶段。集团公司将2005年确定为“学习年”，并把“增强凝聚力，提高创造力，打造执行力”作为今年企业文化建设工作的重点。同时，结合中央提出的建立和谐社会的总体要求，提出了创建“和谐邯运”的更高目标。邯运集团企业文化的主要特征体现在五个结合上：基于对企业可持续性发展的认识，与企业战略密切结合；基于对企业社会责任的认识与创造社会价值密切结合；基于对企业管理特性的认识，与管理实践密切结合；基于对人性化管理的认识，与创建和谐企业密切结合；基于对外在形象的认识，与企业对外形象策划密切结合。

通过5年多的企业文化建设实践，邯运集团取得了明显成效。企业形象得到确立。企业形象视觉识别系统的规范运作，各单位都升起了司旗，悬挂了司徽，员工统一服装、挂牌上岗，车辆车体做到颜色、门徽、标志、字体四统一；办公场所、各家属院做到绿化、净化、美化，邯运统一整齐的良好形象在邯郸市民中产生了较大影响，被邯郸人誉为"邯郸市的一道亮丽的风景线"。省市领导多次到邯运集团考察调研，先后有几十家国内同行、兄弟公司到邯运集团参观学习；员工素质有了较大提高。员工的学习热情、工作激情空前提高，同事之间团结协作、协调配合，凡事用心去做，力求高效完美，学习业务知识、学习技术技能蔚然成风，为客户提供比满意更满意的服务成为检验工作的标准，考虑和处理问题能将邯运的利益置于其他一切利益之上；公司实力进一步增强。邯运集团秉承"一切为了合作，与一切人合作"的理念，先后兼并了武安交通运输总公司、邯郸交通科工贸总公司等一些客运公司，并且同邯郸市第二运输总公司共同组建区域性运输集团，逐步整合了运输市场，集团规模不断扩大，现在所属企业达60多个，资产规模达9亿元。自2005年邯运集团步入了新的历史发展时期，开始实施2005～2010年6年腾飞发展规划，按照既定的"拓展基础产业，多元做大做强"的发展战略，根据上半年经营发展情况看，邯运集团2005年预计可实现利润3300万元，到2010年企业年利润有望突破亿元大关。

（来源：http://www.cenonline.net.cn/）

第十八章　行业文化建设评价

道路运输文化建设重在实效、重在落实，其建设效果如何，需要进行全面的考核评价。所谓评价，就是考察建设的实效与建设目标的一致性。评价并非一个独立的过程，而是道路运输文化建设的有机组成部分。

一、评价原理

公众是道路运输服务的对象，是服务的体验者，他们对道路运输行业文化建设的成果最具有评价资格，因此对道路运输文化建设效果的评价应首先考虑公众因素。评价过程可参考如下两个基本原理。

（一）最差点决定原理

社会公众对某个行业或组织的评价往往根据个人的主观体验来进行，并由此作出对该行业或组织形象好坏的评判。比如一个乘客在一次旅行中，偶然碰上所乘车辆脏、乱、差，司乘人员服务态度恶劣，或者侵害乘客的正当权益，他就会立即作出“这家运输公司管理很差”、甚至作出“行风不正”的结论，就如同盲人摸象一样，这在管理学上称为“最差点决定原理”。即社会行业形象是由公众所接触到的行业中最差的那一点决定的。正如一些成功的行业单位所总结的：服务不能出任何差错，否则，行业的形象就会受到影响，其公式可以表述为100－1＝0。这个原理在系统科学中称为“木桶原理”或“短板理论”，这个原理被越来越多的行业单位所认同。

因此，各级行业组织在文化建设过程当中，要注重抓薄弱环节，严格规范服务行为，塑造良好的社会形象。

（二）公众第一原理

“公众第一原理”是说，同一客观行业形象，反映在行业成员头脑中形成的主体行业形象同反映在社会公众头脑中形成的社会行业形象，如果发生误差、分歧，那么，只能以社会公众所认可的行业形象作为“最高标准”。尽管主体行业形象是经过全面综合认识和反映客观行业形象之后才形成的，也不能取代社会行业形象“最高标准”的地位。这个原理也就是人们通常说的“顾客至上”。正是根据这个原理，几乎所有的优秀公司都把服务价值观作为最高价值观，全力培育和塑造。

【典型】 顾客第一 追求卓越

成都金沙运业有限公司的金沙车站在8年的实践中，总结出优质服务的“四阶段”，“三境界”，真正做到了“顾客第一”。其四个阶段分别为：①当你向旅客显示一种积极热情的态度时，进入第一个阶段。态度是心灵的表白，这种心灵表白受感情、思想和行为倾向的影响。一般来说，你对别人是什么态度，别人对你也是什么态度。优质服务的切入点是热情友好的态度。②当你识别了旅客的要求时，进入第二个阶段。识别旅客的需要，需要了解旅客要求，预测旅客需求，必须领先旅客一步。识别旅客需求，需要善于倾听。③当你满足旅客的要求时，进入第三个阶段。满足旅客四种基本需求是有效服务的标准：使旅客感到受欢迎(受欢迎的需求)，使旅客感到受重视的需求(受重视的需求)，对旅客表示理解(被理解的需求)，创造舒适的环境感觉(舒适的需求)。④当旅客成为你下次的服务对象时，你就成功了。三种境界是：①让旅客满意——让旅客满意的服务是为旅客提供一切所能提供的服务。正确的理念：把旅客当亲人，视旅客为亲人。②让旅客惊喜——用心服务，向旅客提供个性化服务，使旅客满意。理念深化：旅客就是亲人。③让旅客感动——用情服务，在生理感受和心理感受上都超了客人的预期值，达到双方满意。理念升华：旅客胜似亲人。追求的结果：实现“顾客第一原理”。超级服务标准：超常超值，投人情感。在提供个性化服务的基础上提升旅客满意的层次，用超值服务感动旅客，用服务情感打动旅客。让旅客感动，就必须要用情服务，在服务过程中，时时处处动之以情，想旅客所想，急旅客所急，用亲情交换亲情，心灵沟通心灵。比如：问寒问暖、扶老携幼，为旅客排忧解难、救急救险，义务性的额外服务和投入等等，这是服务的深层内涵，也是服务的最高境界。

社会大众对金沙运业这种真情服务顾客的境界追求好评如潮，高度评价反过来也促使金沙运业在服务上向更高的目标迈进。

二、评价体系

文化建设是一项利于行业、造福百姓的系统工程，为取得较好的文化建设效果，必须对文化建设的成果进行定量的评价。评价过程主要包括5个步骤：确定评价原则；设定评价指标；制定评分标准；组织评委打分；运用评价结果。

（一）确定评价原则

评价道路运输文化建设成果的好坏，应依据道路运输行业发展理念及文化建设目标进行，旨在促进行业健康快速发展，因此应遵循以下原则：

（1）客观性原则。是指在进行文化建设评价时，从测量的标准和方法，到评价小组所持的态度，特别是最终的评价结果，都应符合客观实际，不能主观臆断。因为评价的目的在于给道路运输文化建设以客观的价值判断，缺乏了客观性就会完全失去评价的意义，还会提供虚假信息，导致错误的建设决策。

（2）科学性原则。是指在进行评价时，不能光靠经验和直觉，而是要尽量使用科学的标准及方法，所以评价指标及方法的选定都应有行业内专家参与。只有科学合理的评价才能对文化建设发挥指导作用。

（3）整体性原则。是指在进行评价时，对组成文化建设活动的各个方面作多角度、全方位的评价，而不能以点带面，以偏概全。贯彻这条原则首先要求评价指标全面，尽可能包括文化建设的各项要求，防止突出一点而不及其余；其次是要把握主次，区分轻重，抓住主要矛盾，在决定文化建设质量的主导因素和环节上花大力气。

（4）指导性原则。是指在进行评价时，把评价和指导结合起来。不仅评价当前道路运输文化建设的现实成果，而且为其以后的发展指明方向。

（二）设定评价指标

可以按照三大核心工程及保障系统制定道路运输文化建设评价指标体系，并由此绘制文化建设效果评价量化分值表。

量化分值表可以分为理念识别系统、行为识别系统、视觉识别系统及保障系统评分表，总分为100分。其中理念识别系统一般定为30分，后三部分分别为25分、25分、20分，此赋分比例可在专家指导下根据具体情况进行修改调整。

以下就各专指标打分要求作概略说明。

1．理念识别系统评分表（表18-1）

（1）行业使命。符合行业属性；

理念识别系统评分表　　表18-1

指标 / 得分 / 行业或组织名称	行业使命（8分）	共同愿景（8分）	行业精神（7分）	行业道德（7分）	得分小计

符合社会发展需要；全体管理人员及从业人员认同；具有实际指导作用；与组织、国家、世界发展趋势相符合。

（2）共同愿景。得到行业全体管理人员及从业人员认同；全体行业人员努力追求，具有较强的激励性;符合行业属性；与组织自身发展状况相符合；与国家、社会乃至全球政治经济发展趋势相符合。

（3）行业精神。与愿景、使命相协调；具有行业特色；为全体管理人员、从业人员所认同；有较高境界；有较强激励性；在相关人员日常行为中有较明显的外在表现，并对社会大众有一定感染性。

（4）行业道德。符合行业特点；与社会需求相一致；有较高境界；普及程度高；在相关人员日常行为中有较明显的外在表现；在社会上有传播性，对构建和谐、文明行业有贡献。

2．行为识别系统评分表（表18-2）

（1）行为规范。行为规范齐全、有条理性；行为规范手册发放、灌输到位；管理人员或从业人员遵守规范情况好；对行为规范的执行、落实有系统的检查、监督；规范的落实促成了各项日常任务的完成、规范随着行业的发展有相应的修订及变化。

行为识别系统评分表　　表18-2

指标 得分 行业或组织名称	行为规范（5分）	形象规范（4分）	公共关系（4分）	广告宣传（4分）	公益活动（4分）	教育培训（4分）	得分小计

（2）形象规范。管理人员、从业人员在工作中遵守礼仪准则，仪表、仪容统一；外在形象好，吸引了社会的注意，认同度较高。

（3）公共关系。与其他行业、政府、主管部门、行业所属及其他组织机构关系良好；展现了良好的行业形象；公共关系建设能着眼未来，既符合本组织发展需要，又对构建和谐社会有促进作用。

（4）广告宣传。覆盖面广；频次高；针对性强；形象好；知名度高；有较强的社会影响力。

（5）公益活动。赞助公益活动多，展示的公益形象好；展示行业实力充分。

（6）教育培训。有系统的教育培训计划，且执行到位；培训内容全面；对培训效果有系统的评估；接受教育培训的人员认同度高，配合状况好；教育培训过程中能较好的体现内部公平性。

3．视觉识别系统评分表（表18-3）

（1）标志。反映道路运输行业特点；满足公众的需要与认知；有时代感；简洁美观；构思巧妙新颖；内涵深刻，与色彩搭配恰当；适合媒体形式。

（2）标准字。简洁美观，字体选择恰当，与色彩搭配较好；符合大众审美习惯；有时代感；行业识别性强。

（3）标准色。简洁美观；视觉效果好，给人印象深刻；与标志、标准字搭配较好。

视觉识别系统评分表　　表18-3

指标 得分 / 行业或组织名称	标志 3分	标准字 3分	标准色 3分	宣传标语2分	建筑外观2分	室内装潢2分	办公用品2分	服饰设计2分	交通工具2分	服务品牌2分	媒体展示2分	得分小计

（4）宣传标语。简洁明了，易读易记；有号召力、鼓动性；张贴位置恰当，设计巧妙，更换及时；起到了应有的影响作用。

（5）建筑外观。安全、整洁、美观、大方，反映地域及行业特点；卫生及周边环境保持良好。

（6）室内装潢。整洁、美观大方；符合大众化审美观；为服务提供方便；体现以人为本的设计风格。

（7）办公用品。与办公场所协调搭配；与行业形象一致；整洁美观；附有明显的行业标识；使用方便；有严格的制造、使用流程。

（8）服饰设计。体现行业特色；美观大方，给人亲切的感觉；有统一性；为塑造、传播行业形象起到较好的作用。

（9）交通工具。内外整洁；外观色彩清新，给人亲切的感觉；颜色标识统一；服务功能齐全，内部设施便于运输乘客或货物时使用。

（10）服务品牌。有特色鲜明的服务品牌，宣传到位，知名度高，为大众所认可；对推动行业文明建设起到了较好作用。

（11）媒体展示。能较好展示业务范围、服务特色；给人以亲和、社会责任感强的好印象；媒体形象得到大众认可；为宣传自身形象起到较大作用。

4．保障系统评分表（表18-4）

（1）组织保障。有文化建设领导

小组，有相关的专门办事机构；在文化建设方面，各部门有明确分工，协调顺利，并较好地发挥了各自的作用。

（2）物质保障。文化设施建设完备、配套，能充分满足行业文化建设要求，物质资源运用充分。

（3）制度保障。前期制定有相应的文化建设保障制度，并能随着文化建设的深入，依据实际情况进行恰当修订；执行良好。

保障系统评分表 表18-4

指标/得分/行业或组织名称	组织保障（7分）	物质保障（6分）	制度保障（7分）	得分小计

5. 文化建设成果得分汇总表（表18-5）

文化建设成果得分汇总表 表18-5

指标/得分/行业或组织名称	理念识别系统（30分）	行为识别系统（25分）	视觉识别系统（25分）	保障系统（20分）	总分

（三）确定评分标准

评分标准分为五级，按照优秀、良好、一般、合格、差进行评分。例如，总分值为5分的指标，优秀5分，良好4分，一般3分，合格2分，差0分或1分。

（四）组织评委打分

组织评委为被评估组织打分。打分完毕后，由评估小组计算总分，由此确定出被评组织的等级层次，从而实现对其文化建设成果优劣的鉴定。

值得说明的是，评委的组成要有一定的代表性。除了应当包括行业内专家、管理人员、从业人员之外，还要有社会公众，以保证评价结果的客观公正性。

（五）运用评价结果

依据考核得分结果，可以明确地判断道路运输行业内单位在文化建设方面取得的成就与不足，明确进一步加强文化建设的方向与重点；同时，依据文化建设的相应制度对其进行奖励或惩罚。

道路运输行业采用奖励措施主要有：文化示范工程、文化建设投入追加、荣誉及表彰等。惩罚措施主要有：经济处罚、行政处罚、媒体曝光、通报批评、限期整改、取消称号等。这些奖惩措施在道路运输文化建设过程中已经起到了很大的激励或鞭策作用。但策略上，应以奖为主。

【典型】 建立激励机制，创新管理文化

山东交通运输集团建立了授权管理与自主管理相结合管理模式。集团对各单位实行授权，只对关键指标进行考核，各单位对班组进行授权，实行班组自主管理，单位只对班组的贯彻落实情况进行监督。设立了“开拓创新奖、科技进步奖、技术革新奖、合理化建议奖和优秀人才奖”五项奖励制度，对在不同领域、不同层面，推动企业经营发展、提高效益做出重大贡献的单位经营者、管理干部、技术人员、一线员工给予重奖。在物流仓储、市内配送、城际快运、旅游客运、大件运输、连锁维修、汽车租赁等新兴产业领域建立了人才孵化基地，要求各单位一把手亲自抓人才的培养工作。通过采取设立首席岗、示范岗、学习型班组、金星驾驶员、金星乘务员等形式，强化了职工队伍的动态管理。通过采取干部定期任职交流、关键岗位竞聘、末位淘汰等措施，强化了干部队伍的动态管理。综合考虑岗位性质、职工学历、职称、投资入股等因素，建立起了资本、知识、技术、劳动、管理等生产要素参与分配的多元化分配体系。完善了专业技术职称评聘制度，开展了争创“百名优秀技能人才”活动和“创建学习型组织，争做知识型员工”活动。2007年集团公司

图18-1 爱心车队表彰大会（来源：http://www.masradio.com.cn）

职代会还通过了《创新管理办法》，将创新机制正式确定，纳入到集团的责任制考核之中。同时，集团根据不同时期的工作特点，组织了“爱岗敬业、优质服务”演讲比赛、服务技能展示等活动，对各单位涌现出来的先模人物进行了大张旗鼓地宣传和表扬。

在整个文化建设过程中，奖惩结合，以奖为主的激励机制已越来越显示出其重要作用。

后记

《道路运输文化》一书是山东省交通厅承担的交通部《交通文化建设研究》系列成果中的一个重要成果。

从2006年7月至今，本书从研究大纲审查、调查研究、成果转化、专著评审到修改完善，经历了两年多的时间。在交通部和山东省交通厅领导的直接关心指导下，山东省交通厅政工处、厅道路运输管理局、山东交通学院和相关道路运输企业组成了机关、高校和企业“三三”结合的研究撰写团队。

在该书的撰写过程中，撰写组积极开展调查研究，调研足迹遍及全国各地；同时向全国各省运管机构函调大量宝贵资料。积极深入一线，进行全行业问卷调查；全面发掘外围资源，邀请相关企业领导和管理人员、文化研究专家开展了数十次研讨会，举办了多次道路运输文化建设培训班，邀请部领导和相关专家进行专题讲座。在整个撰写过程中，接受培训人员近50人次，参与座谈研讨人员近百人次，参与问卷人数近万人。可以说，《道路运输文化》一书的撰写过程，也是一次大规模的交通文化培训与普及的过程！

在本书撰写过程中，撰写组得到了来自各方面的指导与协助：

首先感谢交通部领导！在本书撰写期间，黄先耀副部长多次就核心价值体系构建、理论与实践的结合性等问题对撰写组进行指导，为撰写工作指明方向！部体法司黄克清处长多次来到山东，除对全书进行各阶段指导与细节把关外，还为撰写组及全省道路运输行业文化建设负责人开展了专题讲座，为撰写工作的顺利进行和道路运输文化的理论研究与建设实践提供了有力的支持！

感谢各兄弟省交通厅！在本书撰写期间，各兄弟省交通厅在资料提供和实地调研等方面给予我们大力的支持，特别是河南、湖北、安徽、江苏、浙江、河北、青海、山西、新疆等省（自治区）交通部门提供了大量文字、图片等宝贵资料，对本书撰写帮助很大！

感谢那些为本书撰写不断献计献策、提出宝贵意见的道路运输行业领导和一线职工以及各个领域的学者专家！

感谢所有为本书的研究、撰写、修改和出版作出过努力的同志们！

风雨过后是彩虹，吹尽黄沙始得金。《道路运输文化》一书在大家的帮助下，今天终于呈现于大家面前了。在此真心地期望大家在阅读本书的同时能够继续给我们提出宝贵意见，帮助我们不断修改完善这本书，让她不断去掉瑕疵泥沙，更好地为道路运输文化建设的研究与实践提供理论支持！

撰写组2008年2月于济南

参考文献

一、期刊类

1. 陈贻安.关于道路运输文化研究的几个问题[J]，北京交通管理干部学院学报，2002，(1)

2. 何卓恩.关于交通的文化审视——兼论大交通战略[J]，武汉交通管理干部学院学报，1999,(2)

3. 《交通社会学》研究课题组.交通的内涵和社会意义[J]，武汉交通科技大学学报（社科版），1999,(1)

4. 何卓恩.关于交通的文化审视[J]武汉交通管理干部学院学报1999,(6)

5. 沈沪瑛.道路交通管理和绿色交通[J]公路与汽运，2001,(1)

6. 易锦海.交通事业发展与企业文化建设[J]，武汉交通干部学院学报，1996,(4)

7. 姜德照.王汝秀.山东公路交通现状及发展趋势[J]，交通科技,2004,(3)

8. 王子今.中国交通史研究一百年[J].历史研究.2002,(2)

9. 李振福.道路运输文化及其生态机制[J]，城市环境与城市生态，2003,(6)

10. 戴生岐.《史记》中的道路运输文化撮要，人物杂志[J]，1998,(2)

二、著作类

1. 王建军,严宝杰. 交通调查与分析.北京:人民交通出版社，2004

2. 金治富.交通心理学.北京:中国人民公安大学出版社，2003

3. 齐涛. 中国民俗通志・交通志.济南:山东教育出版社，2005

4. 白寿彝.中国交通史.北京:商务印书馆，1937

5. 中国大百科全书总编辑委员会《交通》编辑委员会中国大百科全书出版社编辑部.中国大百科全书・交通.北京:中国大百科全书出版社，1986

6. 中国公路交通史编审委员会.中国古代道路交通史.北京:人民交通出版社，1994

7. 中国公路交通史编审委员会.中国公路运输史·第一册.北京:人民交通出版社，1990

8. 中国公路交通史编审委员会.中国公路运输史·第二册.北京:人民交通出版社，1997

9. 中华人民共和国交通部.中国道路运输发展报告.北京:人民交通出版社，2003

10. 中华人民共和国交通部.2005年中国道路运输发展报告.北京:人民交通出版社，2006

11. 胡斌,王路.大路通天——山东交通事业发展纪实.济南:山东人民出版社，2006

12. 杨金德. CI基本原理.北京:中国经济出版社，1996

13. 王子今.交通与古代社会.西安:陕西人民教育出版社，1993

14. 刘天玉. 交通环境保护.北京:人民交通出版社，2004